本书为国家社科基金青年项目"移动传播中风险议题显著性演化的新机理研究"（19CXW029）最终成果

Exploring the Evolution of Risk Issues in
Mobile Communication

移动传播中风险议题
显著性演化新机理

黄　清◎著

ZHEJIANG UNIVERSITY PRESS
浙江大学出版社
·杭州·

图书在版编目（CIP）数据

移动传播中风险议题显著性演化新机理 / 黄清著.
杭州：浙江大学出版社，2025.3. -- ISBN 978-7-308
-26054-1

Ⅰ. G219.2

中国国家版本馆 CIP 数据核字第 2025V33K17 号

移动传播中风险议题显著性演化新机理

YIDONG CHUANBO ZHONG FENGXIAN YITI XIANZHUXING YANHUA XIN JILI

黄　清　著

责任编辑	闻晓虹
责任校对	汪　潇
封面设计	周　灵
出版发行	浙江大学出版社
	（杭州市天目山路 148 号　邮政编码 310007）
	（网址：http://www.zjupress.com）
排　　版	浙江大千时代文化传媒有限公司
印　　刷	杭州高腾印务有限公司
开　　本	880mm×1230mm　1/32
印　　张	10.625
字　　数	295 千
版 印 次	2025 年 3 月第 1 版　2025 年 3 月第 1 次印刷
书　　号	ISBN 978-7-308-26054-1
定　　价	76.00 元

丰富风险传播理论　　促进自主知识体系创新

　　如今，Web3.0技术和智能算法深度介入并影响传播生态，移动传播已经超越了传统媒介所遵循的线性传播模式，构建出一种动态演化的风险信息生态网络。这种网络不仅能够实时响应和适应不断变化的信息需求，而且能够通过算法优化和数据驱动的方式，实现信息的个性化定制和精准推送，从而极大地提升了信息传播的效率和效果。黄清博士的著作《移动传播中风险议题显著性演化新机理》，以媒介化视角探讨风险传播领域的前沿研究，丰富和发展了"风险的社会放大框架""议题生命周期""议程设置"等理论。这部著作不仅实证基础扎实，而且具备良好的理论创新意识，值得关注的地方主要体现在以下几个方面。

一、综合相关经典理论以创新风险传播理论

　　本书系统地回顾了风险议题显著性演化的理论进展。作者简略地用"3—2—1"来概括其理论结构，即通过整合3个理论提出2种逻辑从而揭示1个新机理。3个理论是："风险的社会放大框架"确定了研究风险议题的建构主义观点；"议题生命周期理论"描述了风险议题显著性演化的动态过程；"议程设置理论"则揭示了行动主体采用的叙事框架会影响议题显著性演化。2种逻辑指"用户的行动逻辑"与"平台的技术逻辑"，它们源自媒介化视域下移动媒介的双重含义，即媒介作为内容和意义的生产过程以及媒介作为一种传播技术。1个新机理，即通过考察两种逻辑对议题显著性水平上升和下降的作用方式来揭示"风险的平台放大或削弱机理"（platform amplification/attenuation of risk mechanism，简称PARM）。

PARM 从两种逻辑的相互作用来解释风险议题显著性水平升降演化,其大致意思是:用户的帖子生产力在议题演化过程中发挥原动力作用,因而帖子生产力大小直接决定帖子浏览量即议题显著性水平上升或下降;而平台的算法推荐只有在用户帖子生产力变大并且有大量帖子框架符合平台算法时才发挥助推作用,从而推动议题显著性水平飙升,但当帖子生产力变小时,算法推荐趋于式微,几乎不再影响议题显著性水平。两种逻辑强调了移动媒介的双重作用:一方面,用户通过移动平台积极参与风险议题的构建与传播;另一方面,推荐算法作为非人类行动者,正默默地影响着风险议题显著性演化。

二、研究设计的新颖性与实证材料的扎实性

本书对研究设计方案进行了系统性阐述,不仅明确了"议题显著性"的概念定义和操作界定,还通过量化指标(如浏览量)为后续分析提供了实证基础。选择阿尔茨海默病、人工智能和气候变暖这三类风险议题,涵盖了健康、技术和环境三个重要领域,显示了研究的广泛适用性与深远意义。

具体来看,作者选取上述三类议题作为实际考察对象,根据一年内它们在微信、抖音和今日头条三大常用平台上的帖子浏览量和文本内容,采用大数据分析法、爬虫数据挖掘法、文本分析法、基于扎根理论的三级编码分析等方法开展实证研究,从而归纳出移动传播中风险议题显著性演化新机理。基于实证研究归纳所得的新机理既克服了宏观理论难以被检验的局限性,又比微观模型具有更强的可推广性。这种实证研究方法使理论与现实紧密结合,为理解不同平台上风险议题的传播机制提供了坚实基础。

三、将理论研究与实践相结合彰显人文关怀

在理论与实践结合的过程中,黄清博士不仅关注学术讨论的深度,还强调了传播研究对社会实践的影响。本书揭示的新机理PARM 对于移动传播条件下风险的媒介化治理具有一定实践意义。当前风险治理主要面临两大难题:一是公众风险意识过低而

缺乏参与治理的积极性,二是风险感知过强引发社会焦虑甚至恐慌而阻碍治理进程。而风险意识的高低或风险感知的强弱在很大程度上是由媒介塑造的,各类在线平台上传播的风险议题显著性水平越高,公众越有可能接触这些议题从而形成较强的风险感知;反之,议题显著性水平越低,公众接触信息的概率越小,其风险感知相应就越弱。因此,合理调节风险议题显著性水平是关键,而新机理提供了具可操作性的依据。

在实践意义之外,作者的风险研究还显示了人文关切:其一,选择健康、科技和环境三类事关人类未来生存发展的基本风险,并将阿尔茨海默病议题、人工智能议题和气候变暖议题作为三类基本风险的典型议题,考察这些议题的形成与演化有助于人们形成防范化解当今重大风险的意识;其二,新机理强调了平台的技术逻辑只有在用户的行动逻辑基础上才能影响风险议题显著性演化,凸显了"人"相对于技术的主体性、根本性和重要性。

黄清博士的著作不仅为学术界提供了新视角,也为社会实践提供了切实指导,具有重要的学术价值和社会意义。这本书为未来的风险传播研究提供了多方面的启示:

第一,凸显跨学科研究的必要性。随着技术的快速发展,风险传播研究需要更多地借鉴心理学、神经科学、生物学、计算机科学等多学科的理论与方法,以全面理解风险议题的复杂性。例如,可以利用神经传播学领域的最新成果,分析诸如短视频中的动态视觉符号等能否显著激活用户大脑杏仁核感知风险的区域,这也许能为解释移动传播中风险议题的神经认知强化机制提供生物学依据。

第二,关注算法与人的互动模式。未来研究应更加关注算法作为非人类行动者与用户之间的互动过程及其特点。比如,可以追踪社交机器人与人类用户的互动模式,揭示算法推荐系统如何通过注意力再分配机制重构风险议题的显著性图谱。此外,还可以探讨如何通过优化算法设计来推动可持续的人机传播和信息流动,避免由算法偏见导致的信息茧房和虚假信息扩散等负面效应。

第三,重视社会影响的追踪评估。未来研究可加强对移动传播中风险议题传播效果的动态追踪评估。通过构建平台的风险议题动态预警系统,可自动触发多模态事实核查机制,提升公众的媒介素养并增强其心理韧性,从而促进全社会防范化解风险。

　　总之,在媒介技术不断迭代和信息资讯迅速流通的当下,理解移动媒介的作用、用户行为及其背后的技术逻辑与行动逻辑,对于有效应对风险议题的传播挑战至关重要。黄清目前是浙江大学传媒与国际文化学院长聘副教授,先后在浙江大学和香港中文大学求学,是一位有着扎实研究功底的青年教师,长期关注数智媒介使用中的风险问题,发表了一系列具有影响力的成果,期待作者未来还有新的著作进一步深化这方面的研究。

　　是为序。

吴　飞

2025 年 2 月于浙江大学

目　录

导　论

0.1　研究背景

0.1.1　事关人类未来生存和发展的三类基本风险

风险泛指损失或危害发生的可能性,是人类社会及个体从古至今必须承担的。早在农耕时代,因为自然灾害,人们承受着庄稼颗粒无收的风险。远在航海时代,冒险者探索新大陆,面临着船沉人亡的风险。但在那些年代,人类遭遇的风险是一种个别的、局部的现象,并未在整个社会甚至全球范围内产生大规模效应。然而,从 20 世纪末期开始,随着工业化在世界各地的快速推进和规模体量的不断提升,人类遭遇风险成为一种普遍的社会现象,"风险社会"(risk society)作为现代社会的一个范畴应运而生。乌尔里希·贝克(Ulrich Beck)提出这一范畴,用以分析风险在现代社会条件下表现出来的结构化和制度化特征,并由此反思过度工业化带来的弊端。[①]

近 20 年,"风险社会"作为一种由工业化衍生的社会形态在全球范围内已成现实。金融、生态、技术和公共卫生等领域的风险不断积累,对全球社会的可持续发展构成了严重威胁。比如,在金融领域,2008 年美国次贷危机导致全球金融危机爆发,2018 年随着中美贸易摩擦升级,全球经济动荡加剧,这些事件预示着巨大的金融风险。在生态方面,气候变暖问题一直没有得到有效解决,对环境的可持续发展与人类的延续构成了日趋严峻的挑战。再从新技

[①]　Beck, U. (1992). *Risk society: Towards a new modernity*. London: Sage, p. 11.

术应用来看,2010 年发生的墨西哥湾原油泄漏事件和 2011 年日本福岛发生的特大核泄漏事故给周边居民带来了巨大的安全隐患,2018 年露露和娜娜这对基因编辑婴儿的诞生则引发了世人对基因编辑技术应用伦理风险的深层担忧,而 2022 年年底"出圈"的 ChatGPT 等技术则唤起了人们对人工智能应用前景风险的广泛探讨与深刻反思。此外,过去 20 年间暴发的多起重大突发公共卫生事件,例如"非典"(SARS)、甲型 H1N1 流感、埃博拉(Ebola)疫情、中东呼吸综合征(MERS)和新冠(COVID-19)疫情,则对全球民众的身体健康与生命安全构成了严重威胁,并引发了一系列负面的社会后果。

诸如上述的重大风险不胜枚举,它们都属于"全球化的人为制造的风险"(globalized manufactured risks)。[①] 一方面,"全球化"意味着风险后果的影响不再局限于特定的地理区域,而是全球性的和无所不在的;同时,这些风险具有不可控性和无差别性。[②] 譬如,金融危机、气候变暖、大流行病等风险的影响是不受地理空间限制的。与此相关,当风险波及全球,其后果就变得不可控。而且,长远来看,全球性风险的"回旋镖效应"(the boomerang effect)意味着生产风险的人迟早会受到风险后果的影响,因为风险会跨越国家边界,最终在各个国家和各个阶层中平等分配。[③] 另一方面,"人为制造"指向风险产生的人为原因。在现代社会的运作制度和工业生产逻辑的支配下,人类的社会实践活动带来了诸多风险,如全球经济一体化引发的金融市场动荡风险、过度工业化导致的环境污染和全球气候变暖风险、新科技应用带来的伦理道德风险等。这些风险源自人类生产活动和社会交往,受制于特定的制度框架,并内化于这些制度之中,因而具备人为制造的属性。以上

---

① Beck, U. (2014). Incalculable futures: World risk society and its social and political implications. In *Ulrich Beck: Pioneer in cosmopolitan sociology and risk society* (pp. 78-89). Cham: Springer International Publishing.

② 贝克, 吉登斯 & 拉什. (2014). *自反性现代化:现代社会秩序中的政治、传统与美学*. 赵文书, 译. 北京: 商务印书馆, 第 5 页.

③ Beck, U. (1992). *Risk society: Towards a new modernity*. London: Sage, p. 37.

种种征兆预示着当代人类社会已步入"全球风险社会"(global risk society)。

在全球风险社会的背景下,风险具有整体关联、不断蔓延和难以预测的特点,而且在全球范围内产生广泛影响并引发极大的不确定性。这类风险被称为"系统性风险"(systemic risk)①,其具有以下三大特征:第一,系统性风险会产生全球性的后果,其影响范围会扩散至多个国家或地区甚至是全球,对人类社会产生广泛而深远的影响。第二,系统性风险往往是由多个风险交织复合而成的,人类的实践活动不断促使风险由潜在向现实转化,这种转化持续释放动能,反作用于社会结构并启动社会的反馈机制,由此产生新的风险。② 比如,全球金融风险会引发大面积失业,进而导致社会不稳定等风险。第三,系统性风险的发展趋势充满不确定性,危机发生与否以及风险的演化轨迹是难以预测的。这种不确定性源自微观世界的"测不准性原理"③:精确测量要求有无限准确的初始状态,而目前人类的认知能力和技术条件几乎无法对系统性风险的初始状态进行精确测量,因而就难以预测系统性风险的演化态势。

在全球化浪潮中,中国社会在各个领域取得长足进步,但系统性风险引发的一系列挑战也随之而来。党的十九大以来,党的报告和文件中多次出现与重大风险相关的表述,如"有效应对重大挑战""抵御重大风险""防范化解重大风险"等。④ 尽管并未直接使用"系统性风险"一词,但此处的重大风险即系统性风险,因为这些

①　Jarvis, D. S. (2007). Risk, globalisation and the state: A critical appraisal of Ulrich Beck and the world risk society thesis. *Global Society*, 21(1), 23-46.

②　范如国. (2017). "全球风险社会"治理:复杂性范式与中国参与. *中国社会科学*(02), 65-83+206.

③　霍金. (2018). *时间简史*. 许明贤, 吴忠超, 译. 长沙:湖南科学技术出版社, 第63页.

④　新华社. (2017年10月27日). *习近平:决胜全面建成小康社会 夺取新时代中国特色社会主义伟大胜利——在中国共产党第十九次全国代表大会上的报告*. 中华人民共和国中央人民政府. http://www. gov. cn/zhuanti/2017-10/27/content_5234876. htm.

风险是"难以预料"的、"关系我国改革发展稳定全局"和"影响我国现代化进程"的。"增进人民福祉"是中国式现代化发展的首要任务。① 因此,抵御、防范和化解系统性风险的根本目标在于维护人民群众的生活安全,它是人们追求美好生活的基本保障;长远来看,系统性风险将影响人类世世代代的生存与发展。所以,锁定那些事关人类未来生存发展的系统性风险至关重要。

《全球风险报告 2023》(*Global Risks Report 2023*)指出,经济风险、环境风险、地缘政治风险、社会风险和技术风险是当今威胁全球民众福祉的五大类系统性风险。② 从产生根源与现实后果来看,风险源自已经发生的危机,并预示着下一次危机发生的可能性,形成"危机 1→风险 1→危机 2→风险 2"的不断循环;这里,可以将某一次转化过程视为"风险—危机"的一个连续统。在上述五大类系统性风险中,经济风险和地缘政治风险在当下已产生可见的严重后果,因此更偏向于"危机"一端。而环境风险、社会风险和技术风险更靠近"风险"一端,尽管这些风险的效应才初露端倪,但它们的后果将随着时间推移而不断积累,并在可预期的未来持续影响人类世代的生存与发展。其中,社会风险是一个过于宽泛的范畴,基于《全球风险报告 2023》列出的风险子类别,并结合中国社会发展的重大战略③,本书将社会风险锁定为对人民生命安全和身体健康产生持续影响的风险。由此提出,健康风险、技术风险和环境风险是事关人类未来生存发展的三大类系统性风险。

"人与自然"这一根本关系在现代社会被拓展为"人—技术—

---

① 严文波,沈卓群. (2022 年 2 月 16 日). *从四个维度把握中国式现代化道路的价值伟力*. 中国共产党新闻网. http://theory. people. com. cn/n1/2022/0216/c148980-32353124. html♯:~ :text＝％E4％B8％AD％E5％9B％BD％E5％BC％8F％E7％8E％B0％E4％BB％A3％E5％8C％96％E9％81％93％E8％B7％AF,％E6％88％90％E6％9E％9C％E7％94％B1％E4％BA％BA％E6％B0％91％E5％85％B1％E4％BA％AB％E3％80％82.

② World Economic Forum. (2023). *Global Risks Report 2023*. https://www3. weforum. org/docs/WEF_Global_Risks_Report_2023. pdf.

③ 例如,中共中央和国务院于 2016 年 10 月印发了《"健康中国 2030"规划纲要》,详见 https://www. gov. cn/zhengce/2016-10/25/content_5124174. htm。

自然"这一结构,据此来看,健康风险、技术风险和环境风险分别对人的生存构成直接威胁。首先,传染病、慢性病、心理疾病等健康风险会危害人的身心健康,对个体的肉身和心智产生负面影响。其次,当今的"数字化生存"或"媒介化生存"意味着数字智能技术不仅构成个体日常生活和社会生产实践的技术环境,而且成为人的身体与社会机体的内在构成部分。因此,数字智能技术的应用风险将对人及其生活环境产生直接影响。最后,气候变暖、空气污染、水污染、土壤污染等环境风险对人类赖以生存的生态环境形成了严峻挑战。

就风险后果显现和持续的时间而言,上述三类风险有所区别,但都在加快演化。首先,健康风险的后果对于个体来说将在短期内很快显现。譬如,一旦感染病毒或罹患某种疾病,潜在的风险立刻转变为危害,直接损害人的身体和心理健康并引发多种病症。这种健康风险在大流行病时期尤为显著。其次,技术风险的后果将在技术推广应用后显现,其总体持续时间比个体的健康风险会长久很多,但也在逐代加速。例如,蒸汽机的普及大约用了 80 年①,内燃机和电气的普及大约用了 45 年②,计算机的普及用了约 30 年③,智能手机的普及则用了 15 年左右的时间④;如今,人工智能技术正在不断推广,被应用于越来越多的领域中,其创新与扩散的时间仅需 1—2 年⑤。总体而言,新技术的推广与普及需要花费较长时间,但有不断加快的趋势,而一旦某种技术得到广泛应用,

①　1690 年,法国人帕潘发明了第一台活塞式蒸汽机;1769 年前后,由纽科门发明、瓦特改进的蒸汽机开始普及。

②　1876 年,德国人奥托发明了内燃机;20 世纪 20 年代,内燃机开始普及。

③　ENIAC 是世界上第一台通用计算机,于 1946 年在美国诞生;1975 年,比尔·盖茨和保罗·艾伦创立微软公司;翌年,乔布斯、沃兹尼亚克和韦恩创立苹果公司。计算机从此进入 PC(personal computer)时代,开始普及。

④　1993 年,美国 IBM 生产了第一台智能手机;2007 年,苹果公司发布了第一款 iPhone,标志着智能手机开始进入大众生活;时至今日,智能手机已广为普及。

⑤　例如,OpenAI 于 2020 年 5 月宣布推出 GPT-3 模型的 beta 版本,该模型拥有 1750 亿个参数,是当时最大的自然语言处理模型;不到两年,OpenAI 在 2022 年 11 月 30 日正式发布全新对话式 AI 模型 ChatGPT。

相关的风险问题就会接踵而来。最后,环境风险的影响虽然是长期的,但只要工业化进程一直加速,环境问题就会因人类社会对自然资源的过度开采与污染物的过量排放而直接威胁人类的生存环境。例如,随着全球平均气温逐年提升,海平面上升、极端天气、森林退化等风险日趋增大。

综上,健康风险、技术风险和环境风险已在人的本体存在、技术应用与生存环境三方面对人类的未来生存与发展构成直接威胁;并且,三类风险的影响分别呈现不断加快的趋势。因此,选择这三类风险议题并结合相关理论考察这些风险如何被人们感知、热议并获得广泛关注,对于移动传播时代的风险治理具有重要意义。

0.1.2　从不可见的风险转化为显著的风险议题

"风险"的内涵可以用一个简单的公式来界定:风险＝后果严重性×发生概率。[①] 风险意味着危害或损失发生的可能性,作为概率其本身是不可见的。然而,一旦当人们开始谈论风险,不可见的风险就转变成了可见的风险议题(risk issue)。而且,随着当今社会媒介化程度的不断提高,不可见的风险经由政府、新闻媒体、企业、专家、社会组织和普通公众等多元主体的建构与移动媒介的迅速传播,转变为高度可见且备受关注即显著的风险议题。由此,隐性的风险实现了从不可见到显著的转变。为了更好地理解这一过程,首先需要回到本体,从认识论的高度反观风险,阐明风险如何转化为风险议题。

当前,学界主要从三种立场认识风险。[②] 其一,"实在论"(realism),认为风险是客观存在的威胁或危害,可以采用科学的方法来测量风险的发生概率。自然科学和经济学通常秉持实在论,

①　Hogarth, R. M., Portell, M., Cuxart, A., & Kolev, G. I. (2011). Emotion and reason in everyday risk perception. *Journal of Behavioral Decision Making*, 24(2), 202-222.

②　Lupton, D. (1999). *Risk*. London: Routledge, p. 36.

通过计算损失发生的概率来建立防范风险的模型与机制。其二，"弱建构论"（weak constructivism），承认风险是一种客观存在的威胁或危害，指出风险与个体心理、社会制度和文化传统相互作用，从而产生社会效应。社会学、公共管理学、心理学和传播学等社会科学倾向于采取弱建构论，重点考察风险在上述相互作用中的建构过程及其效应。其三，"强建构论"（strong constructivism），该立场否认风险的客观性，认为风险完全是文化建构的产物。强建构论的典型代表是一项著名的人类学研究：风险起初源自人们对不洁的恐惧，是人为建构的一种观念。① 上述三种认识论其实反映了理解风险的一个连续统：一端是实在论，另一端是强建构论，位于两个端点之间的则是弱建构论。

风险的三种认识论不分孰优孰劣，唯有针对具体情境的不同适洽性。本书采取弱建构论来理解风险如何转化为风险议题。首先，已经发生的危险及其蕴含的潜在威胁是风险的客观基础。例如，全球范围内有超过 5500 万人患有阿尔茨海默病，并以每年1000 万新病例的速度增长。② 这预示着阿尔茨海默病对全球人口，尤其是低收入和中等收入国家的老年人群身心健康构成严重威胁。此外，联合国政府间气候变化专门委员会发布的《气候变化2023》（*Climate Change 2023*）综合报告显示，人类活动已使全球气温平均升高 1.1℃，极端天气、森林退化、农业生产力低下等各种风险随之而来。③

其次，客观的风险会与个体心理、文化观念和政策制度相互作用，不断影响人们对风险的感知。譬如，尽管阿尔茨海默病对全球老年人口健康的威胁正在逐渐增加且呈现患者低龄化趋势，但大

---

① Zaloom，C.（1966）. Mary Douglas，Purity and Danger. *Public Culture*，*32* (2)，415-422.

② World Health Organization（Ed.）.（2023，March 15）. *Dementia*. World Health Organization. https://www.who.int/news-room/fact-sheets/detail/dementia.

③ 世界资源研究所.（2023 年 4 月 3 日）. *IPCC AR6 综合报告／《气候变化 2023》十大重点解读*. https://wri.org.cn/insights/2023-ipcc-ar6-synthesis-report-climate-change-findings.

多数人往往持"乐观偏见"(optimistic bias)的态度,认为这只是一种"老年疾病",年轻人不可能患病。殊不知,阿尔茨海默病不仅威胁老年人身心健康,如今还出现了"年轻化"的发病趋势。[①] 此外,民间文化长久以来一直将阿尔茨海默病称为"老年痴呆",这一名称反映了人们对该疾病的刻板印象甚至是歧视,把因为患病而引发的失智失能症状视为"痴呆"。对此,国家出台的《"健康中国2030"规划纲要》专门将"促进健康老龄化"列为重点战略方向,明确指出要加强阿尔茨海默病的有效干预。个体的"乐观偏见"心理、带有刻板印象的文化观念以及国家出台的政策共同塑造并影响着人们对于阿尔茨海默病患病风险的感知。

最后,多元主体使用移动媒介获取资讯、发表观点,将感知到的风险外化为一个个风险议题。威胁民生福祉的系统性风险往往涉及多元主体,比如:全球气候变暖需要各国政府、专家、社会组织和普通公众来协同应对,但每一类主体出于自身的利益考量,对气候变暖风险的感知及应对会有所不同;人工智能的广泛应用促进了高新技术企业的迅速发展,但随之而来的伦理风险要求政府部门制定有效的监管措施,同时对从事一般文职工作人员的就业前景构成严重威胁;阿尔茨海默病是威胁老年群体身心健康的一大隐患,但目前仍未找到有效的治疗方式,因此需要专家的集体攻关和政府的大力支持。随着移动互联网和智能手机的广泛普及,多元主体如今使用各种 APP(应用程序)获取风险的相关资讯、发表自己的观点,由此,风险隐患和危害概率常被外化为可见的文本,如推文、图片和短视频等,这些文本在移动媒介中不断积累并迅速传播,从而转化为一个个备受关注的风险议题。

风险议题产生于人们就某个风险事件展开的各种议论,并且这些议论进入公共话语领域,汇聚之后产生规模效应,成为一个亟待解决的公共问题。根据弱建构论的"社会再现"(social representation)观点,风险通过社会再现被转化为风险议题,该过

---

① 张峥.(2023 年 2 月 15 日). *阿尔兹海默:老年病"年轻化",健康生活方式是解药*.新华网. http://www.news.cn/health/2023-02/15/c_1211729032.htm.

程包括"客体化"（objectification）和"锚定"（anchoring）两个步骤。[①] 客体化指某一抽象的、不可见的风险转化为一个具体的、可见的风险议题，人们通过探讨此风险议题，思考该风险本身。由新风险催生的新议题对于大多数人而言是陌生的，通常伴随着不确定感。为了减轻不确定感，人们往往以既有的认知框架阐释新的风险议题，使其变得熟悉，这一步骤即锚定。参照"风险的社会放大框架"（the social amplification of risk framework，简称 SARF）[②][③]，客体化包含两个环节：（1）业已发生的危机或预示风险的信号被一些人感知，他们通过媒介将这一事件传播开来；（2）当危机事件和风险信号的相关信息越传越广时，就会引发社会各界的广泛关注，例如新闻媒体、政府部门、专家、社会组织、意见领袖、普通公众等。随之，锚定同样由两个环节组成：（1）上述多元主体根据自身经验和价值立场来阐释风险，发表各自的观点；（2）这些观点裹挟着最初的事件信息，通过各类媒介渠道广泛传播。由此，客体化和锚定不断往复循环，风险的信息量持续增加，使得风险议题日益显著。

　　不少社会科学研究都运用风险的社会再现理论或 SARF 来解释风险如何转化为风险议题及其社会效应。在传播学视角下，移动媒介及其连接的多元主体是促使不可见的风险转化为显著的风险议题的主导力量。如今，以移动互联网为基础设施、智能手机为终端设备的移动媒介（即各类 APP）已深入渗透个体的日常生活与社会生产的各个领域，深刻影响并塑造着人们的知觉模式和交往

　　① Breakwell, G. M. (2010). Models of risk construction: Some applications to climate change. *Wiley Interdisciplinary Reviews: Climate Change*, 1(6), 857-870.

　　② Kasperson, R. E., Renn, O., Slovic, P., Brown, H. S., Emel, J., Goble, R., et al. (1988). The social amplification of risk: A conceptual framework. *Risk Analysis*, 8(2), 177-187.

　　③ Kasperson, J. X., Kasperson, R. E., Pidgeon, N., & Slovic, P. (2003). The social amplification of risk: Assessing fifteen years of research and theory. In N. Pidgeon, R. E. Kasperson, & P. Slovic(Eds.), *The social amplification of risk*(pp. 13-46). Cambridge: Cambridge University Press.

方式,人类进入了"媒介化"①(mediatization)时代。移动媒介每时每刻、无所不在地连接各类主体,使其可以随时随地获取风险的相关资讯、发表自己的观点,从而参与风险议题的建构。而且,移动媒介的高网速和低延时特点促使风险议题迅速传播,特定 APP 的算法推荐模式则使风险议题传播呈现特定的规律。因此,移动媒介连接多元主体,为风险议题的多主体共构提供了技术基础。同时,移动媒介又能加快风险议题传播并扩大其社会效应。

值得注意的是,健康风险、技术风险和环境风险等系统性风险催生的议题不仅仅只有一个,而是滋生出一系列相互关联的子议题,从而形成一个议题系统。这些议题系统经由移动媒介的迅速扩散,其显著性不断增强。例如,就"气候变暖"这一环境风险议题而言,微信、抖音和今日头条等平台上出现了"南极气候变化""冰川消融""海平面上升""环境恶化"等一系列相关的子议题②,它们的传播让人们从不同方面关注和思考"气候变暖"这一议题系统。

在移动传播中,不可见的风险经由多元主体的建构与移动媒介的扩散能够迅速转化为显著的风险议题,这一过程有助于增强社会各方的风险防范意识。然而,风险本身蕴含的极大不确定性以及移动媒介的传播特点极易导致虚假信息泛滥、意见极化、社会恐慌等诸多负面效应,这对风险议题的网络舆情治理提出了新挑战。

0.1.3　移动传播中风险议题舆情治理的多重困境

为了引导风险议题朝有利于风险治理的方向演变,有必要对其进行舆情治理。"议题"与"舆情"在此均与"风险"关联,并且议题的舆情治理是风险治理的一个重要环节。由于系统性风险的复杂性和移动媒介的技术特性,风险议题的舆情治理如今面临诸多

---

①　Livingstone, S. (2009). Foreword: Coming to terms with "mediatization". In K. Lundby(Ed.), *Mediatization: Concept, changes, consequences* (pp. ix-xii). New York: Peter Lang.

②　相关数据来自微信指数和巨量算数的抖音指数与头条指数,搜索时间范围为 2023 年 1 月 20 日至 2023 年 7 月 20 日。

挑战,容易陷入多重困境。有鉴于此,舆情治理应将重点聚焦于议题显著性及其演化规律。

风险议题在移动媒介中的广泛传播极易引发并加剧网络舆情变化。议题反映了公众的关切,表达了人们的情绪,当议题在网络中流行之时,便成为舆情。一般而言,舆情包括公众对社会问题的情绪、态度和意见①,舆情按其变化有潜在和显现之分:潜在的舆情指公众对社会问题持有的未表露的态度和未流露的情绪,而显现的舆情则表现为公众对社会问题公开流露的情绪、表露的态度以及发表的意见。② 从舆情生成的某个时段来看,潜在的舆情在先,显现的舆情在后,前者往往是后者的诱因,后者则是前者的外化。而议题内容包含了公众对社会事件的主观情绪与认知,以及该事件的客观信息;其中,公众的主观情绪与认知可以成为议题的主要内容。并且,议题的主要内容直接来自显现的舆情,其源头肇始于潜在的舆情。由于议题是舆情的一种语言符号表现,所以从潜在的舆情到显现的舆情变化可表现为议题显著性的变化。因此,若要促使风险议题朝有利于风险治理的方向发展,就需要更为本源地对风险议题进行舆情治理。

议题的舆情治理是风险治理的一个重要环节。“风险治理”(risk governance)是“治理”(governance)理念在风险领域的一种应用,指多元主体,如政府部门、新闻媒体、专家、社会组织、企业、普通公众等通过协商合作的方式共同应对某个风险,以将其危害降至最低的过程。③ 根据弱建构论的观点,风险包括客观存在的可能危害以及在此基础上建构起来的风险议题。所以,风险治理既涉及对潜在危害的治理,也包括对风险议题的舆情治理。治理潜在危害固然十分重要,可以从源头上降低风险对人们的威胁。但与此同时,作为对潜在危害的一种社会建构,风险议题涉及多元建

① 孙立明.(2017).网络舆情的三个世界——关于网络舆情的一个初步分析框架.*中央社会主义学院学报*(01),88-93.

② 丁柏铨.(2007).略论舆情——兼及它与舆论、新闻的关系.*新闻记者*(06),8-11.

③ Van Asselt, M. B., & Renn, O. (2011). Risk governance. *Journal of Risk Research*, 14(4), 431-449.

构主体、牵涉多方社会力量,尽管在议题传播初期可以增强人们的风险防范意识,但其演化会滋生一系列社会涟漪效应,其中不乏负面的社会后果,譬如对风险后果的社会焦虑与恐慌、对风险治理职能部门的信任危机、由群体性事件引发的社会失序等。而风险议题的舆情治理将有助于避免这些负面后果。但是,系统性风险的特点与移动媒介的技术特征却给风险议题的舆情治理带来了多重困境。

　　首先,诸如健康风险、技术风险和环境风险等系统性风险会产生跨地区甚至全球性的影响,牵涉多元行动主体;而且,由于其复杂性,这些风险会滋生一系列相关的问题。多元行动主体对诸多问题的关注与探讨滋生大量议题,它们在移动媒介中迅速广泛传播,导致舆情治理"失焦"。例如,就全球气候变化风险的起因来看,尽管当前科学界普遍认为人类过量排放温室气体是全球变暖的主要原因,但也有一些人质疑甚至否认人类活动对全球变暖的影响,认为气候变化是自然现象或太阳活动的结果。[①]此外,关于如何应对全球变暖,国际社会仍未达成共识:发展中国家认为发达国家应该承担更多责任和义务并减少碳排放,同时提供更多资金和技术支持帮助欠发达地区适应气候变化,而发达国家则认为发展中国家应该采取更多举措来减少碳足迹。[②] 这些众说纷纭的争议在移动媒介中广泛传播,很难使公众对气候变化后果及其应对形成一般的共识。长远来看,过多争议性议题带来的社会意见"失焦"困境可能削弱全球气候治理的效果。

　　其次,人们可以随时随地使用各类便捷易用的 APP 获取风险议题资讯、发表评论和观点,促使风险议题信息迅速扩散。而移动媒介的开放性意味着任何用户都能生产议题内容,这直接导致风

　　[①] Schraer, R., & Devlin, K. (2021, November 17). COP26: *The truth behind the new climate change denial*. BBC News. https://www.bbc.com/news/science-environment-59251912.

　　[②] White, A. (2022, November 9). *4 climate topics we should be talking about*. World Economic Forum. https://www.weforum.org/agenda/2022/11/cop27-climate-topics-we-should-be-talking-about/.

险议题信息质量良莠不齐甚至泥沙俱下,给舆情治理造成虚假信息泛滥的困境。特别是在重大突发公共卫生事件中,相关的健康风险极易滋生虚假信息,导致谣言四起。比如,在新冠病毒流行期间,各大移动平台上流传着"病毒会通过蚊虫叮咬传播""双黄连可预防病毒感染""洋葱可以吸附病毒""感染新冠可以'以毒攻毒'治疗癌症"等诸多虚假信息。[①] 这些虚假信息不仅导致公众的错误认知,而且还会引发不当的应对行为并损害人们的健康与利益。

最后,基于用户兴趣的内容推送是当今各类 APP 算法推荐模式的核心要素。平台通过追踪用户以往的浏览记录,提取归纳历史数据的内容属性来分析用户感兴趣的内容类型,据此向用户推送符合其兴趣爱好的内容。[②] 用户不断接触同质化的内容资讯,对风险议题产生片面狭隘的观点,难以获取全面合理的风险认知。舆情治理的目标之一是促使公众形成科学的风险意识,而上述情况则导致网民陷入"信息茧房"困境。"信息茧房"长期束缚人们的心智,很有可能引发风险议题的意见极化,严重阻碍风险治理。

为了应对上述困境,本书在理论上尝试将网络舆情治理的重点放在议题显著性及其演化上。具体来说,频繁出现于移动平台并且长期占据热搜话题榜的议题即显著性较强的议题。因此,关注这些显著性水平较高的议题,可以在一定程度上降低舆情治理的复杂性和难度,以应对舆情治理的"失焦"困境。此外,考察议题显著性在移动平台上的演化过程,即从不可见的风险转变为备受关注的风险议题,以及热点过后淡出大众视野的过程,将有助于引导公众的情绪反应、端正公众的认知态度、规范公众的意见表达,以应对虚假信息泛滥的舆情治理困境。随着公众认知和表达的合理化,辅以移动平台公司对算法推荐模式的不断优化,"信息茧房"这一舆情治理困境也将得到解决。

---

① 资料来源:辟谣信息均来自微信小程序"腾讯较真辟谣",列举谣言已被证实。
② 韩红星 & 何浏. (2023). 推荐与匹配:移动阅读中算法逻辑及运用. *中国出版* (05), 53-58.

0.2　风险议题研究的国内外文献述评

风险议题源自传播,并在传播过程中不断演化。因此,传播学是考察风险议题的一个主要学科视角。在传播学视角下,当前风险议题的国内外研究大致涉及三个方面:(1)媒体报道如何建构和传播风险议题;(2)个体接触风险议题后将产生哪些情绪、认知和行为反应;(3)多元主体如何在交往互动中塑造风险议题。

0.2.1　媒体建构与传播风险议题的层次

媒体在风险议题的建构与传播中发挥重要作用。从现代媒介技术的发展进程来看,大致可将媒体分为两大类:其一,以报刊和广播电视为代表的大众传媒;其二,以社交媒体为窗口的各类数字媒体平台。大众传媒是建构风险议题的一类重要主体,媒体从业人员根据新闻价值从特定角度以特定方式报道风险议题,影响人们的风险感知,从而放大或削弱风险的社会效应。[①] 从信息流向来看,大众传媒传播风险议题以信息单向流通模式为主,即资讯从媒体流向公众,而公众的意见和观点较难得到呈现或反馈。与此不同,社交媒体为风险涉事各方提供互动交流的平台,成为"跨层级信息流的重要来源",促进风险议题信息在微观层面的人际沟通(网民之间)、中观层面的组织沟通(地方职能部门、社会组织与专业机构之间)以及宏观层面的政府沟通(国家级媒体与中央政府之间)中多方位、多渠道和多层次流通,凸显了风险沟通的开放性特点。[②] 并且,社交媒体的网络结构可以促使风险议题迅速扩散,在短期内引发广泛关注,引爆广大网民的情绪,并引发群体性事件等

---

① Snyder, L. B., & Rouse, R. A. (1995). The media can have more than an impersonal impact: The case of AIDS risk perceptions and behavior. *Health Communication*, 7(2), 125-145.

② Bird, D., Ling, M. G., & Haynes, K. (2012). Flooding Facebook—the use of social media during the Queensland and Victorian floods. *Australian Journal of Emergency Management*, 27(1), 27-33.

一系列负面社会后果。①

可见,无论是大众传媒还是社交媒体,都是建构和传播风险议题的重要力量。通常而言,媒体在三个层次建构与传播风险议题:(1)信息层次,即媒体及时向公众传播有关风险事件的最新进展和实时动态以发挥预警作用,并向公众普及应对风险的有关知识;(2)情绪层次,即媒体呈现的风险议题既有可能放大公众的情绪反应,也可以借助合理的表达来安抚公众的焦虑和恐惧等负面情绪;(3)价值层次,即媒体通过价值引导来建立公众对政府和专家的信任,同时赋予公众参与议题探讨的渠道,使公众充分表达自身利益诉求。

0.2.1.1　信息层次:风险预警与知识科普

在信息层次,媒体建构并传播风险议题以预警和科普为主。媒体的预警机制主要包括两个环节。首先,社交媒体事无巨细的"感知触角"能够在第一时间捕捉到最早的风险信号,这些信号源自群组中的人际交流,经过在线社区讨论和热搜话题等形式的传播,引发社会各界的广泛关注。② 随后,主流媒体跟进报道。由于媒体版面和公众注意力都是有限的,媒体会选择性地报道风险议题。通常来说,媒体倾向于报道那些具有突发性③、与公众利益直接相关④、发生概率虽小但危害极高⑤以及具有明确"受害方"与"责任方"角色⑥的风险事件,由此吸引人们的注意力,凸显议题的

---

① 陈虹 & 潘玉.(2020).社交媒体在自然灾害事件中的风险沟通——以飓风"厄玛"为例.*当代传播*(03),66-70.

② 张克旭.(2020).社交媒体在疫情危机风险传播中的核心作用与传播机制.*新闻与传播评论*(03),26-35.

③ 全燕.(2013).风险传播中的新闻生产——以台湾"美牛风波"为例.*中国地质大学学报(社会科学版)*(02),45.

④ 伊文,肖永生 & 赵克.(2011).食品安全报道在富矿和风险间游走——重庆晚报关于问题食品报道的经验与思考.*新闻研究导刊*(12),19-20.

⑤ 胡悦.(2014).食品风险传播的洞穴影像:网媒议程设置研究.*厦门大学学报(哲学社会科学版)*(04),140-149.

⑥ 全燕.(2013).风险传播中的新闻生产——以台湾"美牛风波"为例.*中国地质大学学报(社会科学版)*(02),44-48.

显著性,从而增强公众的风险防范意识。

预警之后便是科普,媒体通常采取三种策略向公众普及有效应对风险的科学知识。第一,建立相关性,即媒体通过引用与公众相关的并且为他们所熟悉的先例来帮助公众理解风险。①② 这一策略的原理在于,基于个人经历的叙事往往比基于客观事实的叙事更能引起人的情感共鸣。第二,媒体采用公众信源,拉近与受众之间的心理距离。譬如,在转基因议题报道中,科普媒体和论坛媒体经常引用普通公众的观点与诉求来普及转基因技术的科学知识③,这为冰冷的数据和晦涩难懂的专业术语增添了不少人情味。第三,借助社交媒体的视听传播手段,向公众呈现多模态的议题内容。例如,在 2017 年美国飓风"厄玛"来临之际,官方推特(Twitter)账号"@Track_Irma"采用多种模态呈现风险信息,超过四成的推文采用"♯话题＋文字＋图片(飓风路线图)"的复合呈现方式,并辅以 GIF 动画、图表、视频等信息模态阐释飓风的坐标位置、移动轨迹、影响范围等。④ 多模态的信息呈现方式有助于人们形象直观地了解风险动态,有效获取应对风险的知识。

0.2.1.2　情绪层次:能放大亦可安抚公众情绪

在风险传播中,媒体将不可见的风险建构为高度可见且十分重要的风险议题,这反映了风险的社会放大过程。媒体是风险的"放大器",对于个体而言,风险的放大效应主要表现为个体情绪反应的过度放大。由于风险预示着损失和危害发生的概率,因此媒体主要放大个体面临风险时产生的负面情绪。一般来说,媒体放

---

① Nicholson-Cole，A. (2005). Representing climate change futures：A critique on the use of images for visual communication. *Computers*，*Environment and Urban Systems*，*29*(3)，255-273.

② 全燕. (2013). 风险传播中的新闻生产——以台湾"美牛风波"为例. *中国地质大学学报(社会科学版)*(02)，44-48.

③ 王宇琦 & 曾繁旭. (2015). 谣言澄清与民众赋权——社会化媒体在风险沟通中的角色担当. *当代传播*(02)，14-18.

④ 参见陈虹 & 潘玉. (2020). 社交媒体在自然灾害事件中的风险沟通——以飓风"厄玛"为例. *当代传播*(03)，66-70.

大公众情绪的方式有两种。其一,从内容来看,媒体报道的框架类型会增强公众的负面情绪。比如,在台湾"美牛风波"中,媒体采用责任归咎框架,在事件发生之初便不断向公众强调受害者的损失并将事件责任归咎于当地政府①,这便放大了公众对食品安全的焦虑情绪,并强化了公众对责任主体的愤怒情绪。其二,从结构来看,以微信为代表的私人社交媒体具有"强关系"的网络特征,由此形成的"闭环式"群内传播极易放大用户的负面情绪,产生情绪的"回音室"效应;相形之下,在微博等公共社交媒体上,用户之间的连接以"弱关系"为主,虽然情绪的强度在这一结构中会得到稀释,但情绪的影响范围将不断扩大,最终带来普遍的情绪感染。

　　尽管媒体在风险传播中往往放大公众的情绪反应,但同时也可以借助合理的措辞和采取双向互动方式转而起到安抚公众情绪的作用。比如,在呈现风险议题时,除了告知公众风险后果的客观信息之外,媒体应尽量减少使用带有强烈不确定性的话语,因为风险的不确定性是导致人们焦虑与恐慌的主要原因。此外,社交媒体的双向互动功能可以使职能部门及时回应公众疑问与需求,缓解公众焦虑,这在应对由自然灾害引发的风险时尤为重要。例如,当飓风发生后,灾区民众在推特账号"@Track_Irma"下留言,账号主体直接在推文下方评论区与民众展开对话,回应民众需求。② 这不仅实现了风险信息的实时更新与共享,而且增强了灾民之间以及灾民与职能部门之间的情感联络,通过形成"风险共同体"和利用个体从众心理,极大地缓解了灾民因无力应对风险而产生的无助、焦虑和恐慌等负面情绪。

0.2.1.3　价值层次:机构信任与公众参与

　　媒体的一项重要职责是引导和巩固一些社会价值。在风险传播中,社会价值主要涉及两种:其一,建立人们对风险治理机构的

---

① 　全燕.(2013).风险传播中的新闻生产——以台湾"美牛风波"为例.中国地质大学学报(社会科学版)(02),44-48.

② 　张克旭.(2020).社交媒体在疫情危机风险传播中的核心作用与传播机制.新闻与传播评论(03),26-35.

信任,如对政府和专家等的基本信任,唯有如此全社会才能齐心协力、众志成城地应对风险,所以机构信任是一种重要的社会资本[1];其二,为了促进公众积极参与风险治理,必须让公众诉求得以充分表达,形成以民生福祉为根本目标的治理格局。据此,媒体通常用以下方式建构和传播风险议题:

一方面,作为政府决策的重要传播渠道,媒体须向公众传递诸如"政府的核心职责在于确保国家安全""永远为了公众利益"等价值信息,及时告知公众政府为防范化解风险和构筑安全社区所做的一切努力,以此建立公众对政府机构的充分信任。[2] 此外,专家也是风险治理的一类重要主体。由于系统性风险十分复杂,而且其演变趋势难以准确预测,因此普通百姓对这类风险往往一知半解甚至完全不懂。此时,专家的科普既可以消除公众的疑问与困惑,又能借此获得公众的必要信任。所以,媒体报道的一大策略是引用权威专家的观点,澄清有关谣言,平息社会恐慌,建立起公众对专家的信任。[3]

另一方面,媒体已成为公众参与风险治理的关键渠道。重视群众观点、采用公众信源是大众传媒促进公众参与的一种主要方式。例如,在有关转基因议题的报道中,人民网采取了相当比例的公众信源,强调转基因技术发展应当以不损害公众利益为前提,充分表达了公众立场的重要性。[4] 诚然,社交媒体不仅是公众发起动员活动的交流沟通工具,而且为公众情感传播与共同体建立创造了新环境。社交媒体的"强关系"结构特点催生了熟人之间的圈层传播,个体的情感在其中迅速扩散并相互感染;同样的情感经历将

---

① 戴佳,曾繁旭 & 黄硕. (2015). 核恐慌阴影下的风险传播——基于信任建设视角的分析. *新闻记者*(04), 54-61.

② 陈虹 & 潘玉. (2020). 社交媒体在自然灾害事件中的风险沟通——以飓风"厄玛"为例. *当代传播*(03), 66-70.

③ Whaley, S. R., & Tucker, M. (2004). The influence of perceived food risk and source trust on media system dependency. *Journal of Applied Communications*, 88(1), 1-19.

④ 王宇琦 & 曾繁旭. (2015). 谣言澄清与民众赋权——社会化媒体在风险沟通中的角色担当. *当代传播*(02), 14-18.

唤醒人与人之间的价值认同，并形成基于情感纽带的共同体，从而促使个体更加主动积极地参与风险治理与议题探讨。①

总之，无论是大众传媒还是社交媒体，它们对风险议题的建构与传播将在三个层次上发挥作用：在信息层次，媒体主要发挥风险预警与知识普及的作用；在情绪层次，媒体虽然会放大公众的负面情绪，但也可以采用适当的策略安抚公众情绪；在价值层次，媒体旨在建立公众对机构的信任并促进公众参与风险治理。

0.2.2　个体接触风险议题及其多重反应

风险议题通过大众传媒的报道和社交媒体的传播而广为人知。个体接触风险议题后，会在情绪、认知和行为层面产生多重反应。其中，人对风险潜在危害产生的情绪和形成的风险认知将直接决定其风险应对行为，而大量个体行为将聚集成社会效应，直接影响社会的风险治理进程。因此，近年来，个体接触风险议题后的情绪反应、认知反应和行为反应是风险传播研究的一个微观视点。②

0.2.2.1　个体接触风险议题后的情绪反应

在个体情绪层面，人们接触风险议题后，其风险感知容易被放大，并伴随着焦虑和恐慌等一系列负面情绪。"风险感知"（risk perception）指的是个体对风险潜在后果的一种直觉式判断，它包含诸多说不清道不明的笼统"感觉"（feeling），在很多情况下以负面情绪的形式表达出来。③ 首先，接触大量的风险议题信息会放大个体的风险感知进而增强其负面情绪。例如，当中东呼吸综合征（MERS）在韩国暴发时，当地民众越频繁地使用社交媒体接触大量

① 李畅 & 陈华明.（2016）. 社交媒体在社会突发暴力事件风险传播中的情感动员研究. *新闻界*（16），32-36.

② 贾鹤鹏 & 苗伟山.（2017）. 科学传播、风险传播与健康传播的理论溯源及其对中国传播学研究的启示. *国际新闻界*（02），66-89.

③ Slovic, P., Finucane, M. L., Peters, E., & MacGregor, D. G.（2004）. Risk as analysis and risk as feelings: Some thoughts about affect, reason, risk, and rationality. *Risk Analysis*, 24（2），311-322.

风险信息,他们对 MERS 的风险感知越明显,恐惧和愤怒的情绪也越强烈。① 媒体报道容易放大甚至扭曲不可控的灾难性事件(如恐怖袭击和核事故)的后果,公众频繁接触这些议题信息后,其风险感知会明显放大,恐惧等负面情绪随之而来。②

其次,风险议题的内容特征会影响人们的情绪反应。例如,媒体采取不同框架报道雾霾、转基因技术应用和地震三种风险议题,尤为强调转基因技术应用和雾霾等人为风险带来的负面效应,这直接放大了受众对人为风险的感知并激发其负面情绪;而且,媒体的报道框架和受众的认知框架之间存在差异,由此形成的"框架沟"加之风险本身蕴含的极大不确定性产生了巨大的"知识真空"地带,在信息不对称的情况下,受众就会产生焦虑和害怕等负面情绪。③ 转基因食品的风险十分复杂,涉及食品安全和技术伦理等诸多问题,因此,若稍有不慎,媒体报道的议题内容就很有可能出现表述不准和观点偏颇等问题;当个体接触了这些不合乎规范的议题内容后,就会进行指桑骂槐式的情绪宣泄。④ 可见,个体的情绪极易随着风险议题的内容特征而发生急剧转变。

最后,个体接触风险议题后产生的负面情绪具有社会传染性。如今,人们使用各种移动媒介获取风险议题资讯,接触议题信息内容之后往往伴随着转发、点赞、评论等传播行为的发生。从影响来看,个体接触风险议题后随即产生焦虑和恐慌等负面情绪;接着把这则议题内容转发给亲朋好友并附加情绪性的评论,其负面情绪便通过人际关系网络蔓延并由移动互联网呈指数级扩散,由此在社会层面引发情绪感染。值得警惕的是,负面情绪的广泛感染可

① Oh, S.-H., Lee, S. Y., & Han, C. (2021). The effects of social media use on preventive behaviors during infectious disease outbreaks: The mediating role of self-relevant emotions and public risk perception. *Health Communication*, *36*(8), 972-981.

② Jagiello, R. D., & Hills, T. T. (2018). Bad news has wings: Dread risk mediates social amplification in risk communication. *Risk Analysis*, *38*(10), 2193-2207.

③ 余红 & 张雯. (2017). 媒体报道如何影响风险感知:以环境风险为例. *新闻大学*(06), 113-124+155.

④ 靳明, 靳涛 & 赵昶. (2013). 从黄金大米事件剖析指桑骂槐式的公众情绪——基于新浪微博的内容分析. *浙江社会科学*(06), 91-98+159.

能引发公众的非理性行为,阻碍风险治理进程。① 不过,向公众提供行之有效的风险应对意见则能降低他们的不确定感,从而缓解公众对风险后果的焦虑与恐惧。②

0.2.2.2 个体接触风险议题后的认知反应

除了直觉式的情绪反应之外,个体接触风险议题后也会产生认知反应③,具体包括以下两个方面。

一方面,认知反应指个体应对风险的具体态度。例如,在突发公共卫生事件中,个体越频繁地使用社交媒体接触有关的风险信息,其对传染性疾病的风险感知就越强烈,从而越有可能形成积极主动的疾病预防态度。④ 社交媒体已成为乳腺癌风险信息的主要传播渠道,其中,来自"妈妈型博主"的个人叙事经历能够唤起许多女性的情感共鸣;而且,这些信息在女性用户脑海中留下深刻的印象,通过事后回忆的方式,大多数女性用户表示她们对乳腺癌的预防知识记忆犹新,并且十分愿意采取相关的预防措施。⑤ 不过,当风险后果的持续时间和严重程度远远超出个体应对能力范围时,人们对风险的态度就会从积极防范转为消极无为。譬如,当媒体采取灾难叙事的框架报道气候变化议题并强调它对于人类世代的巨大危害时,只是唤醒公众遥远的"死亡意识"(mortality

① 刘冰.(2016).疫苗事件中风险放大的心理机制和社会机制及其交互作用.*北京师范大学学报(社会科学版)*(06),120-131.

② 王治莹,梁敬 & 刘小弟.(2018).突发事件情境中公众的风险感知研究综述.*情报杂志*(10),161-166.

③ 黄河 & 刘琳琳.(2015).风险沟通如何做到以受众为中心——兼论风险沟通的演进和受众角色的变化.*国际新闻界*(06),74-88.

④ Zeballos Rivas, D. R., Lopez Jaldin, M. L., Nina Canaviri, B., Portugal Escalante, L. F., Alanes Fernández, A. M., & Aguilar Ticona, J. P. (2021). Social media exposure, risk perception, preventive behaviors and attitudes during the COVID-19 epidemic in La Paz, Bolivia: A cross sectional study. *PloS One*, 16(1), e0245859.

⑤ Wright, K., Fisher, C., Rising, C., Burke-Garcia, A., Afanaseva, D., & Cai, X. (2019). Partnering with mommy bloggers to disseminate breast cancer risk information: Social media intervention. *Journal of Medical Internet Research*, 21(3), e12441.

awareness)，并不能激起当下人们应对气候变化的行动力。①

另一方面，认知反应涉及个体处理当下的风险认知与自己固有观念以及社会主流观点之间的差距。在全球气候变暖议题的传播中，人们对不同的媒体信息来源有着各自的内容偏好，一般而言，个体习惯于选择那些与自己立场和观点一致的媒体内容，而这种选择性接触将强化个体对气候变暖的既有观念。② 而且，如今的算法推荐格外加剧了个体选择性接触产生的认知反应，算法通过捕捉用户的"电子足迹"建立精准的用户内容偏好模型，据此不断向用户推荐符合其兴趣爱好的内容。③ 长此以往，算法不仅巩固个体的既有观念，还会对群体认知构成"信息茧房"④并有可能导致其"政治观点极化"⑤(political polarization)。此外，在社交媒体环境中，个体不仅接触到风险的事实性信息，而且会看到来自其他用户的大量观点，在从众心理和社会规范的驱使下，个体将接纳和主流观点一致的意见，这在食品安全风险议题中得到了验证。⑥

0.2.2.3　个体接触风险议题后的行为反应

个体接触风险议题后的反应不仅表现在情绪和认知层面，而且最终在行为层面也有所体现。此处，个体行为包括两大方面。

其一，个体接触风险议题后会进行信息核查、转发和评论等传播行为。例如，重大突发风险事件的极大不确定性将带来信息不

---

① Wolfe, S. E., & Tubi, A. (2019). Terror Management Theory and mortality awareness: A missing link in climate response studies?. *Wiley Interdisciplinary Reviews: Climate Change*, 10(2), e566.

② Bolin, J. L., & Hamilton, L. C. (2018). The news you choose: News media preferences amplify views on climate change. *Environmental Politics*, 27(3), 455-476.

③ 李孟浩，赵学健，余云峰，宋学永 & 孙知信. (2022). 推荐算法研究进展. *小型微型计算机系统* (03), 544-554.

④ 张省 & 蔡永涛. (2023). 算法时代"信息茧房"生成机制研究. *情报理论与实践* (04), 67-73.

⑤ Cho, J., Ahmed, S., Hilbert, M., Liu, B., & Luu, J. (2020). Do search algorithms endanger democracy? An experimental investigation of algorithm effects on political polarization. *Journal of Broadcasting & Electronic Media*, 64(2), 150-172.

⑥ 余硕 & 张聪丛. (2015). 基于社会媒体的食品风险信息公众传播行为研究. *情报杂志* (09), 123-128.

对称的问题,对此,一些谨慎的用户会对网络中流传的信息进行事实核查,以验证信息的真实性。[1] 在食品安全风险议题的传播中,一些网民通过转发、评论或发新帖等行为积极参与议题探讨、发表观点。[2] 此外,有研究发现,如果女性社交媒体用户看过基于个人真实经历的乳腺癌防治推文,她们就更有可能向熟知的女性亲友(尤其是女儿)分享这些推文。[3]

其二,个体接触风险议题后会采取特定的应对行为。针对健康风险,社交媒体上流传的传染性疾病信息会放大个体的风险感知并增强其负面情绪,出于自我保护的动机,个体将采取相应的预防行为。[4] 就环境风险而言,当个体接触气候变化议题后,意识到气候恶化将对自己和家人产生直接影响,就更有可能参与改善气候的环保行为。[5] 此外,基于大量实证研究的"荟萃分析"(meta-analysis)发现,当个体接触风险议题后,其风险感知和情绪状况将对其风险评估产生重要影响,而风险评估则是决定其采取应对行为的重要因素;当个体认为风险对自己产生的影响很严重并且自己也有足够能力应对风险时,就会积极主动地采取防护行为。[6] 除了上述风险应对行为之外,个体接触风险议题后还会引发群体层

① 张会平,郭昕昊 & 郭宁. (2017). 突发事件中网络谣言识别行为意向的影响因素研究. *现代情报*(07), 60-65.

② 洪巍,吴林海,王建华 & 吴治海. (2013). 食品安全网络舆情网民参与行为模型研究——基于 12 个省、48 个城市的调研数据. *情报杂志*(12), 18-25.

③ Wright, K., Fisher, C., Rising, C., Burke-Garcia, A., Afanaseva, D., & Cai, X. (2019). Partnering with mommy bloggers to disseminate breast cancer risk information: Social media intervention. *Journal of Medical Internet Research*, 21(3), e12441.

④ Oh, S.-H., Lee, S. Y., & Han, C. (2021). The effects of social media use on preventive behaviors during infectious disease outbreaks: The mediating role of self-relevant emotions and public risk perception. *Health Communication*, 36(8), 972-981.

⑤ Jones, C., Hine, D. W., & Marks, A. D. (2017). The future is now: Reducing psychological distance to increase public engagement with climate change. *Risk Analysis*, 37(2), 331-341.

⑥ Sheeran, P., Harris, P. R., & Epton, T. (2014). Does heightening risk appraisals change people's intentions and behavior? A meta-analysis of experimental studies. *Psychological Bulletin*, 140(2), 511-543.

面的邻避冲突。比如,PX 项目和垃圾焚烧厂会对邻近居民的身体健康构成直接威胁,因此其选址问题一直是这类风险议题的核心争议。通过多案例研究,有学者发现媒体对这类议题的报道在一定程度上塑造了当地居民的风险感知和行为选择,促使居民通过邻避性抗争事件将"环境中的个人困扰"转化成"社会结构的公众论题",从而影响风险治理的决策进程。[①]

总之,随着风险议题的持续传播与广泛扩散,个体接触议题信息后的情绪、认知和行为反应将不断变化。总体而言,风险的不确定性与其后果严重性将引发个体的负面情绪和消极认知,但有效的议题信息则能缓解人的负面情绪、增强其安全感,并帮助其形成合理的风险认知,继而促使个体积极采取风险防范措施。诚然,风险议题类型、信息传播渠道、个体既有经验、社会规范压力等多种因素会在不同案例中对个体的情绪、认知和行为产生特定的影响,因此,还需结合个案来具体考察个体接触风险议题后的多重反应及其带来的社会效应。

0.2.3 风险议题中多元主体的互动模式

风险议题传播同时伴随着政府、专家、媒体、企业、社会组织和公众等多元主体的互动过程。在过去十余年间,风险议题中多元主体的互动模式主要经历了从"话语竞争"到"沟通协作"的转变。话语竞争指多元主体在风险议题传播中为争夺话语权和利益资源而展开的话语博弈,而沟通协作则指多元主体为增进彼此理解并促进共同防范化解风险所进行的信息交流与协商合作。

0.2.3.1 话语竞争模式

从字面意思看,"话语"指人说的话。人们说的每一句话都会受到其所处情境和所持价值立场的影响。正是因为每个人的价值立场不尽相同,所以面对同一个事件或现象时,大家的话语便有所不同,"一千个读者就有一千个哈姆雷特"。在风险议题传播中,由

---

① 侯光辉 & 王元地. (2014). 邻避危机何以愈演愈烈——一个整合性归因模型. 公共管理学报(03),80-92+142.

于多元主体有其各自的价值立场,他们生产的话语内容不仅存在差异,而且很多时候还会形成相互竞争的格局。① 对此,有学者提出风险建构的"社会竞技场"(social arena)②,形象地将风险议题传播比喻为博弈场域,多元主体如同竞技者,各自为了使议题传播朝有利于自己的方向发展而采取特定的话语策略,从而形成多种话语竞争的局面。

在多元主体的话语竞争中,最为常见的是"官方—民间"的话语竞争。官方话语通常以主流媒体、政策文件和新闻发布会为载体,话语内容包括政府发布的相关法律政策和专家建议的风险应对措施;民间话语则产生并流传于人际传播,内容不外乎网民对风险事态演变及其后果的关注、意见和反应。③ 由于官方和民间对待风险议题的立场不同,因此官方话语与民间话语经常存在议程分化、信息供求不匹配等问题。譬如,官方话语重视风险事件的整体发展以及社会效应等宏大叙事,通过向民众传递相关信息并告知事态进展等,履行其基本职责;而普通百姓更关注与自己生活息息相关的"救治、互助与祈福"以及"风险的后果及影响"等具体信息。④ 此外,官方的风险评估与民众的风险感知之间也存在明显差距,由此导致风险议题中官方与民间的不同话语竞争。例如,在广东番禺垃圾焚烧争议事件中,以官方话语为代表的"主烧派"强调垃圾焚烧危害人体健康的概率极小,因此为了增进社会整体效益而劝说当地民众接受垃圾场建造;而以民间话语为代表的"反烧派"则持有"宁可信其有,不可信其无"的态度,担心健康风险一旦

---

① 汤景泰 & 王楠. (2019). 议题博弈与话语竞争:自媒体传播中的风险放大机制. 陕西师范大学学报(哲学社会科学版)(01), 95-100.

② 汉尼根. (2009). 环境社会学. 洪大用, 译. 北京:中国人民大学出版社, 第122页.

③ Covello, V. T., Peters, R. G., Wojtecki, J. G., & Hyde, R. C. (2001). Risk communication, the West Nile virus epidemic, and bioterrorism: Responding to the communication challenges posed by the intentional or unintentional release of a pathogen in an urban setting. *Journal of Urban Health*, 78(2), 382-391.

④ 邓雯, 毛子骏 & 徐晓林. (2022). 分歧与共识:突发公共卫生事件下官方与民间风险沟通研究. 情报杂志(02), 119-125.

发生就会造成不可挽回的后果,所以竭力反对垃圾焚烧。^① 其中,一些风险议题最终演化为社会冲突事件,并非由于风险复杂或后果严重而难以应对,而是在很大程度上源于不同主体之间的风险感知差异以及由此导致的话语竞争。^②

随着风险议题显著性的不断提升,官方与民间的话语竞争集中表现为民间话语对官方话语的"对抗式解读"和"戏谑式再造"。^③ 在昆明 PX 事件中,官方媒体使用大量专业词语来论证 PX 项目的技术安全性,虽然采访了职能部门和专家的观点,但极少呈现市民意见,暴露了精英阶层控制话语权而民众需求并未得到充分重视的问题。与此相对的是,民间话语以感性为主,其中夹杂着一些谣言,甚至发出对抗声音,表达了民众强烈的邻避情绪以及对政府监管不力的愤怒。^④ 再有,社交媒体等数字平台为民众的"戏谑式再造"提供了便捷的技术条件,网民通过"造梗"、制作表情包等方式表达自身的愤懑与不满。^⑤ 例如,在兰州自来水苯含量超标事件中,网民对当地政府以经济效益为先而不顾百姓健康的发展逻辑冷嘲热讽,产生了"为了 GDP,喝点苯酚又如何?"等讥讽段子,对官方话语进行对抗式解读。^⑥

除了官方与民间的话语竞争之外,还存在"知识话语竞争"和"故事话语竞争"。"知识话语竞争"是指专家与民众之间的话语竞争,源自两类主体对风险认知存在明显差距:专家一般根据科学知

---

① 陈寒. (2012). 多元话语分析视角下的城市垃圾焚烧问题探究. *东南大学学报（哲学社会科学版）*(S1), 45-49.

② 李佩菊. (2016). 1990 年代以来邻避运动研究现状述评. *江苏社会科学*(01), 40-46.

③ 王凤仙. (2015). 社交媒体场域的传播失灵现象观察——基于官方与民间话语互动的案例分析. *当代传播*(06), 11-14＋29.

④ 樊攀 & 盖博铭. (2013). 官方话语框架下的新闻报道和新媒体民众的对抗性解读——以昆明安宁 PX 事件为例. *东南传播*(09), 48-51.

⑤ 汤景泰 & 王楠. (2019). 议题博弈与话语竞争:自媒体传播中的风险放大机制. *陕西师范大学学报（哲学社会科学版）*(01), 95-100.

⑥ 王凤仙. (2015). 社交媒体场域的传播失灵现象观察——基于官方与民间话语互动的案例分析. *当代传播*(06), 11-14＋29.

识判断风险发生概率以及后果的严重程度,而民众主要依赖直觉和经验感知风险。[①]"故事话语竞争"则更具普遍性,指的是任何一类主体都会根据自身价值立场展开风险叙事,即讲一个关于风险的故事,而不同主体的价值立场差异将导致故事话语竞争。[②]

综上可见,在诸多具有争议性的风险议题传播中,多元主体之间(集中表现为官方与民间)的话语竞争、冲突甚至对抗将降低民众对政府和专家的信任,从而阻碍风险治理进程。造成民间话语与官方话语相对峙的一个原因在于缺乏对话沟通,因此,只有促进民间与官方的协商交流,才有可能消除彼此的误解,达成最大共识。

0.2.3.2 沟通协作模式

话语竞争模式很大程度上反映了多元主体之间的对立状态。这种对立不仅无助于多元主体间的意见交流与互相理解,而且还会加深彼此的隔阂,长此以往将削弱社会凝聚力,从而严重阻碍风险治理进程。因此,为了促使全社会齐心协力应对风险,多元主体的互动模式应该从"话语竞争"转向"沟通协作"。沟通协作模式主要包括以下三种形式。

其一,政府主导的利益协调模式。利益协调模式要求政府部门在决策和沟通过程中考虑多方诉求,平衡各方利益。比如,在浙江海宁晶科能源有限公司环境污染事件中,尽管当地环保部门要求企业及时处理污染物,但在事件初期采取了被动姿态,并未告知周边居民事件详情,导致居民因不知晓危害而接触污染源,激起他们的极大愤怒,最终引发冲突事件。对此,当地政府迅速调整沟通策略,向公众做出立即干预的承诺,并公开责令企业停产整改,通过疏通河道和行政罚款等举措切实协调环保部门、企业与民众之间的利益矛盾,避免事态进一步升级。[③] 利益协调模式尽管以政府

---

① 肖梦黎 & 陈肇新.(2021).突发公共危机治理中的风险沟通模式——基于专家知识与民众认知差异的视角.*武汉大学学报(哲学社会科学版)*(06),115-125.

② 曾繁旭,戴佳 & 杨宇菲.(2015).风险传播中的专家与公众:PX 事件的风险故事竞争.*新闻记者*(09),69-78.

③ 詹承豫 & 赵博然.(2019).风险交流还是利益协调:地方政府社会风险沟通特征研究——基于 30 起环境群体性事件的多案例分析.*北京行政学院学报*(01),1-9.

为主导,要求政府决策部门与利益相关者进行充分沟通,但并不意味着政府或专家是风险决策的绝对权威,而是倡导纳入多元主体参与政策制定的全过程。① 质言之,政府主导的利益协调模式不仅要求政府部门在风险事件发生后及时沟通信息并协调多方权益,而且需要政府部门在风险发生之前就联合多元主体参与决策过程,制定更加完备的方案以防患于未然。

其二,以公众参与为核心的基层互动模式。基层互动模式强调公众是"合法化的合作伙伴",承认公众价值立场,坚持与公众对话,给予公众充分的表达权与参与权。该模式进一步指出,风险沟通策略应根据公众特点而灵活变通:针对"理性公众",除了向他们传达相关的科学知识之外,还应兼顾他们的情绪反应;针对"笼统公众",应根据其所处的风险情境以及他们与风险沟通者的相关程度,将其划分为"非公众""潜在公众""知晓公众""行动公众"等,在此基础上制定针对性的策略,与每一类公众进行沟通;针对"刻板公众",需要风险沟通者深入分析其风险感知,放低姿态,适时对他们施加影响;而针对"无理公众",沟通者可以将"挑战"化为"机遇",在与他们的平等沟通中促成伙伴关系,达成风险应对的共识。② 只有充分了解不同类型公众的特征,才能与特定的公众进行有效沟通。相反,政策制定的封闭型环境会阻碍公众参与风险决策,以致政府"一厢情愿"推行的政策和项目因为公众不了解、不知情而终止。③ 因此,为了促进公众参与,相关部门应该与公众即时共享风险议题的相关信息,认真考虑公众提出的风险应对建议④;并且,可以向公众提供热线电话、网络直播、现场参观和听证会等

① 张玉磊 & 朱德米.(2018).重大决策社会稳定风险评估中的利益相关者参与:行动逻辑与模式构建.*上海行政学院学报*(05),70-81.

② 黄河 & 刘琳琳.(2015).风险沟通如何做到以受众为中心——兼论风险沟通的演进和受众角色的变化.*国际新闻界*(06),74-88.

③ 杨志军 & 梁陛.(2018).风险感知偏差视角下城市邻避抗争的运行机理与治理之道.*河南师范大学学报(哲学社会科学版)*(04),42-47.

④ Blythe, S., Grabill, J. T., & Riley, K. (2008). Action research and wicked environmental problems: Exploring appropriate roles for researchers in professional communication. *Journal of Business and Technical Communication*,22(3),272-298.

多种参与渠道①,实现公众参与形式的多样化,增强基层互动。

其三,多元主体参与的风险共治模式。"风险共治"之"共"具有双重内涵。第一,"共"指打造"风险决策共同体",结合官方的"权威理性"与民间的"有限理性",使风险决策的科学化与民主化有机融合。②比如,广州市政府于2015年建立了公众咨询监督委员会(简称"公咨委"),为多元主体参与公共政策制定和协调各方利益诉求提供了重要渠道。公咨委不仅启动了搁置十年的广州大桥拓宽工程,而且推动了解决民生难题的十余项基础设施项目顺利完工,成为多元主体参与风险共治的典范。第二,风险共治的"共"指打造化解风险的行动共同体。数字平台的迅速发展与广泛普及为不同主体互通信息提供了便利的技术条件,这有助于风险治理部门及时动员各方资源,加快风险应对响应速度。③在2021年河南暴雨期间,被称为"救命文档"的《待救援人员信息》在微信朋友圈广为流传,借助在线文档实时更新的功能与社交媒体的指数级扩散传播,仅仅一天时间,该文档访问量超过250万,更新次数逾270次④,网民在不断接力的信息分享中帮助前线救援队确认受灾位置,提高救援效率,实现了多元主体相互协作的风险共治。

值得注意的是,信任在风险传播中十分重要。无论是政府主导的利益协调模式,还是以公众参与为核心的基层互动模式,抑或多元主体参与的风险共治模式,都有赖于公众对相关机构的充分信任,因为彼此信任是其沟通协作的重要前提。为此,首先政府部门应对公众履行承诺并切实提高自身的风险治理能力,从而提升

---

① 刘智勇 & 陈立.(2020).从有限参与到有效参与:邻避冲突治理的公众参与发展目标.学习论坛(10),84-90.

② 张紧跟.(2019).邻避决策科学化与民主化何以融合——以参与式决策创新为例.人文杂志(12),112-120.

③ Yuan, E. J. (2021). Governing risk society: The socio-technological experiences of China and South Korea in the COVID-19 pandemic. *Asian Journal of Communication*, 31 (5), 322-336.

④ 驱动之家.(2021年7月22日).*河南暴雨中 一个救命文档的24小时:250多万次访问创纪录*.腾讯网. https://new.qq.com/rain/a/20210722A07WYD00.

公众对政府的信任水平,并增强全社会齐心协力应对风险的凝聚力。[1] 这在风暴与洪水等自然灾害[2]以及公共卫生危机[3]中都得到了验证。其次,专家应避免使用晦涩的专业术语,否则只会加剧公众的困惑与焦虑并降低公众对专家的信任;专家需要加强沟通技巧,采用贴近百姓生活的日常话语进行科普,并保持价值中立,这样才能形成公众对专家的信任。[4] 最后,媒体既是风险信息的发布者,也是连接多元主体的重要中介,因此,建立公众对媒体的信任:一来要完善媒体的信息把关制度,提升议题内容质量;二来应充分发挥媒体在多元主体,尤其是官民互动中的黏合作用,促进不同主体间的对话。[5] 只有确立公众对上述机构部门的充分信任才能减少他们的对抗式解读,从而促进彼此之间的理性协商。[6]

综上所述,风险传播的目标在于协调多元主体之间的矛盾冲突,通过各种沟通方式加深相互了解与信任,并促进多元主体之间形成战略合作伙伴关系以共同应对风险。[7] 由此可见,多元主体的互动模式须从"话语竞争"转向"沟通协作",因为这一转变更有利于风险传播趋向这一目标。

---

① 方敏 & 张华. (2021). 危机干预如何修复政府信任? ——风险沟通与社区支持的调节作用. 公共行政评论(06), 4-23+197.

② Skidmore, M., & Toya, H. (2013). Natural disaster impacts and fiscal decentralization. *Land Economics*, *89*(1), 101-117.

③ Blair, R. A., Morse, B. S., & Tsai, L. L. (2017). Public health and public trust: Survey evidence from the Ebola Virus Disease epidemic in Liberia. *Social Science & Medicine*, *172*, 89-97.

④ 翟杰全. (2008). 科技公共传播:知识普及、科学理解、公众参与. 北京理工大学学报(社会科学版)(06), 29-32+40.

⑤ Toppenberg-Pejcic, D., Noyes, J., Allen, T., Alexander, N., Vanderford, M., & Gamhewage, G. (2019). Emergency risk communication: Lessons learned from a rapid review of recent gray literature on Ebola, Zika, and yellow fever. *Health Communication*, *34*(4), 437-455.

⑥ 龚文娟. (2016). 环境风险沟通中的公众参与和系统信任. 社会学研究(03), 47-74+243.

⑦ 高旭, 张圣柱, 杨国梁 & 多英全. (2011). 风险沟通研究进展综述. 中国安全生产科学技术(05), 148-152.

0.2.4　上述研究的主要成果和现存问题

总体而言,现有国内外研究较为详细地介绍并深入阐释了媒体如何建构与传播风险议题、人们接触风险议题后会产生什么反应以及多元主体如何在风险议题传播中展开互动等方面,取得的主要成果如下。

第一,厘清了媒体建构与传播风险议题的三个层次,即信息层次、情绪层次和价值层次。在信息层次,媒体通过向公众传达风险议题的事实性信息与应对建议,发挥风险预警和科普的作用。在情绪层次,媒体建构的风险议题既容易放大公众焦虑与恐惧等负面情绪,亦能通过合理的措辞与双向沟通安抚公众情绪。在价值层次,媒体通过传播风险议题来确立和巩固一些社会价值,包括建立人们对政府和专家等风险治理主体的信任,以及促使公众积极参与风险共治并保障其参与权与表达权等基本权利。

第二,分析了个体接触风险议题后产生的三重反应。首先,由于风险固有的不确定性和议题内容的呈现特点,个体接触风险议题后会产生焦虑、恐惧、害怕和愤怒等负面情绪,这些情绪通过社交媒体广为传播,最终在社会层面引发较为广泛的情绪感染。其次,除了直觉式的情绪反应之外,个体接触风险议题后也会产生认知反应,包括应对风险的具体态度,以及化解当下的风险认知与自己固有观念和社会主流观点之间的矛盾。最后,个体接触风险议题后的情绪反应与认知反应将外化为其行为反应,例如进行信息核查、转发和评论等传播行为,以及特定的风险应对行为。

第三,揭示了多元主体在风险议题传播中的两种互动模式。第一种互动模式表现为多元主体之间的"话语竞争",主要指官方话语与民间话语之间的差异、对立甚至冲突,这种话语竞争将削弱公众对政府和专家等的信任,阻碍风险治理进程。第二种互动模式表现为多元主体之间的"沟通协作",具体包括政府主导的利益协调模式、以公众参与为核心的基层互动模式、多元主体参与的风险共治模式,而公众对有关机构的信任是这些模式正常运作并充分发挥效用的重要前提。多元主体的互动模式应从"话语竞争"转向"沟通协作",因为这一转变更有利于协调多元主体之间的矛盾冲突,加深相互了解与彼此信任,从而促进多元主体之间形成战略合作伙伴关系,以更好地防范和化解风险。

然而,现有研究仍然存在一些问题并有进一步研究的较大空间。

其一,有待进一步考察移动媒介与风险议题传播的内在关联。现有研究主要从两个方面理解媒介与风险议题的关联:一方面,新闻从业人员、政府部门干部、专家等专业人士使用媒介建构风险议题,通过使用一些话语策略使风险议题朝特定方向发展;另一方面,普通公众使用媒介获取风险议题资讯,接着产生情绪、认知和行为等多重反应。虽然侧重点不同,但上述两个方面都遵循媒介外在于风险议题的思路,即将媒介视为一种外部的存在物,仅仅作为承载风险议题的介质和传播议题内容的渠道,并未深入探讨在议题的产生与演化过程中媒介已成为一种塑造议题的基础性力量。在当今媒介化社会中,人们使用媒介进行各种社会实践与生产活动,媒介也会对使用者施加反作用;换言之,媒介在某种程度上重塑了人们的日常生活和社会各领域的运作方式。[1] 因此,媒介已成为一类重要的"非人类行动者"[2][3](non-human actor),根据自身的逻辑直接参与风险议题的建构并影响其传播。所以,有关风险传播的媒介研究思路应该从外在的"媒介与风险议题"(media and risk issue)转向内在的"中介化的风险议题"[4](mediated risk issue),后者指媒介连接多元主体并为其建构与传播风险议题创造了环境,与此同时,媒介的技术特征也将嵌入这一议题的建构与传播过程并影响议题演化。随着媒介技术的迅速迭代更新,移动媒

---

[1]　Livingstone, S. (2009). On the mediation of everything: ICA presidential address 2008. *Journal of Communication*, 59(1), 1-18.

[2]　戴宇辰. (2019). "旧相识"和"新重逢":行动者网络理论与媒介(化)研究的未来——一个理论史视角. 国际新闻界(04), 68-88.

[3]　李翠敏 & 徐生权. (2022). 行动者网络理论视角下网络舆情的演化及治理研究. 情报杂志(02), 134-139+197.

[4]　关于"中介化"(mediation)的论述,参见:库尔德利 & 赫普. (2023). *现实的中介化建构*. 刘泱育, 译. 上海:复旦大学出版社, 第45页。

介对风险议题的影响将不同于以往大众传媒和社交媒体产生的影响。移动媒介以 5G 移动通信技术为基础设施,以智能手机等移动设备为用户终端,最终落实为一个个可供人们使用的 APP 或平台。移动平台的算法推荐显然不同于以往的媒介①,这将从根本上改变风险议题的演化规律。为了揭示这一规律,本书进一步探究移动平台的算法推荐对风险议题显著性演化的影响。

其二,有待具体考察用户在移动平台上的行动如何影响风险议题传播。首先,尽管现有研究关注风险议题传播中的多元主体,但这些主体在移动平台上都共享"用户"这一身份。其次,无论是风险议题传播中多元主体的话语竞争模式还是沟通协作模式,这些研究都将主体的行动实践从具体的媒介环境中剥离出来,将其视为独立的现象加以考察。然而,现实却是,用户在平台上的行动及其效果,如生产帖子以及帖子所获的浏览量,都会受到平台算法推荐的影响。②③④　具体来看,用户使用特定框架生产帖子,但内含不同框架的帖子的浏览量却差距较大,而帖子浏览量直接反映了风险议题的可见度和重要性。因此,需要进一步揭示用户的内容生产行动与平台的算法推荐如何相互作用从而影响风险议题的显著性演化。

其三,有待从生命周期的视域分析风险议题系统在不同阶段和整个过程的显著性演化。通常所谓的"议题显著性"可定义为"议题可见度"⑤,呈现于媒介上的"议题可见度"则可以通过相关指

①　李孟浩,赵学健,余云峰,宋学永 & 孙知信. (2022). 推荐算法研究进展. 小型微型计算机系统(03),544-554.

②　徐笛. (2019). 算法实践中的多义与转义:以新闻推荐算法为例. 新闻大学(12),39-49+120.

③　温凤鸣 & 解学芳. (2022). 短视频推荐算法的运行逻辑与伦理隐忧——基于行动者网络理论视角. 西南民族大学学报(人文社会科学版)(02),160-169.

④　喻国明 & 韩婷. (2018). 算法型信息分发:技术原理、机制创新与未来发展. 新闻爱好者(04),8-13.

⑤　根据《现代汉语词典》(第7版)的释义,"显著"意为"非常明显"(第1422页),而"明显"则指"清楚地显露出来,容易让人看出或感觉到"。在此,本研究将"议题显著性"在客观上定义为"议题可见度",显著性强的议题即高度可见的议题。

标进行客观测量，因而保证了研究对象的科学性。与此同时，"议题显著性"也意味着"议题重要性"，尽管后者是一个相对性概念，会随时间和主体的不同而变化，但是一般来说，高度可见的风险议题正是当下人们认为最重要的议题，并在网络上表现为一个热议话题。然而，现有研究仅仅关注风险议题在某个特定时间的放大效应。例如，一个过于显著或被放大的风险议题会产生双重效应：一方面，唤醒个体的风险防范意识并促使其采取有效的防护行为，同时在社会层面促进公众积极参与风险治理；另一方面，显著的风险议题容易放大个体的负面情绪并引发群体层面的情绪感染，甚至导致群体性事件。事实上，风险议题演化正如任何事件演化一样，除了议题显著性上升阶段，后续将出现议题显著性衰落阶段，从而呈现出议题显著性演化的一个生命周期。随着时间推移，议题生命周期循环呈现，不断衍生出一系列相关的子议题，从而形成议题系统。因此考察范围仍需扩大，在一个子议题的生命周期内，除了关注子议题显著性上升阶段及其影响之外，还要研究子议题显著性下降的原因及其影响。从长远来看，一个议题系统的演化往往涉及多个子议题的生命周期，从而产生其显著性的累积效应。所以，很有必要分析风险议题系统在包含多个子议题生命周期的一段时间里的显著性累积及其演化机理。

综上，在前人研究基础之上，本书探析"移动传播中风险议题显著性演化的新机理"。该机理试图回应并解决上述三点不足，以充实现有风险议题的研究。

0.3　选题意义与本书结构

0.3.1　选题内含的三大研究目标

尽管现有研究涉及媒体如何建构与传播风险议题，个体接触风险议题后会产生哪些认知、情绪和行为反应，以及多元主体在风险议题传播中的互动模式，等等，但对移动传播中风险议题生成与演化的考察仍有诸多未尽之处，因此本书对此展开深入研究。从问题出发,初步确立本书的三大研究目标,分别如下。

研究目标一,是否存在相关的理论概念来分析风险议题从产生到显著再到隐退以及如此多次循环往复的演化过程? 对此,本书提出"议题显著性演化"来回应该问题。"议题显著性"可定义为议题可见度,同时也意味着议题重要性。在一定时期内,一个风险议题的可见度与其重要性通常是相对应的,即高度可见的风险议题在当时正是十分重要的议题。而且,事关人类生存发展的基本风险往往会衍生出众多风险议题从而形成一个议题系统,该风险议题系统的显著性演化过程通常由多个子议题的生命周期接续而成。有鉴于此,本书论述的"议题显著性演化"包括微观与宏观两个视角:第一,单就一个子议题生命周期的微观视角来看,描述子议题从产生到显著直至隐退这一过程类似于有机体演化的一个生命周期,可图示为该子议题可见度随时间推移呈现先上升至波峰然后下降到波谷的一个倒 U 形曲线;第二,从多个子议题演化的生命周期接续而成的议题系统的宏观视角来看,该议题系统的显著性演化过程表现为由多个倒 U 形曲线相连而成的周期性振荡图形。简言之,本研究的第一大目标是从微观层面的单个子议题的生命周期以及宏观层面的整个议题系统的长程演化来描述风险议题显著性演化。

研究目标二,若就风险议题系统中单个子议题演化的生命周期而言,议题背后的用户行动与平台算法如何作用而决定子议题"从产生到显著"和"从显著到隐退"这两个演化阶段(图示为倒 U 形曲线的左半部分与右半部分)? 对此,本书提出"两种逻辑"[1],即用户的行动逻辑和平台的技术逻辑,来解释引起议题显著性水平上升和下降的原因。首先是用户的行动逻辑。由于议题显著性已被定义为议题可见度,因此议题显著性水平可被操作化为移动平台上议题相关帖子的浏览量;而"逻辑"表现为一以贯之的现象,广义上也是规律的呈现。因此,用户的行动逻辑表现于"帖子生产"和"帖子消费",它们是用户在移动平台上的主要行动,再按照生产

---

[1]　关于两种逻辑的具体阐释,详见本书第 2 章 2.3.1。

决定消费的原理,不难理解用户的行动逻辑对议题显著性水平的影响是:帖子生产力决定帖子浏览量。其次是平台的技术逻辑。算法推荐无疑是移动平台的技术核心,因此,这里的技术逻辑是:算法推荐力度与帖子浏览量具有正相关的关联,并且,算法推荐力度还取决于帖子框架符合平台算法推荐的比例[1][2][3],从而影响帖子浏览量或议题显著性水平。再有,由于风险议题系统的显著性演化是由其中诸多子议题的生命周期累积而成的,所以本研究通过综合多个子议题的生命周期来考察用户的行动逻辑与平台的技术逻辑如何共同作用于议题系统显著性水平,这是第二大研究目标。

研究目标三,上述两种逻辑对风险议题显著性演化的作用方式是否适用于多议题和跨平台的情境?对此,本书根据健康、技术和环境三类事关人类未来生存发展的基本风险,选择阿尔茨海默病议题、人工智能议题和气候变暖议题作为典型案例,分析每个议题在微信、抖音和今日头条三大常用平台上的显著性演化情况,并从两种逻辑解释其显著性水平上升和下降的原因。通过多议题和跨平台的双重比较,归纳同一议题在不同平台上显著性演化的相似性,以及同一平台上不同议题显著性演化的差异性,以此揭示移动传播中风险议题显著性演化新机理,这是第三大研究目标。

0.3.2　理论创新、方法概述和应用价值

首先,本书的理论创新可以编码为"3→2→1",即通过整合 3 个理论提出 2 种逻辑从而揭示 1 个新机理。这里,3 个理论指风险的社会放大框架、议题生命周期理论(issue life-cycle theory)和议

---

[1]　徐笛. (2019). 算法实践中的多义与转义:以新闻推荐算法为例. *新闻大学* (12), 39-49+120.

[2]　温凤鸣 & 解学芳. (2022). 短视频推荐算法的运行逻辑与伦理隐忧——基于行动者网络理论视角. *西南民族大学学报(人文社会科学版)* (02), 160-169.

[3]　喻国明 & 韩婷. (2018). 算法型信息分发:技术原理、机制创新与未来发展. *新闻爱好者* (04), 8-13.

程设置理论(agenda-setting theory)。三者对风险议题显著性演化研究的意义如下:风险的社会放大框架确立了本研究的认识论基础,即风险议题是由不同行动者围绕某个风险进行交流沟通之后的建构产物。因此,风险的社会放大在传播学语境中表现为风险议题显著性增强;并且,风险的社会放大框架还强调技术、文化、制度和心理等多重因素会影响风险议题的建构与传播。议题生命周期理论开启了风险议题显著性演化的动态视角,即从先后相继的一系列子议题的生命周期去描述整个议题系统的显著性演化历程。议程设置理论则凸显了行动主体通过采用特定框架生产特定内容来影响议题显著性演化。综上,再参照媒介化视角下移动媒介的双重含义,即媒介作为内容和意义的生产过程以及媒介作为一种传播技术①,本研究提出将用户的行动逻辑和平台的技术逻辑作为解释框架,通过考察两种逻辑对议题显著性水平上升和下降的作用方式来揭示移动传播中风险议题显著性演化新机理。

其次,在方法论层面,本研究遵循理论分析与实证研究相结合的路径。在理论分析方面,回顾有关风险议题显著性演化的理论发展(风险的社会放大框架、议题生命周期理论和议程设置理论),在此基础上提出两种逻辑(用户的行动逻辑和平台的技术逻辑)来解释风险议题显著性演化。与此同时,就实证研究而言,选取阿尔茨海默病议题、人工智能议题和气候变暖议题分别作为健康风险议题、技术风险议题和环境风险议题的典型案例,针对每个议题,基于一年之内它在微信、抖音和今日头条三大常用平台上的帖子浏览量和文本内容②,考察用户的行动逻辑与平台的技术逻辑如何影响议题显著性水平的升降演化。然后,总结三个风险议题案例的实证研究结果,归纳移动传播中风险议题显著性演化的新机理,作为风险传播的"中层理论"(middle-range theory)。

最后,本研究的应用价值在于,根据新机理来调控风险议题显著性水平,从而提升网络舆情的治理效率。通常而言,风险议题显著性水平越高,人们接触到相关信息的频率也越高,其风险感知也越强。合情合理的风险感知有助于建立公众必要的风险意识并促使其采取积极有效的防范行为,但过强的风险感知容易引发公众焦虑甚至是社会恐慌。因此,新机理可以为提升风险议题显著性以增强公众风险意识或者降低风险议题显著性以缓解公众过度焦虑提供相关策略和建议。

0.3.3　本书结构与主要内容简介

为了揭示移动传播中风险议题显著性演化新机理,自导论之后,全书按照"理论分析—实证研究—机理归纳"的思路分为六章来展开论述。其中,第1章回溯了风险议题显著性演化的理论发展,分析其成果与有待进一步解决的理论问题,在此基础上提出本书的解释逻辑。第2章介绍风险议题显著性演化的研究设计方案。第3章至第5章是实证研究,分别以阿尔茨海默病议题、人工智能议题和气候变暖议题为典型案例,分析三个议题各自在微信、抖音和今日头条三大常用平台上的显著性演化情况。第6章则总结归纳上述三章中三个案例的研究发现,揭示移动传播中风险议题显著性演化的一般机理。每一章的研究思路和主要内容概括如下。

第1章:回溯风险议题显著性演化的理论发展,在此基础上提出本研究的解释路径。本章首先引入风险的社会放大框架,它是一个解释风险议题从产生到广泛传播直至引发社会涟漪效应的综合框架。[1] 接着,介绍议题生命周期理论与议程设置理论。议题生命周期理论描绘了一个议题从产生到显著直至隐退的演化过程[2],呈现了议题显著性的动态演化。议程设置理论主要分析议程设置

---

[1]　Kasperson, R. E., Renn, O., Slovic, P., Brown, H.S., Emel, J., Coble, R., et al. (1988). The social amplification of risk: A conceptual framework. *Risk Analysis*, 8(2), 177-187.

[2]　Crable, R. E., & Faulkner, M. M. (1988). The issue development graph: A tool for research and analysis. *Central States Speech Journal*, 39(2), 110-120.

者建构议题时采取的"框架"(frame)如何影响议题在受众心目中的重要性①,据此推断平台用户会采用特定框架生产帖子,从而影响风险议题显著性演化。尽管上述三个理论从不同方面显示了与本书研究主题的相关性,但它们都尚未讨论移动传播对风险议题显著性演化的最新影响。在当今媒介化社会,移动媒介不仅为用户参与风险议题建构与传播创造了新环境,而且其自身的技术构成,尤其是算法推荐已深深嵌入议题传播过程,成为"非人类行动者"②而深刻地影响着风险议题显著性演化。有鉴于此,在媒介化理论视域下,本书提出两种逻辑,即用户的行动逻辑和平台的技术逻辑,作为解释移动传播中风险议题显著性演化的新路径。

第2章:介绍风险议题显著性演化的研究设计方案。本章内容首先界定"议题显著性"这一核心概念,并说明议题显著性演化在移动平台上的表征。议题显著性的界定包含两个层面:第一,在概念层面,议题显著性被定义为议题"可见度",因为可见度是客观的、可观察的、可测量的,相比主观的"重要性"而言,可见度更适合作为研究对象,而且,在特定时期内,可见度和重要性是高度重合的,人们广泛热议的风险议题往往也是重要的议题;第二,在操作层面,议题显著性水平统计为涉及议题关键词的帖子在移动平台上的浏览量,在以帖子浏览量为纵轴、演化时间为横轴的坐标系中,议题显著性演化表征为一定时期内(比如一年)由多个倒U形曲线接续而成的周期性振荡图形。接着,说明议题类型与移动平台的选取标准,包括为何选择健康风险议题、技术风险议题和环境风险议题三类风险议题,以及为何关注微信、抖音和今日头条三大常用平台。最后,根据两种逻辑(用户的行动逻辑和平台的技术逻

①　McCombs, M., Llamas, J. P., López-Escobar, E., & Rey, F. (1997). Candidate images in Spanish elections: Second-level agenda-setting effects. *Journalism & Mass Communication Quarterly*, 74(4), 703-717.

②　根据"行动者网络理论"(actor network theory),可将技术视为一类"非人类行动者",与"人类行动者"(human actor)之间形成一种主体间性(inter-subjectivity)。因此,"非人类行动者"和"人类行动者"一样,在某种意义上具备影响议题显著性的行动力。

辑）提出相关研究问题和研究假设，并介绍相应的研究方法，以厘清风险议题显著性演化的分析思路。

第3章至第5章：这三章在逻辑上是彼此并列的，每一章选取一个典型案例，揭示该案例代表的一类风险议题在三大常用平台上的显著性演化规律。每一章的分析思路是相似的，具体概述如下。首先，介绍一类风险议题下的一个典型案例。接着，用数据和帖子文本回答相关研究问题并验证研究假设，这里遵循的论述思路是：描述某个平台上议题显著性演化轨迹，并追踪该议题系统在一年内先后衍生了哪些热门子议题；根据用户的行动逻辑与平台的技术逻辑分析议题显著性水平上升的原因；用两种逻辑解释议题显著性水平下降的原因。最后，根据这个议题在微信、抖音和今日头条三个平台上的研究发现，归纳这类风险议题的显著性演化规律。具体而言，第3章考察健康风险议题显著性演化，选取的典型案例是阿尔茨海默病议题；第4章分析技术风险议题显著性演化，选取的典型案例是人工智能议题；第5章探究环境风险议题显著性演化，选取的典型案例是气候变暖议题。

第6章：揭示移动平台上风险议题显著性演化新机理。基于第3章至第5章三个典型案例的研究结果，本章首先总结同一议题在不同平台上显著性演化的相似性以及同一平台上不同议题显著性演化的差异性。接着，基于用户的行动逻辑和平台的技术逻辑解释这些相似性和差异性，作为新机理的主要内涵。然后，阐释新机理的理论创新，即新机理如何推动风险的社会放大框架、议题生命周期理论和议程设置理论的发展。最后，根据新机理为网络舆情治理和公众风险防范提供针对性的策略和建议。

第 1 章 　风险议题显著性演化的理论发展

1.1 　参考框架:风险的社会放大框架(SARF)

1.1.1 　SARF 的起源、发展与当代转型

　　20 世纪 70 年代末至 80 年代,西方社会开始推广一系列新技术,例如核电技术、转基因技术、垃圾焚烧技术等。这些技术有助于应对石化能源短缺、粮食增产和生活垃圾处理等问题,给社会发展带来巨大收益。但与此同时,风险与威胁也随技术应用而生。比如,核电、转基因和垃圾焚烧等技术若应用不当,会对人体健康和生态环境的可持续发展构成严重威胁。为了防范此类重大风险,科学家计算风险发生的概率,认为只有当概率值落在可控和可接受的范围内,才能安全地推广这项技术。然而,公众对技术应用风险的感知程度往往高于科学家计算的概率。而且,公众并不认同科学家设定的可控、可接受的风险概率阈值,产生了关于"在何种程度上的安全才算是足够安全"(How safe is safe enough?)的争议。[①]

　　其实,产生如此争议的原因在于,科学家估算的风险概率是一种客观的科学知识,它排除了心理、文化和制度等主观因素,而公众是在具体的社会情境中感知风险的,因而他们的判断会受到上述因素的影响。可见,公众的风险感知与专家的风险评估之间存

---

①　Savadori, L., Savio, S., Nicotra, E., Rumiati, R., Finucane, M., & Slovic, P. (2004). Expert and public perception of risk from biotechnology. *Risk Analysis*, 24(5), 1289-1299.

在难以消除的差距,而这种差距会引发多元主体如何应对风险的争议以及一系列相互牵连的社会后果。若将客观的风险事件或可精准计算的风险概率视为参照点,那么公众风险感知的形成及其社会效应正是风险的社会放大过程。为了探究这一过程的作用机制,SARF 随之而生。

卡斯佩森(Kasperson)等学者在 1988 年提出 SARF,将它视作一个综合性的理论框架,旨在探究风险议题的传播如何与个体心理、社会制度和文化价值等因素相互作用,从而影响人们的风险感知和相关的风险应对行为,并分析这一过程引发的社会和经济后果等一系列涟漪效应。①② 在认识论上,SARF 采取的是弱建构论,认为客观存在的风险事件经由个体心理和社会文化等方面的建构,逐渐转化为传播学意义上的一个议题,而议题的传播会引起一系列社会效应,最后造成远超原初事件的重大影响。③ SARF 的名称也反映了这一社会建构过程:一方面,R 代表"风险"(risk),强调客观存在的风险事件是起点。另一方面,SA 表示"社会放大"(social amplification)过程,包括三个阶段:其一,风险事件经由建构与传播成为一个风险议题,获得人们的广泛关注;其二,个体接触风险议题信息后,受到其所在社会的规章制度和文化价值的影响,形成特定的风险感知并采取相应的应对行为;其三,大量个体的风险应对行为汇聚之后转化为具有规模效应的社会运动,进而引发行业改制、法律诉讼、经济受损、信任危机等一系列重大后果,

———————————

① Kasperson, R. E., Renn, O., Slovic, P., Brown, H. S., Emel, J., Goble, R., et al. (1988). The social amplification of risk: A conceptual framework. *Risk Analysis*, 8(2), 177-187.

② Kasperson, J. X., Kasperson, R. E., Pidgeon, N., & Slovic, P. (2003). The social amplification of risk: Assessing fifteen years of research and theory. In N. Pidgeon, R. E. Kasperson, & P. Slovic(Eds.), *The social amplification of risk* (pp. 13-46). Cambridge: Cambridge University Press.

③ Lupton, D. (1999). *Risk and sociocultural theory: New directions and perspectives*. Cambridge: Cambridge University Press.

而这些后果反过来又会增强或削弱风险威胁及危害。①

　　值得注意的是,风险的社会建构过程往往会放大风险事件带来的社会后果,因而用"风险的社会放大"来命名这一框架。虽然大量研究关注风险的社会放大过程及其效应,但现实中也存在削弱风险的社会建构过程。② 例如,由于人们的文化偏见和种族歧视等因素,西方国家中一些少数族裔面临的健康风险和贫困风险常常被淡化,导致实际的风险效应被社会削弱。③ 因此,不妨对SARF 中的"A"做一个全面的理解:在大多数情况下表示"放大"(amplification),但有时也存在"削弱"(attenuation)的情况。

　　尽管 SARF 是一个解释风险社会效应的综合性框架(包括客观的风险事件作为起点和主观的文化心理等作为建构),但其主要观点与传播学十分契合,近十几年来被大量运用于传播学研究。④本书基于以下理由认为它很适合作为解释风险议题显著性演化的理论参考框架。首先,在当今媒介化社会,人们并非必须直接亲身经历所有风险事件才能感知风险,而是通过接触媒介中的相关内容就能感知和了解大多数风险事件。因此,有关风险事件的信息或风险议题才是 SARF 的解释起点。其次,从个体使用媒介的效果来看,人们接触并加工风险议题信息,不仅受到自身心理的影响,还会受到其所处社会的文化价值以及制度规范等多重因素的影响,由此产生特定的心理并引发信息传播行为和风险应对行为。最后,就传播的社会影响而言,当微观的个体心理和行为后果汇聚之后,会产生宏观的社会效应。也许正是因为 SARF 的基本观点

---

① Kasperson, R. E. , Renn, O. , Slovic, P. , Brown, H. S. , Emel, J. , Goble, R. , et al. (1988). The social amplification of risk: A conceptual framework. *Risk Analysis*, 8(2), 177-187.

② Kasperson, R. E. , Webler, T. , Ram, B. , & Sutton, J. (2022). The social amplification of risk framework: New perspectives. *Risk Analysis*, 42(7), 1367-1380.

③ Kasperson, R. E. , & Kasperson, J. X. (1996). The social amplification and attenuation of risk. *The Annals of the American Academy of Political and Social Science*, 545(1), 95-105.

④ Kasperson, R. E. , Webler, T. , Ram, B. , & Sutton, J. (2022). The social amplification of risk framework: New perspectives. *Risk Analysis*, 42(7), 1367-1380.

与传播学的媒介效果假设非常一致,所以 SARF 又被进一步解析为"信息机制"(the information mechanism)和"反应机制"(the response mechanism)。① 前者重点关注风险议题的信息流通、内容特征和媒介渠道,强调了媒介及其内容对风险议题显著性的影响;后者探究个体接触风险议题后的心理和行为反应及其发生条件,凸显了主体行为对风险议题显著性的作用。

在信息机制中,信息流量、内容的戏剧化和争议性以及媒介渠道类型都会影响风险议题显著性。首先,就信息流量而言,媒体若持续大量报道一个风险议题,其显著性水平就会明显提高,这在 2003 年的 SARS 议题②和 MERS 议题③中得到了验证。其次,从议题的内容特征来看,西方媒体曾使用戏剧化手法报道 H1N1,使得该议题获得广泛关注。④ 类似地,内容的争议性也是提高风险议题显著性的重要因素,而且,当这种争议出现在专家群体之间时,放大效应尤为明显。⑤ 最后,议题传播的媒介渠道类型会影响其显著性。与传统的报刊媒体相比,以社交媒体为代表的数字媒介为各类组织机构和普通个体相互交流提供了开放的平台⑥,多元主体能够

① Kasperson, R. E., Renn, O., Slovic, P., Brown, H. S., Emel, J., Goble, R., et al. (1988). The social amplification of risk: A conceptual framework. *Risk Analysis*, 8(2), 177-187.

② Berry, T. R., Wharf-Higgins, J., & Naylor, P. J. (2007). SARS wars: An examination of the quantity and construction of health information in the news media. *Health Communication*, 21(1), 35-44.

③ Yang, J., & Lee, S. (2020). Framing the MERS information crisis: An analysis on online news media's rumour coverage. *Journal of Contingencies and Crisis Management*, 28(4), 386-398.

④ Klemm, C., Das, E., & Hartmann, T. (2016). Swine flu and hype: A systematic review of media dramatization of the H1N1 influenza pandemic. *Journal of Risk Research*, 19(1), 1-20.

⑤ 王娟. (2014). 影响公众对专家信任的因素——北京公众对建设垃圾焚烧厂的风险感知调研分析. *自然辩证法通讯*(05), 79-86+127.

⑥ Chung, I. J. (2011). Social amplification of risk in the Internet environment. *Risk Analysis*, 31(12), 1883-1896.

实时交流风险议题的相关资讯[①]，极大地提高了信息流通速度，明显增强了议题显著性。而且，不同类型的社交媒体由于其平台设计和结构不同，对议题显著性的放大效果也会有所差异。譬如，脸书（Facebook）允许用户发布或分享字数不受限的内容，而推特对帖子篇幅设有 280 个字符的限制，因此，同一个风险议题在脸书上能够得到更加深入和广泛的传播[②]，议题显著性也会愈发凸显。再有，从社交媒体的网络结构来看，源自中心节点的信息能够快速扩散至网络中的其他节点，所以处于中心节点的用户（即意见领袖）的传播行为可以迅速增强议题显著性。[③]

　　反应机制可视为信息机制向主体的延伸。个体接触风险议题后，会形成特定的风险感知并采取相应的行为，包括议题传播行为和风险应对行为，而反应机制的目标在于描述这些心理行为的特征并阐释其发生条件。一般而言，个体接触大量的[④][⑤]、重复性的[⑥]、争议性的[⑦]甚至戏剧化[⑧]的风险议题内容后，其风险感知容易

　　① Fellenor, J., Barnett, J., Potter, C., Urquhart, J., Mumford, J. D., & Quine, C. P. (2018). The social amplification of risk on Twitter: The case of ash dieback disease in the United Kingdom. *Journal of Risk Research*, 21(10), 1163-1183.

　　② Wirz, C. D., Xenos, M. A., Brossard, D., Scheufele, D., Chung, J. H., & Massarani, L. (2018). Rethinking social amplification of risk: Social media and Zika in three languages. *Risk Analysis*, 38(12), 2599-2624. 推特于 2023 年 7 月更名为 X，本书讨论的主要是更名前的，故仍使用原名。

　　③ Zhang, L., Xu, L., & Zhang, W. (2017). Social media as amplification station: Factors that influence the speed of online public response to health emergencies. *Asian Journal of Communication*, 27(3), 322-338.

　　④ Mazur, A. (1984). The journalists and technology: Reporting about Love Canal and Three Mile Island. *Minerva*, 22, 45-66.

　　⑤ Agha, S. (2003). The impact of a mass media campaign on personal risk perception, perceived self-efficacy and on other behavioural predictors. *AIDS Care*, 15(6), 749-762.

　　⑥ Berry, T. R., Wharf-Higgins, J., & Naylor, P. J. (2007). SARS wars: An examination of the quantity and construction of health information in the news media. *Health Communication*, 21(1), 35-44.

　　⑦ 王娟. (2014). 影响公众对专家信任的因素——北京公众对建设垃圾焚烧厂的风险感知调研分析. *自然辩证法通讯* (05), 79-86+127.

　　⑧ Klemm, C., Das, E., & Hartmann, T. (2016). Swine flu and hype: A systematic review of media dramatization of the H1N1 influenza pandemic. *Journal of Risk Research*, 19(1), 1-20.

被放大，并产生焦虑甚至恐慌等情绪。当个体经历了剧烈的认知转变和强烈的情绪冲击之后，毋庸置疑，他们会认同风险议题的重要性，而这种认同将促使他们进一步传播该议题，从而提升议题显著性。

然而，一些社会习俗和文化偏见会削弱人们对风险议题重要性的认同，当人们不再关注和讨论该议题时，其显著性就会降低。社会习俗能够潜在影响个体甚至成为一种群体性压力，因为当社会上大多数人对某一现象持有某种观点或采取某种行为时，个体出于融入社会的需要，往往会产生从众心理并仿效大多数人的行为，在风险情境中亦是如此。比如，对于绝大多数健康成年人而言，新冠病毒感染如今已成为一种自限性疾病①，于是他们就不再戴口罩了。周围大多数人不戴口罩的行为将对个体形成无形压力，为了避免与大多数人"格格不入"，原本打算戴口罩的个体也不再戴口罩，久而久之便习以为常，从而形成了一种社会习俗，这种习俗反过来又会影响更多人。社会习俗会影响人的认知，使个体忽视新冠病毒感染的风险，同时降低对该议题重要性的认同。与此相关，"白人男性效应"（white male effect）是一种典型的文化偏见，持有该偏见的白人男性认为自己相比其他肤色的族裔和女性而言更加强健，因而在不采取风险防护措施的条件下也可以抵御各类病毒。② 显然，当持有这一文化偏见的个体接触传染病危害和防治的风险议题时，极有可能低估风险后果的严重性。当个体认为风险议题不再重要时，就不会仔细阅读或观看相关内容，更不会进行点赞、转发和搜索等行为，议题显著性由此降低。

综上所述，SARF从客观的风险事件出发，强调风险传播的社

---

① 自限性疾病是指病程不会无限扩大，在人体免疫系统正常运作且没有特殊治疗的情况下能够逐渐改善的疾病，例如上呼吸道感染、诺如病毒感染、水痘等。张佳星.（2022年11月3日）.专家解读：如何理解新冠肺炎是自限性疾病.科技日报. http://health.people.com.cn/n1/2022/1103/c14739-32557911.html.

② Kahan, D. M., Braman, D., Gastil, J., Slovic, P., & Mertz, C. K. (2007). Culture and identity-protective cognition: Explaining the white-male effect in risk perception. *Journal of Empirical Legal Studies*, 4(3), 465-505.

会效应,解释了一个风险事件被议题化之后,如何在传播中被建构和放大。而这一过程的内在机理则是风险议题传播遵循的信息机制和人们接触信息后产生的反应机制。其中,信息机制使得一个议题在各种媒介渠道中变得十分显著,而反应机制从个体心理和行为方面阐明了主体的传播行为对议题显著性的影响。可见,SARF 作为一个综合性框架,从信息机制与反应机制的共同作用解释了风险的社会放大效应。这为本书结合媒介的技术逻辑与主体的行动逻辑去揭示"移动传播中风险议题显著性演化新机理"提供了直接的理论启示。

1.1.2 SARF 的主体部分及其构成环节

在传播学的引申意义上,SARF 可被用来解释风险议题如何与个体心理、社会制度和文化观念等因素相互作用,从而影响个体风险感知和风险应对行为,进而集聚产生宏观的社会效应。根据 SARF 的框架图(如图 1-1 所示),风险的社会放大通过风险议题的社会建构实现,其过程可分为三部分:第一部分是风险议题的起点,指客观存在的风险事件及其预示的风险信号;第二部分是风险议题的生成,即风险放大或削弱的多个环节,具体包括"信息来源"(sources of information)、"信息渠道"(information channels)、"社会站"(social stations)、"个体站"(individual stations)、"机构和社会行为"(institutional and social behavior);第三部分是风险议题的效应,即风险议题传播造成的涟漪效应和带来的社会后果。[①] 涟漪效应形象地喻指风险议题传播不仅直接影响涉事个体,还会波及其所在的社群、相关的专业团体、企业监管部门和其他利益相关者,甚至扩散至整个社会。值得注意的是,当今的媒介环境已全然不同于 SARF 提出时的情形,数字媒介在很大程度上消弭了议题

---

① Kasperson, J. X., Kasperson, R. E., Pidgeon, N., & Slovic, P. (2003). The social amplification of risk: Assessing fifteen years of research and theory. In N. Pidgeon, R. E. Kasperson, & P. Slovic (Eds.), *The social amplification of risk* (p. 14). Cambridge: Cambridge University Press.

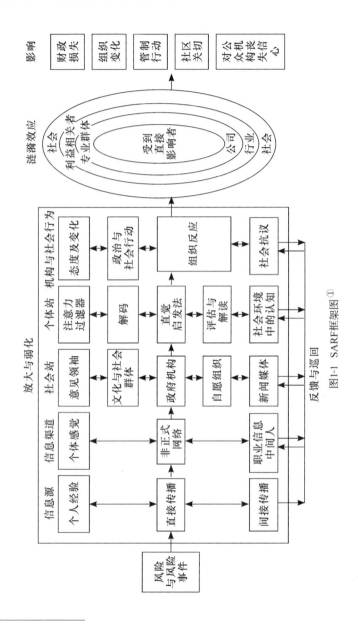

图1-1　SARF框架图①

①　王锋.（2013）.当代风险感知理论研究：流派、趋势与论争.北京航空航天大学学报（社会科学版）（3），21.

传播的时间维度和空间维度,使得议题信息能够在瞬间到达互联网所触及的任何地方。因此,SARF 的涟漪效应在数字媒介环境中会瞬间扩散。[①] 议题的快速广泛传播则会加快其社会后果的显现,例如经济损失、法律诉讼、行业改制、信任危机等。

虽然 SARF 在理论上以综合性的解释框架著称,但实际上,它并不是一个可以用来验证的特定理论,因而较难将整个 SARF 应用于某个具体研究课题。较为常见的做法是根据实际情况截取 SARF 的某一部分来解释特定的研究问题。就上述三部分而言,第一部分是起点,主要指客观存在的风险事件,尚未进入风险议题的范畴。而第三部分的效应虽然涉及风险议题的社会影响及后果,但其作用机制在于第二部分。因此,第二部分,即风险的放大或削弱机制才是 SARF 的主体部分。这一主体部分可解析为若干环节,每一环节与风险议题显著性具有如下关联。

首先,在"信息来源"和"信息渠道"两个环节中,人们开始感知风险事件并议论它,风险议题由此而生。"信息来源"指的是人们从何处了解风险事件,通常指向特定的主体,而"信息渠道"是指信息传播的通道,前者提供的信息必须通过后者得以传播开来,两者直接关联、不可分离。例如,个体对风险事件的直接经验是一种信息来源,它的最初流经通道是其感官与语言;与亲朋好友的交谈也是风险事件的一种信息来源,相应的信息渠道则体现为人际关系网络。显然,由于自然的个人经验与人际沟通的有限性,其中传播的风险事件信息流量和流通速度都受到很大限制,因而议题的显著性水平较低,需要花费较长时间才有可能转化成一个热门议题。然而,在当今媒介化社会,个人经验和人际交谈作为信息来源的原初部分,极容易被普遍连接的媒介无限放大,导致议题瞬间扩散、信息量飙升,所以媒介反而成为主要的信息来源,而各种数字平台成为信息传播的主要渠道。在数字媒介环境下,人们获知风险事件的信息来源更加多元化了,速度也成倍地增长,因而一个平常议

---

① Kasperson, R. E., Webler, T., Ram, B., & Sutton, J. (2022). The social amplification of risk framework: New perspectives. *Risk Analysis*, 42(7), 1367-1380.

题能够迅速转变成为一个热议话题。

当一个风险议题经由各类"社会站"放大（或削弱）之后，其显著性水平就会明显提高（或降低）。SARF 的"社会站"是指意见领袖、社会团体、政府部门、志愿组织和新闻媒体等，他们从各自的立场阐释风险事件，表达不同的观点。多方意见和争论不断汇聚、相互激荡，影响该风险议题显著性的变化。值得注意的是，原初的议题与放大的议题之间的区别在于，原初议题主要由风险事件的基本信息构成，人们的主观态度和立场意见仅占很小一部分，而放大的议题主要由各方涉事主体的观点和争论构成，原初的事件信息已退居第二位。在移动传播条件下，普通公众如今也是"社会站"之一，他们作为一类被技术赋能的新兴主体，空前能动地参与风险议题的建构与传播。事实上，正是公众的广泛参与，使得移动媒介中风险议题的信息量急剧增长，议题显著性空前凸显。

然后，风险议题由"社会站"流入"个体站"。SARF 的"个体站"描述了个体对风险议题进行信息过滤、解码、直觉式启发加工、阐释与评估等活动。信息过滤、解码、直觉式启发加工指的是个体对风险议题的信息加工过程，而阐释与评估主要指个体加工风险议题信息后对风险发生的可能性、后果严重性、影响范围等方面的判断。与此同时，个体还会对风险的潜在后果产生情绪反应，诸如焦虑和恐惧等。从传播效果来看，"个体站"在微观上反映了个体接触风险议题信息后所产生的认知和情绪反应。一般而言，若个体对风险议题进行全面仔细的信息加工、形成明显的风险感知并伴随强烈的情绪反应，便意味着风险议题在个体心中留下了深刻印象，这将引发个体的议题传播行为和风险应对行为。

最后，个体的心理反应由内而外会引发行为反应，而大量个体行为汇聚成社会行为产生宏观效应并迫使涉事机构做出回应，即 SARF 的"机构和社会行为"环节。当代风险议题内容的复杂性意味着不仅风险事件涉及多元主体利益分歧，风险治理也因此成为多方博弈的过程，而且也因为公众作为一类新兴的主体参与其中，引起了组织与个体之间的利益纠纷。在实际博弈中，普通公众相比组织机构而言处于弱势地位，这会令他们觉得自己承受了更多风险。公众的弱势感加之其风险感知和情绪反应,又激发了涉事个体维护自身利益的应对行为。而当大量个体应对行为汇聚之时,就会演变为社会层面的抗争活动。譬如,在环境风险议题的传播中,媒体的大量报道增强民众的风险感知,而固有的污名化效应以及对专家的不信任迅速放大民众的不满情绪,此时,若民众的利益诉求受挫,他们的担忧和不满就会积累发酵,最终引发冲突和抗争。① 对此,政府部门介入并采取一些干预措施,而涉事组织则需要向民众做出回应交代。可见,在"机构和社会行为"环节中,风险议题显著性由于公众参与和机构介入而再次增强。

　　综上所述,构成 SARF 主体部分的五个环节与风险议题显著性演化紧密相关:在"信息来源"和"信息渠道"环节中,随着风险事件呈现,原初的风险议题形成,但此时的议题称不上是显著的议题;进入"社会站"环节,风险议题的显著性被机构放大(或削弱),议题将获得组织层面的高度关注,并引发多元主体纷争,使议题显著性骤升(或骤降);若从微观层面去看,在产生微观效应的"个体站"环节,个体加工处理风险议题,而后对风险后果做出判断并产生情绪,为议题显著性的后续增强积蓄力量;再上升至宏观层面,进入"机构和社会行为"环节后,风险议题被推向社会舆论顶峰,即议题显著性的社会热度普遍得以提升等。综上,在风险议题显著性演化的视角下,被采用的 SARF 主体部分的构成环节与议题显著性演化的关联如图 1-2 所示。

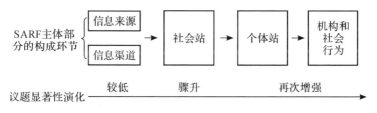

图 1-2　SARF 主体部分的构成环节与议题显著性演化的关联

---

① 汪伟全. (2015). 风险放大、集体行动和政策博弈——环境类群体事件暴力抗争的演化路径研究. *公共管理学报*(01),127-136+159.

1.1.3　SARF 对议题显著性演化的启示与局限

在传播学视角下,SARF 是解释风险议题在传播中如何与个体心理、社会制度和文化观念相互作用并最终产生社会涟漪效应的一个综合性框架。本书的研究对象是"风险议题显著性演化",对此,可以提出三个问题:第一,风险议题显著性怎样产生? 第二,风险议题显著性如何演化? 第三,是什么原因导致风险议题显著性演化? 针对这三个提问,SARF 主要提供了以下三点启示。

首先,SARF 的"社会站"和"个体站"表明,各类社会组织机构和普通公众能够共同把一个不太显著的议题变为一个非常显著的议题。"社会站"包括与风险事件相关的组织机构,比如政府部门、新闻媒体、专家、企业、非政府组织(NGO)、意见领袖等,而"个体站"主要是指普通个体以及他们如何处理议题信息。[①] 由于上述各类主体(包括机构与个体)在风险事件中的立场各不相同,他们将从不同角度解读风险事件的初始信息并发表各自的评论意见,在事实性信息中添加大量纷繁复杂的主观评议并广为传播,从而将一起风险事件转化为一个备受关注的风险议题,议题显著性由此产生。例如,2023 年 8 月 24 日下午,日本正式启动福岛第一核电站核污水排海行动,瞬间引发全球热议。中国外交部第一时间发表声明,对日本政府无视国际社会的强烈质疑和反对、单方面强行启动福岛核事故污染水排海表示坚决反对和强烈谴责。[②] 国内各大门户网站和新闻媒体广泛引用清华大学于 2021 年所做的一项模拟实验,该实验结果显示,日本一旦启动核污水排海,被污染的

①　Kasperson, J. X. , Kasperson, R. E. , Pidgeon, N. , & Slovic, P. (2003). The social amplification of risk: Assessing fifteen years of research and theory. In N. Pidgeon, R. E. Kasperson, & P. Slovic(Eds.), *The social amplification of risk* (pp. 13-46). Cambridge: Cambridge University Press. 注:SARF 原文框架图的"社会站"部分仅仅罗列了意见领袖、文化和社会团体、政府机构、NGO 和新闻媒体,本研究结合中国现实情境,提出了上述六类常见的主体。

②　外交部. (2023 年 8 月 24 日). *外交部发言人就日本政府启动福岛核污染水排海发表谈话*. 外交部官网. https://www.mfa.gov.cn/fyrbt_673021/202308/t20230824_11131280. shtml.

海水将在 240 天后到达我国沿海。① 众多国内经营的日本料理企业也纷纷发表声明，表示采用的食材均为正规渠道采购，符合安全规范，拒绝使用日本核辐射区原料。② 独立政府间国际组织"国际原子能机构"当天发表声明指出，将一直驻守现场监测排放情况，以确保日本核污水排海的所有活动继续符合国际安全标准。③ 广大网民则在微信、微博、抖音和快手等各大平台对日本核污水排海进行各种评议。由此可见，多元主体共同参与传播迅速将核污水排海这一风险事件上升为一个极其显著的风险议题。

其次，SARF 可以呈现出风险议题显著性产生后如何演化，包括显著性上升与下降。尽管 SARF 的"A"在绝大多数情况下表示风险的社会放大，但在现实情形中，也存在风险的社会削弱现象。④ 因此，全面理解议题显著性演化，SARF 既可以表示风险议题显著性的社会放大，也能够代表风险议题显著性的社会削弱，从而完整地揭示了风险议题显著性升降起伏的演化趋势。分别而论，一方面，风险的社会放大过程即风险议题显著性的不断提升。从 SARF 的五个环节来看：在 SARF 的"信息来源"和"信息渠道"环节，形成原初的风险议题；进入"社会站"环节，风险议题的显著性被各类机构放大，议题将获得组织层面的高度关注，并引发多元主体纷争，使议题显著性骤升；而后进入微观层面的"个体站"环节，个体加工处理风险议题并形成相关的认知判断，为深化议题传播并增强议题显著性积蓄个体力量；最后进入宏观层面的"机构和社会行为"环节，风险议题被推向社会舆论顶峰，议题显著性普遍得到提升。另一方面，风险的社会削弱意味着风险议题显著性下降，该变化主

---

① 哈尔滨日报.（2023 年 8 月 23 日）. *清华大学团队模拟日本核污水排海：240 天到达我国沿海*. 澎湃新闻. https://www.thepaper.cn/newsDetail_forward_24340171.

② 李馨婷 & 梁争誉.（2023 年 8 月 24 日）. *日本核污水风波下的中国日料店：多品牌强调国内进货，有店主火速转行*.《时代周报》微信公众号. https://mp.weixin. qq.com/s/65RA-_E-b-oqgpqbuPrvow.

③ 联合国.（2023 年 8 月 25 日）. *国际原子能机构最新声明！*. 联合国微信公众号. https://mp.weixin.qq.com/s/Tom_J3sKOOZ3DhRlbAVVvQ.

④ Cantor, R., Bates, H., & MacKoul, C.（2022）. Risk attenuation and amplification in the US opioid crisis. *Risk Analysis*, 42(7), 1393-1408.

要源于 SARF 的"社会站"环节。譬如,"社会站"中的新闻媒体经常通过制造替代性的其他热议话题来转移人们的视线,以削弱当下风险议题的热议度[①],当人们的注意力转向其他更具吸引力的话题而不再关注这一风险议题时,其显著性随之下降。

　　最后,SARF 的"信息机制"和"反应机制"分别是导致议题显著性演化的直接原因和间接原因。"信息机制"中的信息流量、内容的戏剧化和争议性程度及媒介渠道类型都会直接影响风险议题显著性。一般而言,当议题的信息流量越大、内容越具戏剧化或争议性效果并且在社交媒体等数字平台上广泛流传时,该议题的关注度和热议度就越高,其显著性也越强。"反应机制"是"信息机制"向主体的延伸,个体接触风险议题信息后产生的心理反应和行为反应是影响议题显著性水平的间接原因。个体心理反应越强烈,例如其风险感知被放大并伴随明显的焦虑和恐惧等负面情绪,就越有可能参与相关的风险应对行为和议题传播行为,而这些线下和线上行为都将导致议题显著性骤升。例如,在厦门 PX 事件中,广大网民认为 PX 会对周边居民的身体健康形成较大隐患,加之对化工厂的不满和愤怒情绪,他们组织了线上抗争活动,将议题推向高潮,由此放大了议题显著性。[②] 再如,针对日本核污水排海,国内民众普遍感知到了这一危害邻国海域的高风险行为将对人们的身体健康和环境安全构成严重威胁,强烈的风险感知促使他们在社交媒体平台上传播有关信息并宣泄担忧和愤懑等情绪,导致议题显著性迅速提升。[③] 可见,SARF 的"信息机制"和"反应机制"共同作用,能够以直接或间接的方式促使议题显著性水平飙升。

---

　　① Lewis, R. E., & Tyshenko, M. G. (2009). The impact of social amplification and attenuation of risk and the public reaction to mad cow disease in Canada. *Risk Analysis*, 29(5), 714-728.

　　② 邱鸿峰. (2013). 环境风险的社会放大与政府传播:再认识厦门 PX 事件. *新闻与传播研究*(08), 105-117+128.

　　③ 郭羽,侯永康 & 樊凡. (2023). 社会风险放大理论视角下的风险感知与扩散:以日本福岛核电站核污染水排放事件为例. *全球传媒学刊*(03), 82-98.

尽管 SARF 对于理解风险议题显著性演化有以上三点重要启示，但其理论本身在今天看来存在一些时代局限性。SARF 是在 20 世纪 80 年代末提出的，在之后十余年间，报刊、广播电视等大众传媒是当时建构和传播风险议题的重要主体。因此，大众传媒被视为"社会站"中的一类重要机构，和政府部门、社会组织、意见领袖等共同塑造风险议题。然而，近十几年来，移动互联网、智能手机、人工智能等各类媒介技术迅猛发展并广泛普及，"媒介"（media）不再为大众传媒时代的新闻媒体等组织机构所垄断，而是平民化为个体日常生活和社会交往的基础设施和便捷手段，以 APP 为代表的各种新兴媒介已成为深刻影响甚至重塑人们感知方式和社会生产模式的一种"元力量"。这就是传播学界近年来热议的"媒介化"趋势。正如库尔德利和赫普在《现实的中介化建构》（*The Mediated Construction of Reality*）开篇所问：当"社会"（the social）本身被各类媒介中介化（mediated）之后，"现实"（reality）发生了什么根本性变化？[①]同样的道理，对于 SARF 而言，当风险的"社会"放大过程在越来越大程度上被社交媒体的算法推荐模式和平台运作制度左右时，这一过程在多大程度上还能被称为"社会"放大？[②]也许可以改称为风险的"中介化放大"（mediated amplification）。虽然这一提问过于激进了，但至少它促使我们重新审视媒介在各种经典传播理论中，包括像 SARF 这样的理论中所具有的基础地位及其对风险议题显著性演化的深远影响。

本书认为，在当代媒介化社会背景下，需要更新 SARF。因为如今的"媒介"不仅指新闻媒体等大众传媒机构，而且是连接多元主体的基础设施，后者为风险议题的生成与传播提供了全新的技术条件。换言之，媒介不再只是 SARF"社会站"中的某类主体，而是成为数字社会的基础性环境。尤其值得关注的是，以 5G 移动通

---

① Couldry, N., & Hepp, A. (2017). *The Mediated Construction of Reality*. Cambridge: Polity Press.

② Kasperson, R. E., Webler, T., Ram, B., & Sutton, J. (2022). The social amplification of risk framework: New perspectives. *Risk Analysis*, 42(7), 1367-1380.

信技术为基础设施、以智能手机为用户终端、以各类 APP 为载体的移动媒介具有独特的技术逻辑,而这一技术逻辑将与多元主体的行动逻辑共同作用,综合影响移动传播中风险议题显著性演化。

1.2　相关理论:议题生命周期理论与议程设置理论

SARF 为解释风险议题显著性升降提供了一个综合性的参考框架。但是,若要揭示风险议题显著性演化的一般机理,还得考察议题显著性如何演化以及主体在其中的作用,因此引入另外两个相关理论,即议题生命周期理论和议程设置理论。议题生命周期理论描述了议题显著性如何演化,议程设置理论侧重于分析提升议题显著性水平的主体原因。本节内容首先介绍议题生命周期理论和议程设置理论,接着阐释两个理论对于理解议题显著性演化的启示,最后指出其局限性。

1.2.1　议题生命周期理论简介

议题生命周期理论起源于 20 世纪 80 年代,在"议题管理"(issue management)视角下,该理论将企业面临的声誉威胁或组织合法性等问题视为亟待解决的议题,通过分析议题的演化过程,帮助管理者更加有效地化解企业危机、促进企业发展。[1][2] 现实中,许多企业议题并不局限于企业本身,而是涉及多方组织机构和公众,多元主体的立场差异和利益纠纷往往使一个企业议题上升为一个公共议题或社会议题。[3] 因此,在其后的几十年间,议题生命周期理论的应用范围逐渐扩展,从企业管理范畴延伸到行政管理、

---

[1]　Zyglidopoulos, S. C. (2003). The issue life-cycle: Implications for reputation for social performance and organizational legitimacy. *Corporate Reputation Review*, 6(1), 70-81.

[2]　Crable, R. E., & Faulkner, M. M. (1988). The issue development graph: A tool for research and analysis. *Central States Speech Journal*, 39(2), 110-120.

[3]　Mahon, J. F., & Waddock, S. A. (1992). Strategic issues management: An integration of issue life cycle perspectives. *Business & Society*, 31(1), 19-32.

公共关系和网络舆情等领域。[1]

　　议题演化如同一个有机体的变化，在产生之后，其生命历程就会遵循一定的规律并发生阶段性蜕变直至消亡，从而形成一个完整的生命周期。在中国近代社会的茶馆或 20 世纪初西方社会的人文咖啡馆等公共场所，议题主要是指日常交流的话题，人们在交换信息中产生了话题，并通过闲聊进一步传播话题。谈论某个话题的人变多了，话题的生命力就强了。随着时间流逝，该话题渐渐退出人们的谈论范围，其生命力也就减弱了。这里，话题热议度的起伏涨落呈现了议题演化的一个生命周期。随着信息与传播技术的迅猛发展与广泛普及，如今人们的交流不再局限于线下面对面的谈话，而是频繁使用各类媒介手段获取资讯并以此作为中介广泛传播信息，从而使一个小范围内谈论的"话题"上升为一个备受社会各界关注的"议题"。与传统社会的话题相比，如今各类移动媒介平台上的议题正呈现出迅速演化之趋势，其生命周期也具有不同于以往的各种特点。但总体上来看，关于网络媒介中的议题生命周期，学界一般将之划分为三阶段、四阶段或五阶段。[2]　无论是几个阶段的划分，都遵循同一条标准，即议题显著性水平的变化。而且，在三阶段、四阶段、五阶段的划分模型下，议题生命周期变化在坐标系中都显示出倒 U 形曲线的演化趋势，其中纵轴表示议题显著性水平，横轴表示事件发展阶段，尽管每个模型对应的倒 U 形形状各有不同。

　　首先，三阶段模型提出议题的生命周期主要分为"潜伏""爆发""消退"三个阶段。在潜伏阶段，议题刚刚形成，其显著性较低，只引发了少部分群体的关注。接着，进入爆发阶段，议题显著性激增，成为备受关注的一个公共议题。最后，随着新议题的产生和公众注意力的转移，该议题显著性明显下降，进入消退阶段。比如，有学者分

　　[1]　以"issue life cycle"为关键词在 Web of Science 数据库进行主题搜索，相关研究数量逐年递增，20 世纪 80 年代仅每年几十篇的体量，到 2022 年已经发展至 5491 篇。涉及的研究领域多元，集中于企业经济学、公共管理学、传播学等。

　　[2]　曾润喜，王晨曦 & 陈强.（2014）. 网络舆情传播阶段与模型比较研究. 情报杂志（05），119-124.

析了新浪微博上有关2019年凉山大火的舆情内容,发现该议题的生命周期包括三个阶段:第一,潜伏期,凉山大火事件首次在微博上传播;第二,爆发期,议题登上微博热搜,其中涉及大火肇因的细节披露、网民对牺牲者的哀悼以及对当地政府的问责;第三,消退期,随着如何预防山火措施的出台,原议题逐渐淡出公众视野。[1] 再有,美国超强飓风厄玛议题的生命周期也分为三个阶段,而且每个阶段的议题显著性特点主要表现为网络舆论所反映的公众负面情绪强度:从潜伏阶段到爆发阶段再到消退阶段,公众舆论反映的负面情绪先升后降。[2] 图1-3显示的是议题生命周期三阶段模型。

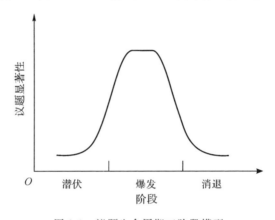

图1-3　议题生命周期三阶段模型

接着,四阶段模型进一步拓展了三阶段模型,提出议题的生命周期会经历"潜伏""爆发""蔓延""消退"四个阶段。显然,四阶段模型与三阶段模型的不同之处在于多了蔓延这个阶段。若将爆发理解为议题的高潮,那么蔓延则有空间延伸的含义。在爆发阶段,

---

① 　Liu, Y., Zhu, J., Shao, X., Adusumilli, N. C., & Wang, F. (2021). Diffusion patterns in disaster-induced internet public opinion: Based on a Sina Weibo online discussion about the 'Liangshan fire' in China. *Environmental Hazards*, 20(2), 163-187.

② 　Zhang, L., Wei, J., & Boncella, R. J. (2020). Emotional communication analysis of emergency microblog based on the evolution life cycle of public opinion. *Information Discovery and Delivery*, 48(3), 151-163.

议题显著性飙升,但相关舆论仅仅就议题本身展开。随着议题进入蔓延阶段,普通公众、意见领袖、政府部门、行业机构、专业人士等各类传播主体开始热烈探讨、各抒己见,由此衍生新议题,使得原初的议题发生了裂变和蔓延。譬如,南海仲裁案议题在新浪微博上的生命周期分为四个阶段:其一,潜伏期,社交媒体上只形成了小范围的舆论;其二,爆发期,更多信息被揭露,舆论开始大范围传播;其三,蔓延期,原初议题衍生出了新议题,并被扭曲和放大;其四,消退期,政府做了反馈,争议逐渐平息。[①] 值得注意的是,也有研究类似地分析了网络议题的演化过程,将其生命周期划分为对应于上述四个阶段的表述:比如议题的产生或触发(对应潜伏阶段)、焦点议题形成以及各类观点的聚合(对应爆发阶段)、议题传播主体的分化和舆情的扩散(对应蔓延阶段)、舆论场衰减并消失(对应消退阶段)。[②③] 图 1-4 展示了议题生命周期的四阶段模型。

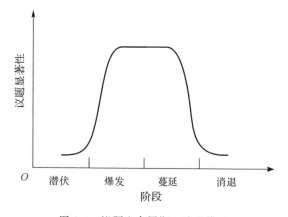

图 1-4　议题生命周期四阶段模型

①　王晰巍,邢云菲,王楠阿雪 & 李师萌.(2017).新媒体环境下突发事件网络舆情信息传播及实证研究——以新浪微博"南海仲裁案"话题为例. 情报理论与实践(09),1-7.

②　李江静 & 徐洪业.(2017).互联网舆论场演化机理视角下的主流意识形态建设. 江海学刊(05),64-70.

③　黄微,李瑞 & 孟佳林.(2015).大数据环境下多媒体网络舆情传播要素及运行机理研究. 图书情报工作(21),38-44+62.

　　最后,五阶段模型整合了三阶段与四阶段模型,并新增了"反复"阶段,将其置于"蔓延"和"消退"之间。三阶段模型凸显的是一个爆发点(即爆发阶段),四阶段模型强调的是议题显著性高涨的持续时期(爆发阶段和蔓延阶段)。相形之下,五阶段模型则显示了一段高涨期(爆发阶段和蔓延阶段)之后再现一个新的转折型爆发点(反复阶段)。可见,五阶段模型更加适用于解释现实中不断衍生的议题及其显著性转折多变的情况。举例来说,当大学校园发生某一突发事件时,学生的传播行为直接影响该事件议题在社交媒体上的演化周期:(1)潜伏期,学生通过点赞、转发和评论等行为表达他们对突发事件的观点意见;(2)爆发期,学生开始质疑校方对事件的应对措施,发表一些较为激烈的言论;(3)蔓延期,学生的质疑不断强化,校方可信性受到威胁;(4)反复期,学生继续发表大量观点,其中不乏偏激言论,甚至出现了谣言;(5)消退期,校方提供解释,问题得到解决,议题开始淡出学生视野。[1]　又如,在陕西榆林产妇坠楼身亡事件中,议题的生命周期同样呈现五个阶段:潜伏阶段个别网民发表意见,爆发阶段网民意见与相关部门的解释产生对立,蔓延阶段出现新问题,反复阶段媒体介入并进行舆论引导,消退阶段舆情淡化。[2]　诸如此类的事例不胜枚举,其显著性演化如图 1-5 所示。

　　综上可见,议题生命周期理论与议题显著性演化直接相关。议题生命周期理论的三个模型将议题演化划分为若干个不同阶段,无论是几个阶段,都说明议题显著性水平会随着事件发展而发生变化;而且,议题从出现到显著再到消退是其生命周期或显著性演化的基本流程。

---

　　[1]　Cui, P., & He, Y. (2019). Research on the dissemination and response of network public opinion of emergency events in colleges based on crowd intelligence thinking. *Open Journal of Social Sciences*, 7(10), 281-290.

　　[2]　王根生 & 胡冬冬. (2018). 基于生命周期理论的自媒体环境下医疗突发事件舆情演化研究. *内蒙古农业大学学报(社会科学版)*(06), 83-90.

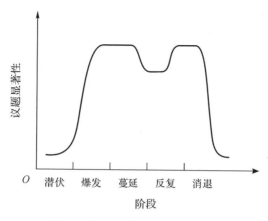

图 1-5 议题生命周期五阶段模型

1.2.2 议程设置理论的三个层次

议程设置理论是与议题显著性演化中主体传播行为相关的一个理论。"议程"(agenda)与"议题"(issue)只有一字之差,两者既有区别又有联系。首先,议题是指那些受到社会广泛关注且被公众广泛热议的话题,而议程源自议题,指的是在诸多议题中十分显著且亟待解决的议题。其次,当一个议题的显著性逐渐增强至非常显著时,它就有可能被主体设置成为一个议程。议程设置理论说明的是媒体等其他设置者如何提升议题的显著性并将其转化为议程的具体过程,因此,议程设置理论主要解释了增强议题显著性的主体原因。议程设置理论按其发展先后有三个层次,每个层次从不同角度阐明了媒介如何塑造一个显著的议题,并检验了媒介呈现的这一显著议题能否得到公众对其显著性的认可。

议程设置理论的第一层次称为"传统议程设置"(traditional agenda setting)。传统议程设置理论的一种假设是:人们采取线性模式认识外部世界,因而脑中关于世界的图像是线性的。[1] 同样,

---

[1] Vu, H. T., Guo, L., & McCombs, M. E. (2014). Exploring "the world outside and the pictures in our heads": A network agenda-setting study. *Journalism & Mass Communication Quarterly*, 91(4), 669-686.

议程设置的效果也将是单个议题显著性的线性变化，公众对该议题显著性的判断并不会受到其他相关议题的影响或干扰。在线性认知模式下，传统议程设置理论关注的重点是新闻媒体等主体设置的单个议题的显著性能否成功被公众接受和认同。

"教堂山镇研究"（Chapel Hill，又称查普希尔研究）是议程设置理论的最早起源。1968 年，美国总统大选前夕，美国北卡罗来纳大学的传播学者马克斯韦尔·麦库姆斯（Maxwell McCombs）和唐纳德·肖（Donald Shaw）在教堂山镇开展了一项民意调查，研究发现选民对选举议题的关注程度与这些议题在新闻报道中的显著性程度高度相关，即新闻媒体越频繁地报道某个议题，选民对其重要性的认可度相应越高。① 1972 年，基于教堂山镇研究，麦库姆斯和肖在《大众媒体的议程设置功能》（"The Agenda-Setting Function of Mass Media"）一文中正式提出了议程设置理论，指出新闻媒体可以通过凸显某些议题的显著性来引导公众认同这些议题的重要性。② 而公众一旦认同了某些议题的重要性后，就会将选票投给负责解决这些议题的选举人，这便是传统议程设置效果在西方社会的现实意义所在。

自提出至今的五十余年间，议程设置理论在政治选举、公共政策、民意调查等领域得到广泛应用。例如，基于早期的教堂山镇研究，有学者以西班牙的政治选举为研究对象，发现某个议题在大众传媒中出现的频率越高，该议题就越有可能成为公众认为需要优先解决的议题。③ 再有，在 2002 年美国佛罗里达州州长选举期间，

①　McCombs, M. E., & Shaw, D. L. (1972). The agenda-setting function of mass media. *Public Opinion Quarterly*, 36(2), 176-187.

②　McCombs, M. E., & Shaw, D. L. (1972). The agenda-setting function of mass media. *Public Opinion Quarterly*, 36(2), 176-187.

③　López-Escobar, E., Llamas, J. P., & McCombs, M. (1998). Agenda setting and community consensus: First and second level effects. *International Journal of Public Opinion Research*, 10(4), 335-348.

候选人的媒体曝光度与公众对该候选人的关注程度呈正相关。[①]另外，针对海湾危机的一项民意调查显示，网络新闻的大量报道提高了危机议题的显著性，美国民众因此将解决海湾危机视为最重要的国家议程。[②] 上述研究均验证了议程设置的线性效果，即新闻媒体设置的显著议题能够被公众接受和认同。近年来，随着数字技术的迅猛发展与广泛普及，学者们检验了网络媒介环境中议程设置理论的有效性。譬如，在意大利的政治争论背景下，推特和新闻网站上流传着大量有关政党资金改革和财政紧缩的议题，公众频繁使用网络媒介接触这些内容后，认为这两项议题是极为重要的。[③] 再者，在脸书平台上也存在类似情况，对于那些长期订阅主流媒体脸书账号的用户而言，他们认为重要的议题往往与账号高频推送的议题高度一致。[④] 可见，传统议程设置理论在当今的数字媒介条件下仍然具有较强的适用性。

概言之，传统议程设置理论揭示了单个议题的显著性可以从新闻报道或网络媒介呈现转移到公众认知：媒介通过提高议题可见度设置了一个显著的议题，公众接触该议题后，认为它是重要的。传统议程设置理论解释的是媒介决定公众"想什么"，并且，媒介还能影响公众"怎么想"，即议程设置的第二个层次。

议程设置理论的第二层次称为"属性议程设置"（attribute agenda setting）。该理论指出，媒体会采取特定的框架来凸显某个

① Kiousis, S., Mitrook, M., Wu, X., & Seltzer, T. (2006). First-and second-level agenda-building and agenda-setting effects: Exploring the linkages among candidate news releases, media coverage, and public opinion during the 2002 Florida gubernatorial election. *Journal of Public Relations Research*, 18(3), 265-285.

② Iyengar, S., & Simon, A. (1993). News coverage of the Gulf Crisis and public opinion: A study of agenda-setting, priming, and framing. *Communication Research*, 20(3), 365-383.

③ Ceron, A., Curini, L., & Iacus, S. M. (2016). First- and second-level agenda setting in the Twittersphere: An application to the Italian political debate. *Journal of Information Technology & Politics*, 13(2), 159-174.

④ Feezell, J. T. (2018). Agenda setting through social media: The importance of incidental news exposure and social filtering in the digital era. *Political Research Quarterly*, 71(2), 482-494.

议题的某些属性,使其成为议题的关键属性并将之传达给公众,从而引导公众从特定的角度来认知议题并形成相关态度。[①] 如果说传统议程设置理论关注的是议题本身的显著性转移,那么属性议程设置理论关注的则是议题属性的显著性转移。在思维上,与传统议程设置理论一样,属性议程设置理论也基于线性认知模式:媒体逐一凸显某个议题的多重属性,公众逐个接触这些显著的属性,在认同了某种属性的重要性后形成与之相关的判断。

　　属性议程设置理论在多个领域得到了验证。比如,电视媒体若采取不同的框架报道社会议题,那么公众对该议题的价值判断也会有所不同,而且公众的判断取向与电视媒体采取的框架是一致的。[②] 在 1995 年西班牙市政选举期间,报纸和电视等大众传媒经常提到候选人的某些特质,选民相应地更关注候选人的这些特质并发表更多相关观点,从而对候选人产生更强的认同感。[③] 再有,针对商业开发选址之类的争议性事件,媒体报道越突出事件的争议性特征和潜在负面后果,公众就越关注这些方面,最终形成反对开发商的公众舆论。[④] 此外,媒体对犯罪和经济等社会议题的报道角度能够有效引导公众从这些角度认识问题并形成相应的态度,譬如,针对 2007 年美国弗吉尼亚理工大学枪击事件,媒体报道特别强调罪犯的种族属性,不仅在事件发生之初频繁强调其种族特征,还暗示这一特征与犯罪倾向有关,由此引导公众从种族角度

---

① McCombs, M. , Llamas, J. P. , López-Escobar, E. , & Rey, F. (1997). Candidate images in Spanish elections: Second-level agenda-setting effects. *Journalism & Mass Communication Quarterly*, 74(4), 703-717.

② Iyengar, S. , & Kinder, D. R. (1987). *News that matters: Television and American opinion*. Chicago: University of Chicago Press.

③ McCombs, M. , Llamas, J. P. , López-Escobar, E. , & Rey, F. (1997). Candidate images in Spanish elections: Second-level agenda-setting effects. *Journalism & Mass Communication Quarterly*, 74(4), 703-717.

④ Kim, S. H. , Scheufele, D. A. , & Shanahan, J. (2002). Think about it this way: Attribute agenda-setting function of the press and the public's evaluation of a local issue. *Journalism & Mass Communication Quarterly*, 79(1), 7-25.

理解枪击案件,并带来不必要的种族纠纷。① 就经济议题而言,报刊和广播如果强调经济的负面效应,公众频繁接触这些新闻后就会明显降低对经济发展的期望。②

可见,媒介不仅能够设置议程、决定公众想什么,还能设置议程的属性,影响公众对相关议题的思考方式和价值判断。换言之,在传统议程设置理论基础之上,属性议程设置理论进一步揭示了议题属性的显著性可以从新闻报道或媒介呈现转移到公众认知:媒介强调议题的某些属性,公众接触相关内容后,会特别关注这些属性,并将其作为认识议题的视角。除了决定公众"想什么"和"怎么想",媒介还能影响公众"如何联想",即议程设置的第三个层次。

议程设置理论的第三层次称为"网络议程设置"(network agenda setting)。与传统议程设置理论或属性议程设置理论不同,网络议程设置理论认为个体不只遵循线性的认知模式,更多时候采取关联式、网络般的认知模式。③ 譬如,面对一起社会事件,人们的脑海中常常会有一张认知网络,其中包括对多个相关议题及其属性的认知。因此,网络议程设置理论的核心观点是:媒介同时呈现多个相互关联的议题并强调它们的属性,公众接触了这些议题网络后,会联想其中的数个议题及其属性,从而对事件形成较为全面的认知判断。④ 质言之,超越线性思维,网络议程设置理论关注的不再是单个议题,而是复杂的、整体的议题网络的显著性转移。

① Park, S. Y., Holody, K. J., & Zhang, X. (2012). Race in media coverage of school shootings: A parallel application of framing theory and attribute agenda setting. *Journalism & Mass Communication Quarterly*, 89(3), 475-494.

② Hester, J. B., & Gibson, R. (2003). The economy and second-level agenda setting: A time-series analysis of economic news and public opinion about the economy. *Journalism & Mass Communication Quarterly*, 80(1), 73-90.

③ Vu, H. T., Guo, L., & McCombs, M. E. (2014). Exploring "the world outside and the pictures in our heads": A network agenda-setting study. *Journalism & Mass Communication Quarterly*, 91(4), 669-686.

④ Guo, L. (2015). A theoretical explication of the network agenda setting model: Current status and future directions. In L. Guo, & M. E. McCombs(Eds.), *The power of information networks: New directions for agenda setting* (pp. 21-36). New York: Routledge.

　　一系列研究验证了网络议程设置理论的有效性。以 2002 年美国得克萨斯州州长和国会参议院选举为例,研究者发现新闻媒体中有关候选人性格特质的议题网络与公众的认知网络高度相符:媒体经常同时使用"领导力""经验""可靠性"等关键词来凸显候选人的性格特质,建构有关候选人的议题网络;民意调查则显示,公众接触这些报道内容后,往往认为候选人是有领导力的、富有经验的和可靠的。[1] 随着数字媒介技术的快速发展与广泛普及,各类新闻媒体可以直接在社交媒体平台上设置议题网络,而公众也能对此表明自己的态度并发表观点,海量的社交媒体数据成为网络议程设置分析的资料来源。针对 2012 年美国总统大选,多项研究采用计算科学的方法分析了社交媒体大数据,再次验证了网络议程设置效果。比如,新闻媒体为支持某一候选人设置的议题网络与该候选人支持者所认知的议题网络十分相符。[2]社交媒体用户持续接触平台上新闻媒体设置的议题网络,就容易产生与该议题网络相近的认知。[3]

　　上述研究表明,网络议程设置效果主要表现为议题网络的显著性转移:媒介呈现诸多相互关联的议题群落,可以构建一个又一个议题网络,公众接触媒介呈现的议题网络后,形成相应的认知网络。其中,单个议题及其属性是议题网络的构成单元。因此,不妨将网络议程设置理论视为传统议程设置理论和属性议程设置理论的综合与拓展。

　　综上所述,议程设置理论的三个层次从不同角度阐明了议题显著性会从媒介呈现向公众认知转移。传统议程设置理论揭示了

---

　　① Guo, L. & McCombs, M. E. (2015). *The power of information networks: New directions for agenda setting*. New York: Routledge.

　　② Vargo, C. J., Guo, L., McCombs, M., & Shaw, D. L. (2014). Network issue agendas on Twitter during the 2012 U. S. presidential election. *Journal of Communication*, 64(2), 296-316.

　　③ Guo, L., & Vargo, C. (2015). The power of message networks: A big-data analysis of the network agenda setting model and issue ownership. *Mass Communication and Society*, 18(5), 557-576.

媒介通过提高一个议题的显著性,促使公众认同该议题的重要性,即议题本身的显著性转移。属性议程设置理论提出媒介可以凸显议题的某些属性,进而引起公众对这些属性的关注,即议题属性的显著性转移。网络议程设置理论则认为,如今媒介同时能够呈现多个相互关联的议题并构建形成一个议题网络,由此塑造公众特定的认知网络,即整个议题网络的显著性向公众认知发生转移。总结而言,作为一个颇有解释力的传播效果理论,议程设置理论提供了"信息刺激—认知反应"的基本框架,能够检验媒介呈现的议题内容对公众认知判断的直接影响。鉴于本书考察移动传播中风险议题显著性演化现象,其背后离不开主体传播行为对议题显著性的影响,因此除了关注媒介呈现的议题及其特征之外,还得考虑主体传播行为对议题传播效果的影响。所以,后文将继续分析议程设置理论对于揭示风险议题显著性演化机理的具体启示,同时指出其局限性。

1.2.3　两个理论对议题显著性演化的启示与互补

议题生命周期理论和议程设置理论对于理解议题显著性演化具有重要启示,前者描述了议题显著性如何随事态发展而演化,后者解释了主体传播行为如何提升议题显著性。下文将具体阐释两个理论的启示,并探讨它们如何通过互补整合以更好地揭示议题显著性演化的一般机理。

"生命周期"既指一个有机体从产生到蜕变直至最终消亡的单一过程,也指该有机体及其衍生体接续变化的复合过程。无论是单个还是多个过程,都蕴含着"演化"的意思。若将议题比喻为有机体,其生命周期同样呈现了一个议题从产生到显著直至消退的单个周期,以及衍生议题呈现的多个周期。如此,议题生命周期理论直观形象地描述了原初议题及其衍生议题的显著性起伏升降。从单个议题来看,三阶段模型提出议题生命周期可分为"潜伏""爆发""消退"三个阶段,议题显著性水平相应地呈现"先升后降"的演化特点。在三阶段模型基础之上,四阶段模型将单个议题的生命周期进一步划分为"潜伏""爆发""蔓延""消退"四个阶段,议题显著性水平呈现出"先上升，再持平，后下降"的演化特点。通过整合并拓展三阶段与四阶段模型，五阶段模型提出了议题生命周期将经历五个阶段，即"潜伏""爆发""蔓延""反复""消退"；与之对应，议题显著性水平表现为"先上升，再小范围波动，后下降"的演化趋势。值得注意的是，"反复"阶段的出现意味着原初议题将衍生出新的子议题。所以，与描述单个议题生命周期的三阶段或四阶段模型不同，五阶段模型意味着两个甚至多个子议题的显著性演化。

可见，无论把议题生命周期划分为几个阶段，议题显著性水平都会随着事件发展而发生变化。而且，三阶段模型呈现的"先升后降"、四阶段模型呈现的"先上升，再持平，后下降"以及五阶段模型呈现的"先上升，再小范围波动，后下降"的演化特点，都表明议题从产生到显著直至消退是其显著性演化的基本流程，只不过每个模型下议题显著性维持在高水平的时间有所不同：三阶段模型下议题显著性水平只能在某个时刻达到峰值，四阶段模型下议题显著性能在一段时间内维持峰值水平，但五阶段模型下议题显著性水平演化出现了多次反复，即呈现多个峰值。

总体上，议题生命周期理论的三个模型为考察议题显著性演化提供了两种视角。三阶段模型和四阶段模型从微观视角展示了单个议题在一个生命周期内会经历从产生到显著再到消退的基本流程。这一过程在坐标系中可图示为一个倒 U 形曲线，其中，纵轴表示议题显著性水平，横轴表示不同的演化阶段。但是，五阶段模型描述的则是一系列相互关联的子议题连续演化的多个生命周期，其"反复"阶段的出现意味着议题显著性水平会出现两次或多次峰值。通常而言，单个议题的显著性变化在一个生命周期内出现一次峰值，而多次峰值则意味着该议题衍生出多个相关子议题，使其显著性演化经历多个生命周期。因此，五阶段模型启发研究者转变视域，从微观视角到宏观视角，从单个议题到议题系统，进而考察议题系统中多个子议题生命周期的持续演化及其累积效应。这一演化过程在上述坐标系中可表现为由多个倒 U 形曲线构成的周期性振荡图形。

与描述议题显著性如何演化的议题生命周期理论不同，议程设置理论侧重于解释导致议题显著性提升的主体原因。具体来看，议程设置理论的三个层次分别从不同角度说明了主体的传播行为如何增强议题显著性。

首先，议程设置理论的第一层次即传统议程设置表明，以新闻媒体为主的设置者主要通过大量报道某个议题来提高其显著性，从而将该议题上升为一个公众普遍认可的亟待解决的议程。这里，主体传播行为之实质在于提高议题曝光度和信息量，即新闻媒体大量生产并广泛传播议题内容，当议题高度可见了，它随之成为公众认可的重要议题。这符合议题显著性的双重内涵：一段时期内，高度可见的议题往往也是重要的议题，即议题可见度和重要性是重合的。譬如，针对政治选举和公共政策推广，新闻媒体若持续大量地报道某位候选人或某项公共政策，公众就会给予其充分关注并认可其重要性。①②

其次，根据议程设置理论的第二层次即属性议程设置，不难发现新闻媒体等设置者主要通过"以点带面"的方式增强议题显著性。所谓"点"，即新闻媒体采取特定的框架报道某个议题并凸显该议题的某种属性，而"面"指的是议题因为某些被强调的属性而得到广泛传播。例如，化工企业的选址问题经常引发企业发展和当地环境保护孰先孰后的争议，新闻媒体若采用冲突框架并刻意强调其中的争议性，那么议题就会得到社会各界的广泛关注并引发热议，其显著性就提高了。③ 再有，西方国家市政选举期间，报纸和电视等大众传媒经常提到候选人的某些特质，在传媒影响下，选

---

①　López-Escobar, E., Llamas, J. P., & McCombs, M. (1998). Agenda setting and community consensus: First and second level effects. *International Journal of Public Opinion Research*, 10(4), 335-348.

②　Kiousis, S., Mitrook, M., Wu, X., & Seltzer, T. (2006). First- and second-level agenda-building and agenda-setting effects: Exploring the linkages among candidate news releases, media coverage, and public opinion during the 2002 Florida gubernatorial election. *Journal of Public Relations Research*, 18(3), 265-285.

③　Kim, S. H., Scheufele, D. A., & Shanahan, J. (2002). Think about it this way: Attribute agenda-setting function of the press and the public's evaluation of a local issue. *Journalism & Mass Communication Quarterly*, 79(1), 7-25.

民会对候选人的这些特质更加关注,并发表大量观点,从而提升选举议题的显著性。①

最后,作为传统议程设置和属性议程设置的综合与拓展,网络议程设置理论启发我们用系统思维来理解多元主体的传播行为如何提升议题显著性。在系统思维下,一个议题网络亦可视为一个议题系统,它由多个相互关联的子议题构成。一起系统性风险事件往往会衍生出一个议题系统,它由诸多相互关联的子议题构成。譬如,全球变暖这一系统性风险事件直接产生全球变暖这一议题系统,从中又会衍生一系列相互关联的子议题,比如极端天气、环境保护、碳达峰和碳中和、国际政治、利益博弈等。子议题是构成议题系统的基本单位,与之相关,每个子议题的显著性是议题系统显著性的基础。在微观层面,某个子议题因为某种内容属性而得到广泛传播,由此获得显著性。在宏观层面,当多个相互关联的子议题显著性汇聚累积之后,便会产生强大的总效应,从而提升议题系统的显著性。值得注意的是,议题系统的建构与传播通常涉及多元主体,如新闻媒体、政府机构、企业、专家、意见领袖、普通公众等。在移动平台上,多元主体共享"用户"这一身份。用户会使用特定的框架生产帖子,而这些框架中符合平台算法模式的比例将在一定程度上决定算法推荐力度,由此影响议题显著性水平。

显然,议题生命周期理论和议程设置理论对于考察风险议题显著性演化具有重要启示,但将两者分离就会存在一定局限性。相反,把两个理论互补整合起来,会有更完整的解释。一方面,议题生命周期理论描述了议题显著性水平在一个生命周期以及多个生命周期里如何演化,却并未解释议题显著性水平为何变化。对此,议程设置理论提供了一个解释视角,即从主体传播行为的"量"(传播频次)与"质"(内容框架)入手,解释了增强议题显著性的主

---

① McCombs, M., Llamas, J. P., López-Escobar, E., & Rey, F. (1997). Candidate images in Spanish elections: Second-level agenda-setting effects. *Journalism & Mass Communication Quarterly*, 74(4), 703-717.

体原因。另一方面,尽管议程设置理论的三个层次从不同角度阐释了主体传播行为如何提升议题显著性水平,但缺乏历时态的动态演化视角。对此,议题生命周期理论正好补其短板,启发研究者不仅要考察导致议题显著性水平上升的主体原因,而且要分析导致议题显著性水平下降的主体原因,通过综合"一升一降"的研究发现,从动态视角揭示一个生命周期内主体传播行为如何影响议题显著性水平。除了两个理论的互补整合,还得考虑时代更新。在当今移动传播时代,传统的议题生命周期理论和议程设置理论都没有考虑到移动媒介对议题显著性演化的重大影响。有鉴于此,下一节内容将引入媒介化理论,解析媒介化视角下移动媒介的双重含义,在此基础上提出解释风险议题显著性演化的两种逻辑。

1.3　媒介化视角下风险议题显著性演化的两种逻辑

1.3.1　媒介化理论概述

如今,智能手机的各类 APP 已成为人们日常生活中不可或缺的部分。以下场景习以为常:清晨,手机的闹铃 APP 将你唤醒;吃早餐时,你会打开新闻资讯类 APP 浏览每日新闻;出门之前,或使用网约车 APP 叫车,或扫码开锁共享单车,或扫码乘坐地铁和公交车;通勤途中,音频类 APP 将为行程增添一份音乐美感;到单位后,你会使用微信、钉钉、腾讯会议等 APP 进行业务沟通和信息交流;午餐时,你会点开美团、饿了么等外卖 APP 点一份快餐;傍晚下班,用电商平台 APP 在线选购晚餐食材,并确保回家前已送达;晚餐后,视频类和游戏类 APP 将成为你休闲娱乐的好工具。显然,上述情景如今成为"手机人"的生活常态。可见,以智能手机 APP 为标识的移动媒介已浸润个体日常生活的每一时刻,不仅成为人们学习、工作、娱乐的好帮手,而且潜移默化地影响着人们的思考方式和行为模式。一些学者用"日常媒介"(mundane media)①、"无所不包的媒介"(all-embracing media)②、"媒介入侵式的无所不在性"(media's intrusive ubiquity)③等词语来刻画移动媒介对社会生活的深远影响。在过去十多年里,传播学界围绕着媒介重塑个体感知方式和社会实践模式展开了热烈探讨,于是"媒介化"理论顺势而生。

在国际学界,"媒介化"有两种表述:一是"mediation",早先英语国家或地区的学者主要采用该词;二是"mediatization",它源自德语和斯堪的纳维亚语语系,欧陆学者大多使用这一表述。为了避免概念分歧,如今国内外学界已达成基本共识:"媒介化"指"mediatization"。④ 不过,从"mediation"到"mediatization",这两个词语的含义变化值得关注。

"mediation"有广义和狭义之分。在广义上,作为一个日常用语,"mediation"常指人类事务中的连接、居间、协商、谈判或解决争端。⑤例如,在商业领域,若不同企业之间发生利益纠纷,就需要进行"商业纠纷调解(mediation of disputes)。在法律领域,"民事调解"(civil mediation)是解决不同个体间冲突的常见手段。然而,无论是哪个领域或哪种形式的调解,都指向同一个目标:为了缓解不同主体之间的矛盾冲突,促使这些主体通过调解过程而彼此连接并相互理解。质言之,"调解"(mediation)成为关联不同主体的一种

---

① Richardson, I., Hjorth, L., & Piera-Jiménez, J. (2022). The emergent potential of mundane media: Playing Pokémon GO in Badalona, Spain. *New Media & Society*, *24*(3), 667-683.

② Lundby, K. (2009). Introduction: "Mediatization" as key. In K. Lundby (Ed.), *Mediatization: Concept, changes, consequences*(pp. 1-20). New York: Peter Lang.

③ Livingstone, S. (2009). On the mediation of everything: ICA presidential address 2008. *Journal of Communication*, *59*(1), 1-18.

④ 库尔德利 & 赫普.(2023).*现实的中介化建构*. 刘泱育,译. 上海:复旦大学出版社,第45页。

⑤ Livingstone, S. (2009). On the mediation of everything: ICA presidential address 2008. *Journal of Communication*, *59*(1), 4.

中介机制。由此，"mediation"作为一个学术用语泛指"中介化"，它包含了一切人类互动被中介的方式，如货币、机器、语言等。① 货币中介了人们的交易活动，机器中介了工人生产制作商品这一过程，语言则中介了人际交往。

在狭义上，"mediation"作为一个传播学概念，专指被媒介"中介化"(mediated)的人类互动和传播活动。② 具体而论，被媒介中介化的机制主要有三种：其一，文化研究学者将符号的"再现"(representation)视为一种中介机制，即各种媒体机构根据行业规则并采用不同格式生产和传递文本；其二，政经批判学者把支配媒介产业运营的政治经济逻辑视为社会生活的一种中介机制；其三，媒介理论学者将媒介技术特征以及在此基础上形成的信息组合与传递形式视为一种中介机制。③ 在这三种中介机制中，媒介理论学者所持的观点在技术视角下更加符合当今社会"媒介化"的特征与发展趋势。

可见，狭义的"中介化"，即被媒介中介化的人类互动与交往实践正是"媒介化"。而且，在英文语境里，"mediation"除了原初的"协商""谈判""调解"等一般意思之外，也可等同为"媒介化"，因为"mediation"是"media"(媒介)的派生词，从词源上看与"媒介"有很强的亲缘性；由此，学者们可以顺理成章地使用"mediation"来凸显媒介连接不同元素或主体的"居间"本质，强调媒介改变每一主体的认知与行为以及多元主体间的互动方式。④ 这也是不少英语学者采用"mediation"来指代"媒介化"的理由所在。然而，在其他语言中，尤其是欧陆语系中，与"mediation"相对应的词语只有"连接"

---

① 王琛元.(2018).欧洲传播研究的"媒介化"转向：概念、路径与启示. *新闻与传播研究*(05)，5-26＋126.

② 王琛元.(2018).欧洲传播研究的"媒介化"转向：概念、路径与启示. *新闻与传播研究*(05)，5-26＋126.

③ 潘忠党.(2014)."玩转我的 iPhone，搞掂我的世界！"——探讨新传媒技术应用中的"中介化"和"驯化". *苏州大学学报(哲学社会科学版)*(04)，153-162.

④ Livingstone, S.(2009). On the mediation of everything: ICA presidential address 2008. *Journal of Communication*，59(1)，3.

"调解""协商"等一般含义,并不涉及"媒介"及其引申内涵。① 语言上的差异会导致概念上的偏差。对此,学界认为需要统一术语来界定"媒介化"的内涵。

英语学界热烈探讨着"mediation"含义的同时,欧陆学界,尤其是采用德语和斯堪的纳维亚语语系的国家和地区,流行用另一个术语"mediatization"来指称"媒介化"。"mediatization"指的是媒介技术和媒介组织正史无前例地塑造着人们的日常生活实践和社会关系的一个"元过程"(meta process);之所以把"mediatization"称为元过程,是因为媒介技术和媒介组织能够重塑人们的感知方式并重构社会关系,并且"媒介化"(mediatization)与"全球化"(globalization)、"个体化"(individualization)、"商业化"(commercialization)共同构成现代性的四种基本力量。② 也有学者将"媒介化"(mediatization)视为晚期现代性的一种核心特征:媒介如同病毒一般扩散开来,其影响范围之广泛和后果之深远是任何其他力量无法比拟的。③

综上,"mediation"有广义和狭义之分,广义上指"协商""谈判""调解"等过程,狭义上指的是被媒介中介的人类互动与实践。对比之下,"mediatization"则是一个意义内涵更加聚焦的词,专指媒介对个体生活和社会关系的重塑过程。显然,从狭义的"mediation"到特指的"mediatization",传播学研究更聚焦于当今媒介对人与社会的重大影响。因此,当前新闻与传播学界已达成基本共识:所谓的"中介化"(mediation)是狭义的,专指被媒介中介的传播活动和沟通过程;而"媒介化"(mediatization)则是各个层面互

---

① Livingstone, S. (2009). On the mediation of everything: ICA presidential address 2008. *Journal of Communication*, 59(1), 3.

② Livingstone, S. (2009). Foreword: Coming to terms with "mediatization". In K. Lundby(Ed.), *Mediatization: Concept, changes, consequences* (pp. ix-xii). New York: Peter Lang.

③ Lash, S. (2007). Intensive media: Modernity and algorithm. In M. Shamiyeh (Ed.), *Organizing for change: Integrating architectural thinking in other fields* (pp. 70-83). Switzerland: Birkhäuser.

动的中介化汇聚之后产生的宏观效应,描述了社会转型和变革的元过程。① 一旦社会生活的一切都被中介化后,人类就进入了"深度媒介化"(deep mediatization)阶段。②

　　21 世纪初,"媒介化"理论开始显现。③ 作为一个相对新近的理论,"媒介化"源自传播学研究的两大学派。④ 其一,以哈罗德·伊尼斯(Harold Innis)、马歇尔·麦克卢汉(Marshall McLuhan)和约书亚·梅罗维茨(Joshua Meyrowitz)等学者为代表的"媒介理论"(medium theory)学派,该学派强调,媒介研究不能仅仅停留在内容层面,还应拓展至物质性层面,媒介的不同物质性偏向将对传播过程及其社会效应产生深远影响。例如,在西方历史上,厚重的羊皮纸易于保存,是一种偏向时间、持久性的物质媒介,其广泛运用有利于宗教文明的传承和帝国的持久稳定;而轻薄的莎草纸则是一种偏向空间、扩张式的物质媒介,这种媒介可以帮助帝国进行远距离管理与版图扩张。⑤ 其二,以戴维·阿什德(David Altheide)和罗伯特·斯诺(Robert Snow)等学者为代表的"传播生态学"(ecology of communication)学派,这一学派凸显了媒介的"格式化"(format)力量,即媒介按照其自身的逻辑塑造社会关系和社会结构。⑥ 这两大学派为"媒介化"理论发展提供了重要启示:传播研究者应跳出狭隘的媒介效果论,不能只将媒介视为一种传播渠道及其承载的内容,而是要从内容、物质和界面等不同层面理解

① 库尔德利 & 赫普. (2023). *现实的中介化建构*. 刘泱育,译. 上海:复旦大学出版社,第 45 页.

② 库尔德利 & 赫普. (2023). *现实的中介化建构*. 刘泱育,译. 上海:复旦大学出版社,第 264 页.

③ Livingstone, S. (2009). Foreword:Coming to terms with "mediatization". In K. Lundby(Ed.), *Mediatization:Concept, changes, consequences*(pp. ix-xii). New York:Peter Lang.

④ Couldry, N., & Hepp, A. (2013). Conceptualizing mediatization:Contexts, traditions, arguments. *Communication Theory*, 23(3), 191-202.

⑤ 伊尼斯. (2003). *传播的偏向*. 何道宽,译. 北京:中国人民大学出版社,第 28 页.

⑥ Couldry, N., & Hepp, A. (2013). Conceptualizing mediatization:Contexts, traditions, arguments. *Communication Theory*, 23(3), 191-202.

媒介、把握媒介[1]，形成对媒介全面的系统性认知；此外，媒介并不是独立于日常生活和社会实践的，而是内嵌其中，以其自身逻辑重塑个体的感知方式和社会的实践模式。

目前，"媒介化"理论主要包括两大传统，即制度主义（institutionalist）传统和社会建构主义（social-constructivist）传统，两者简单介绍如下。

制度主义传统多见于新闻学研究和政治传播研究，以夏瓦（Hjarvard）等学者为代表；在某种程度上，该传统把媒介视为一类独立的"社会机构"（social institution），有其自身运行的一套独立规则。[2][3] 在制度主义传统下，"媒介化"指的是特定社会领域或系统（如政治机构、宗教团体）不断适应媒介规则的过程。[4] 换言之，制度主义传统下的媒介化理论重在探究媒介制度与其他社会制度的关联，其中，媒介制度的核心是"媒介逻辑"，包括专业主义和商业主义。[5] 然而，制度主义传统存在一些局限性，它过度强调了媒介制度对其他社会机构产生的线性影响，忽视了以非制度形式存在的媒介，尤其是以技术形态存在的数字媒介对人的深远影响[6]，这在当今数字社会显得特别重要。

社会建构主义传统源自"现象学社会学"（phenomenological sociology），该传统强调媒介在社会文化现实的"传播建构"

---

① 胡翼青 & 姚文苑.（2022）.重新理解媒介：论界面、内容、物质的三位一体. 新闻与写作（08），5-16.

② Hjarvard, S.（2008）. The mediatization of society. A theory of the media as agents of social and cultural change. *Nordicom Review*, *29*(2)，105-134.

③ Hjarvard, S.（2013）. *The mediatization of culture and society*. London：Routledge, p.17.

④ Couldry, N., & Hepp, A.（2013）. Conceptualizing mediatization：Contexts, traditions, arguments. *Communication Theory*, *23*(3)，191-202.

⑤ 王琛元.（2018）.欧洲传播研究的"媒介化"转向：概念、路径与启示. 新闻与传播研究（05），5-26＋126.

⑥ 王琛元.（2018）.欧洲传播研究的"媒介化"转向：概念、路径与启示. 新闻与传播研究（05），5-26＋126.

（communicative construction）中扮演关键角色。① 因此，社会建构主义传统下的"媒介化"理论重点关注媒介，包括媒介组织和媒介技术，如何参与社会文化现实的传播建构。代表学者有弗里德里希·克勒茨（Friedrich Krotz）、安德烈亚斯·赫普（Andreas Hepp）、尼克·库尔德利（Nick Couldry）等。② 总体上，该传统提出，媒介对人类传播具有"塑造性的作用"（the moulding force of media），这一过程通过两个环节来实现：第一，基于行动者网络理论，将媒介视为"行动者"（actant），媒介不仅表征社会，而且参与社会建构；第二，根据社会建构主义，经由媒介所中介化的人类互动被惯习化（habitualized）和典型化后，就会成为社会现实的一部分。③

　　本书延续社会建构主义传统来理解"媒介化"。"媒介"的本意是"居间"④，它不只是一种独立的社会制度，还能连接各类行动者，在互动中促使多元行动者之间以及媒介与行动者之间互相转变。制度主义传统下的媒介研究经常采用以下标题：《大众传播与社会》（Mass Communication and Society）、《大众传媒与公共健康》（Mass Communication and Public Health）、《电视与儿童》（Television and the Child）、《电视与公共空间》（Television and the Public Sphere）等。⑤ 显然，标题中的"与"（and）反映了一种基本假设，即媒介是独立于社会、公共健康、儿童和公共空间等的一种社会制度。随着媒介不断深入日常生活的每个角落和社会生产的各个领域，媒介研究的思路发生了重大转变：媒介不仅是诸多社会制度中的一种，还潜移默化、渗透性地中介着人们生活的方方面面，

---

① Berger, P. L., & Luckmann, T. (1967). *The social construction of reality: A treatise in the sociology of knowledge*. New York: Anchor.

② Couldry, N., & Hepp, A. (2013). Conceptualizing mediatization: Contexts, traditions, arguments. *Communication Theory*, 23(3), 191-202.

③ 王琛元. (2018). 欧洲传播研究的"媒介化"转向：概念、路径与启示. *新闻与传播研究*（05）, 5-26＋126.

④ 黄旦. (2022). 延伸：麦克卢汉的"身体"——重新理解媒介. *新闻记者*（02）, 3-13.

⑤ Livingstone, S. (2009). On the mediation of everything: ICA presidential address 2008. *Journal of Communication*, 59(1), 1-18.

这一过程正在转化和重构其他重要的社会制度。因此，相关研究著作的标题有《中介化的政治》(*Mediated Politics*)、《权力的中介化》(*The Mediation of Power*)、《中介家庭》(*Mediating the Family*)、《中介文化》(*Mediating Culture*)等。① 这些研究意味着媒介不仅居间，而且在连接不同主体的过程中兼收并蓄其他制度的力量，重塑着政治、商业、家庭、教育等社会制度。② 或者说，媒介成为建构社会现实的一种重要力量。因此，社会建构主义比制度主义更适合理解当今社会的媒介化过程。基于社会建构主义传统下的媒介化理论，后文将介绍移动媒介的双重含义。

1.3.2　媒介化视角下移动媒介的双重含义

本书主要遵循社会建构主义传统来理解"媒介化"以及"媒介"的双重内涵。社会建构主义传统下的媒介化理论主要受到唯物主义现象学的深刻影响。③ 如此影响下的社会建构研究主要包括以下两大方面。

其一，文化唯物主义路径下的社会生活分析。英国学者雷蒙·威廉斯(Raymond Williams)提出了"文化唯物主义"(cultural materialism)，提倡将文化作为一种生活方式进行分析时，既要包含日常实践的物质层面，也要包括其符号层面。④ 但是，符号层面作为交往媒介更具有文化的内蕴。例如，图腾文化是人类历史上最古老的一种文化，也是远古时期一种重要的社会生活方式。在物质层面，图腾柱是展现图腾文化的主要介质。在符号层面，象征某个原始部落的图腾标志(如某种动物、植物、祖先或保护神)发挥

---

① Livingstone, S. (2009). On the mediation of everything: ICA presidential address 2008. *Journal of Communication*, 59(1), 1-18.

② Livingstone, S. (2009). Foreword: Coming to terms with "mediatization". In K. Lundby (Ed.), *Mediatization: Concept, changes, consequences* (pp. ix-xii). New York: Peter Lang.

③ 库尔德利 & 赫普. (2023). *现实的中介化建构*. 刘泱育, 译. 上海: 复旦大学出版社, 第6—7页.

④ 王庆卫. (2018). 文化唯物主义、共同文化与情感结构——论雷蒙·威廉斯"三条进路"对马克思主义文化观的继承与发展. *中山大学学报(社会科学版)*(02), 12-19.

了增强部落凝聚力、区别部落身份的功能。又如,"弹幕文化"是眼下流行的一种青年文化,年轻人习惯通过弹幕来表达他们对网络视频的观点,这种即时性、参与性的文化实践成为当代年轻人娱乐生活的重要组成部分。弹幕文化的物质基础由不同类型的数字技术构成,如作为基础设施的移动互联网、作为终端设备的智能手机和平板电脑、作为界面的各类应用程序。在符号层面,弹幕文化反映了当代年轻人的"群体性孤独"[①]:通过发弹幕,大家似乎同属于一个线上共同体,但彼此的弹幕之间并没有深度关联,更多的只是一些碎片化的情绪表达,大家实际上仍然生活于各自的"气泡"中,从而陷入了更深的孤独。

其二,现象学路径下的社会交往分析。这里的"现象学"是指"现象学社会学"(phenomenological sociology),它着眼于相互依存的社会行动者,通过解释特定境遇中不同行动者之间的关系来理解世界。[②] 进一步讲,如果"我"与某个人之间没有关联,那么"我"无法明白对方的想法与行为;若要理解对方的所思所想所做,"我"必须与对方建立关系,形成"主体间性"(inter-subjectivity),在互动沟通中了解对方。[③] 比如,面对擦肩而过的陌生人,你无法理解其想法和行为,因为你和陌生人之间并未建立关系。不同的是,你往往能够很快理解同事的观点和决策,因为彼此之间已建立了工作关系,形成了相互尊重的主体间性。

值得注意的是,文化唯物主义强调的文化生活的符号层面与现象学路径下的社会交往共同构成了意义生产过程。不同行动者之间的沟通以符号为载体,每一行动者在交往过程中会惯用其所属文化群体的符号,通过持续的互动交流,异质文化符号不断碰撞,由此产生新的意义,催生新的文化。比如,跨界营销就是一种

[①]　曾一果. (2021). 弹幕背后青年群体的情感需要与价值诉求. 人民论坛(10), 34-37.

[②]　库尔德利 & 赫普. (2023). *现实的中介化建构*. 刘泱育,译. 上海:复旦大学出版社,第 7 页.

[③]　孙飞宇. (2013). 方法论与生活世界:舒茨主体间性理论再讨论. *社会*(01), 38-74.

典型的现象。来自不同领域的企业通过不断沟通与尝试将各自的经营理念和品牌符号相互融合,打造全新的跨界产品,如茅台集团与蒙牛和瑞幸的跨界合作催生了茅台冰激凌与酱香拿铁等爆款产品。制酒企业、乳业集团、咖啡连锁企业有其各自的文化符号,当这些异质文化符号相互碰撞后,产生了新的产品文化。

在媒介化视角下,"媒介"已成为当今人们的日常生活方式,也是一种普遍的文化实践。因此,参照唯物主义现象学,若想理解今天的社会世界是如何生成并运作的,就要在物质和符号两个层面理解媒介,即作为技术的媒介和作为意义生产过程的媒介。① 类似地,有学者在分析"平台"(platform)这一媒介时,提出将其视为一种技术文化建构②,也呼应了媒介作为一种技术和作为意义生产过程的双重含义。

一方面,媒介是一种技术手段。人们在日常生活中的所作所为离不开各种技术。在当今媒介化社会,这些技术主要指媒介。例如,人们通过网约车 APP 叫车,去往某个目的地;通过移动支付付钱,购买一些商品;通过社交 APP 结交新朋友、建立社交关系……类似的场景不胜枚举。不难发现,如果缺乏了这些技术,个体很难直接实现目标(如到达某处、获取商品、结交朋友)。因此,媒介作为一种技术手段,如通过 APP 来实现上述目标等,正在越来越大的程度上重构人们的日常生活。

另一方面,媒介是意义生产过程。在个体层面,媒介连接不同行动主体,促使其交流。多元主体在沟通中形成主体间性,生产意义和价值。在社会层面,媒介在各个领域间发挥双重作用:第一,媒介通过提供丰富多样的符号资源促进不同领域分化;第二,媒介通过维持跨领域沟通促进这些领域交叉。③ 媒介究竟是促进分化

　　① 库尔德利 & 赫普.(2023).*现实的中介化建构*.刘泱育,译.上海:复旦大学出版社,第6—7页.
　　② 范·迪克.(2021).*连接:社交媒体批评史*.晏青,陈光凤,译.北京:中国人民大学出版社,第25页.
　　③ 库尔德利 & 赫普.(2023).*现实的中介化建构*.刘泱育,译.上海:复旦大学出版社,第25页.

还是促进交叉,取决于媒介的符号所指。譬如,书中的文字符号与文化创意产业的影视符号差距很大,这导致了出版行业与文化创意产业的分化。然而,将媒介理解为一种空间时,像一起售卖图书和文化创意产品的实体书店,此时的媒介则能够促进出版业与文化创意产业的交叉融合。

移动媒介是当今使用范围最广、影响最深远的一种媒介形态。因此,移动媒介同样具有以下双重含义。

其一,移动媒介作为一种技术,包括基础设施、硬件和软件三大维度。5G 移动通信技术、光纤、电缆、信号基站塔等属于移动媒介的基础设施。就硬件而言,智能手机是移动媒介的首要终端设备,其随身携带的便捷性是媒介可移动的基本条件。从软件来看,移动媒介最终表现为智能手机上的一个个 APP,数据、算法、协议和界面是影响 APP 运行效果的一系列因素。[①] 其中,算法已成为这些技术因素的核心。算法是一套指令规则,将庞杂无章的数据结构化和体系化,并根据用户与系统之间的协议运行数据,最终把运行结果呈现于 APP 界面,供用户消费。比如,用户在浏览新闻资讯时会留下大量"电子足迹",这些"电子足迹"成为资讯类 APP 用户数据的主要来源。这些"电子足迹"中记载着用户的内容偏好、浏览时间、分享倾向等诸多数据。算法若抓取用户内容偏好这类数据进行分析,就会总结归纳出一系列模型,据此可以向用户推荐其喜爱的内容。此时,若用户与资讯类 APP 系统之间达成接受自动推荐内容的协议,那么 APP 界面就会不断出现用户感兴趣的内容。

其二,移动媒介还能连接多元行动者并促使其实践交往,从而生产意义。若要解释媒介如何成为意义生产的过程,"型构"(figuration)是一个有用的概念。"型构"反映了不同个体之间相互交

---

① 数据、算法、协议和界面是解析技术的重要概念,详见:范·迪克.(2021). *连接:社交媒体批评史*. 晏青,陈光风,译. 北京:中国人民大学出版社,第 33 页.

织的模式,诸多个体在互动中相互影响,从而产生某种社会意义。① 实现稳定"型构"需具备三大条件:其一,存在某种相关性框架,即每个个体所共有的价值取向,例如群体成员共享的生活方式和文化观念等;其二,在相关性框架引导下,形成行动者群组;其三,群组成员借助技术的力量展开行动,在实践中生产意义,巩固"型构"的稳定性。② 概言之,技术连接多元行动者,使其形成群组,并促进他们的互动交流,从而使得"型构"变得更加持久和稳固。在当今媒介化社会,移动媒介是上述"技术"的主要形态。借助移动媒介,人们进入了在线相聚的新"型构"。譬如,在即时通信和社交媒体平台上,聊天有助于化解用户的孤独感,并在彼此之间建立起情感联系;在视频类平台上,用户通过发弹幕参与影视作品的意义再生产,这种参与式互动赋予弹幕发送者们一种强烈的归属感与价值感。可见,基于移动媒介形成的"在线型构"是一种典型的意义生产过程,它满足了人类对于连接的基本需要,而这一需要被移动媒介的连接性进一步强化了。③

人类是创造工具和使用工具的动物,他们改造世界和进行社会交往的目标,总是得"通过"一些技术与他者产生关联来一起实现。④ 在当今媒介化社会,这些技术主要指移动媒介,它既是一种物质手段,也能通过自身的中介属性连接多元主体、创造意义。在媒介化理论视角下,移动媒介的双重含义,即移动媒介作为一种技术以及作为意义生产过程并不是相互分离的,而是彼此关联的,即作为技术的移动媒介连接多元主体并促使其互动交流,相互依存的主体在交往实践中生产意义。正是移动媒介这双重含义使得人们的日常生活和社会的生产活动都会随着移动媒介的嵌入而发生重构。

---

① 库尔德利 & 赫普.(2023). *现实的中介化建构*. 刘泱育,译. 上海:复旦大学出版社,第 78 页.

② 库尔德利 & 赫普.(2023). *现实的中介化建构*. 刘泱育,译. 上海:复旦大学出版社,第 81—83 页.

③ 库尔德利 & 赫普.(2023). *现实的中介化建构*. 刘泱育,译. 上海:复旦大学出版社,第 87 页.

④ 胡翌霖.(2020). *什么是技术*. 长沙:湖南科学技术出版社,第 37 页.

1.3.3　风险议题显著性演化的两种逻辑及其整合价值

　　媒介为风险议题的建构与传播创造了不可或缺的环境。一方面,媒介连接多元主体并促使其沟通,人们在持续谈论中生产议题。另一方面,媒介是议题传播的主要渠道和平台,通过各种媒介,议题传播范围不断拓展,从而产生广泛的社会影响。可见,议题的生成与传播都离不开媒介,议题显著性演化也因此受到媒介的直接影响。不同时代的媒介具有不同属性,议题显著性演化的方式和特征也会有所不同,这些差异主要反映在参与议题建构的主体类型、议题传播速度和范围以及议题演化特征等方面。

　　在口语媒介时代,面对面的人际沟通是主要的传播形态,议题源自人们的话语和交流。例如,在中国古代社会,宗族成员经常聚在宗祠里一起商议宗族内部的公共事务,如修缮寺庙、学堂、水利等公共建筑,或是修订族谱和建立村志等。宗族成员之间对公共事务的当面交流与协商成为当时重要的传播形态,这一过程酝酿并重塑了地方性的公共议题。尽管这些议题具有公共性,但在以血缘关系为基础的传统中国社会,宗祠只对宗族内部的核心成员开放,所以这些议题的传播范围十分有限,对外流传速度很慢。因此,对于普通百姓而言,议题显著性较低。此外,宗族成员并不是每天见面,而是定期商讨宗族内部事务,比如一个月讨论一次。较长的商讨时间间隔加之面对面交流的局限性,使得议题较难发生演化:若上一次讨论的议题没有得到解决,那么下一次讨论的仍然是同一个议题;若得到了圆满解决,那么该议题便退出商议范围。换言之,在口语媒介时代,议题显著性较少演化,也不太容易从原议题中衍生出新的子议题。

　　进入大众媒介时代,报刊、广播和电视是主要的传播媒介。相比口语媒介,这些媒介使得人们交流信息的方式变得更加多元,而且具有中介性,信息流通不再局限于面对面的人际交往,而是通过报刊、广播和电视等媒介渠道得以广泛传播。当一起公共事件发生后,新闻媒体第一时间介入,报道事件、建构议题。与此同时,政府部门发挥其监管治理的职能,通过媒体报道发布政策法规、应对举措、事实澄清等信息，以引导公众舆论。因此，新闻媒体和政府机构是议题的主要建构者。与口语媒介相比，大众媒介时代议题传播速度变快了、传播范围变广了，议题显著性也明显提升了。值得注意的是，新闻媒体和政府是主要的议题建构者与传播者，其他类型主体较少参与议题建构与传播，主体类型的有限性导致意见较为集中，议题内容也较为单一。在缺乏多元观点的情况下，原初议题很难产生新的子议题，若有，子议题的数量也十分有限。若将单个议题的显著性升降视为一个生命周期，那么，从议题生命周期来看，大众媒介时代的议题显著性演化往往只涉及一个生命周期。

如今，社会进入移动媒介时代。与使用权集中于少数主体的大众媒介不同，移动媒介的开放性和易用性使得人人都能参与议题的建构与传播：只要拥有一部接入移动互联网的智能手机，并具备基本的手机使用技能，每位用户都可以在平台上创作议题、转发自己认为重要的议题、发表自己的观点。由此，移动媒介连接起多元主体，包括新闻媒体、政府部门、企业、专家、NGO以及普通公众等，并促使他们参与议题建构与传播。值得注意的是，上述多元主体在移动平台上都变为生产并传播内容的用户，"多元主体"的概念由此泛化为"平台用户"。此外，移动媒介的便携性使用户可以随时随地转发信息和发表评论，这导致议题传播速度极快、传播范围极广，议题显著性得以飙升。针对某一个议题，不同用户持有各自的立场、发表不同的观点。当多元观点在不同时间节点汇聚之时，会产生一系列相互关联的子议题。这些子议题先后出现、此起彼伏，构成议题系统显著性演化的多个生命周期。

综上，媒介是议题传播与演化的直接环境，其特性将决定议题显著性演化特征。移动媒介是当今风险议题传播的主要环境，风险议题显著性演化深深嵌入移动媒介。在媒介化理论视角下，移动媒介具有双重含义：既作为平台基础设施，也作为一种由广大用户参与的意义生产过程。前者是后者的物质基础，后者是前者的使用主体。据此，本书提出两种逻辑，即用户的行动逻辑与平台的技术逻辑，来解释移动传播中风险议题显著性演化的一般机理。

其一,移动媒介作为一种意义生产过程离不开用户的行动实践,而用户的行动逻辑将影响风险议题显著性演化。平台用户的行动分为两大类,即"内容生产"和"内容消费"。平台上的内容主要表现为"帖子"(post)[①],因此两大类行动也可以表述为"帖子生产"和"帖子消费"。帖子生产包括用户原创、转发和评论帖子,帖子消费则主要指用户浏览帖子。涉及议题关键词的帖子浏览量直接反映议题可见度即议题显著性水平,而帖子浏览量又取决于用户生产的帖子数量(即帖子生产力)。因此,用户的行动逻辑指帖子生产力影响议题显著性水平的一般规律。

其二,移动媒介作为当今社会的重要基础设施表现为平台,而平台的技术逻辑会影响风险议题显著性演化。不妨从硬件和软件两方面理解平台的技术构成。5G 移动通信技术、信号基站塔、移动终端设备等是平台的硬件基础。此外,平台的软件核心是算法推荐。算法是指令计算机处理数据的一套规则模式[②],平台算法会根据不同标准向用户推荐相关内容,比如用户感兴趣的内容,或其好友曾经浏览过的内容。若一条帖子经由算法推荐,其浏览量即显著性水平会迅速提升。换言之,只要算法推荐起作用,就会助推帖子浏览量飙升。因此,本研究将算法推荐视为平台的技术核心,相应地,平台的技术逻辑指算法推荐影响议题显著性水平的一般规律。

事实上,用户的行动逻辑与平台的技术逻辑并非彼此孤立,而是共同作用于风险议题显著性演化。首先,用户的行动逻辑是平台的技术逻辑发挥作用的前提。也就是说,只有当用户生产了大量帖子后,平台算法才有可推荐的材料;反之,若用户生产的帖子数量越来越少,那么算法将面临"无料可推"的境况。其次,技术逻辑所发挥的作用强度受到行动逻辑的影响,即平台算法推荐力度

---

① 移动平台上"帖子"的形式多种多样,比如文本、图片和短视频等。

② Gurevich, Y. (2012). What is an algorithm?. In *International conference on current trends in theory and practice of computer science* (pp. 31-42). Berlin, & Heidelberg: Springer.

还取决于用户生产的帖子是否符合算法推荐模式。①②③

总之,根据移动媒介的双重内涵,本书提出两种逻辑,即用户的行动逻辑和平台的技术逻辑,来分析风险议题显著性演化。两种逻辑对现有相关理论的整合价值如下:首先,两种逻辑延续SARF 的认识论,从"弱建构论"立场来理解风险如何被建构成风险议题,以及风险议题如何在传播中产生诸多影响;其次,用户的行动逻辑延续了议程设置理论从主体行动解释议题显著性增强的视角;再次,平台的技术逻辑着重阐释了算法推荐作为一类新型行动者,在风险的社会放大即议题显著性增强过程中发挥何种作用;最后,两种逻辑采纳了议题生命周期理论的动态视角,通过分析议题系统中一系列子议题显著性水平上升和下降的原因,来解释风险议题系统显著性的周期性演化。

---

①　徐笛. (2019). 算法实践中的多义与转义:以新闻推荐算法为例. *新闻大学* (12), 39-49+120.

②　温凤鸣 & 解学芳. (2022).短视频推荐算法的运行逻辑与伦理隐忧——基于行动者网络理论视角. *西南民族大学学报(人文社会科学版)*(02), 160-169.

③　喻国明 & 韩婷. (2018).算法型信息分发:技术原理、机制创新与未来发展. *新闻爱好者*(04), 8-13.

第 2 章　风险议题显著性演化的研究设计

2.1　议题显著性界定与议题显著性演化表征

"议题显著性"是本书的核心概念。本节内容首先从作为客观属性的可见度来界定议题显著性,接着阐释议题显著性作为主观判断的常识内涵,最后分析议题显著性演化在移动媒介中的表征。

2.1.1　作为客观呈现的议题可见度及其生成

定义"议题显著性",首先得理解"显著性"。根据《现代汉语词典》(第 7 版)的释义,"显著"意为"非常明显"[1]。"议题显著性"在英文中的表述是"issue visibility"[2]或"issue salience"[3]。根据《牛津英语词典》的释义,"visibility"指可见度、能见度或明显性,"salience"描述的是突出或明显的程度。参照"显著性"的中英文释义,本研究先将"议题显著性"界定为"议题可见度",它是议题的一种客观呈现,具体指一个议题在多大程度上能够被看见或被凸显。

议题可见度作为一种客观属性是可测量的。议题往往见诸各类媒体报道,因此,议题可见度主要通过报道数量、报道持续时间、报道在报刊版面中所处位置以及在广播电视节目中播报的先后次

① 中国社会科学院语言研究所词典编辑室. (2016). *现代汉语词典*(第 7 版). 北京：商务印书馆,第 1422 页.

② Cao, X., & Prakash, A. (2012). Trade competition and environmental regulations: Domestic political constraints and issue visibility. *The Journal of Politics*, 74(1), 66-82.

③ Epstein, L., & Segal, J. A. (2000). Measuring issue salience. *American Journal of Political Science*, 44(1), 66-83.

序等指标来测量。[1][2] 这些指标按照质与量可以进一步分为两类：如报道数量和报道持续时间属于量化指标，而报道在报刊版面中所处的位置以及在广播电视节目中出现的先后次序属于质性指标。

一般来说，量化指标的数值越大，即有关某个议题的报道数量越多、报道持续时间越长，该议题的可见度就越高。例如，2023 年 8 月 24 日，日本正式启动核污水排海计划。在此计划实施之前和之后，各大媒体广泛报道，明显提高了议题可见度：2023 年 5 月 29 日至 2023 年 9 月 29 日，有关日本核污水排海的新闻报道总量达到 58024 篇，其中，门户网站和社交媒体的新闻报道量占总报道量的 98.8％。[3] 4 个月内，将近 6 万篇新闻报道让日本核污水排海成为一个可见度较高的风险议题。再如，全球变暖是全人类共同面临的风险挑战。自 2013 年起，全球变暖议题开始见诸各大媒体平台，此后十年间，相关议题的报道数量总体呈现逐年递增趋势，报道总量达到 158659 篇。[4] 因此，从议题报道的持续时间和总量来看，全球变暖已成为一个高度可见的风险议题。

---

① Epstein, L., & Segal, J. A. (2000). Measuring issue salience. *American Journal of Political Science*, 44(1), 66-83.

② Winburn, J., Winburn, A., & Niemeyer, R. (2014). Media coverage and issue visibility: State legislative responses to school bullying. *The Social Science Journal*, 51(4), 514-522.

③ 以上数据来自慧科新闻数据库，搜索关键词为"日本核污水排放"，搜索日期为 2023 年 9 月 29 日，时间范围限定为"2023 年 5 月 29 日至 2023 年 9 月 29 日"。新闻报道的媒介平台分布如下：门户网站(49282 篇)、社交媒体(8032 篇)、论坛(621 篇)、博客(59 篇)、报刊(30 篇)。

④ 搜索慧科新闻数据库，搜索关键词为"全球变暖"，搜索日期为 2023 年 9 月 29 日。2013 年 9 月 29 日至 2014 年 9 月 28 日，相关报道数量为 4360 篇；2014 年 9 月 29 日至 2015 年 9 月 29 日，报道数量为 3820 篇；2015 年 9 月 30 日至 2016 年 9 月 29 日，报道数量为 5368 篇；2016 年 9 月 30 日至 2017 年 9 月 29 日，报道数量为 7438 篇；2017 年 9 月 30 日至 2018 年 9 月 29 日，报道数量为 10827 篇；2018 年 9 月 30 日至 2019 年 9 月 29 日，报道数量为 21546 篇；2019 年 9 月 30 日至 2020 年 9 月 29 日，报道数量为 21586 篇；2020 年 9 月 30 日至 2021 年 9 月 29 日，报道数量为 23462 篇；2021 年 9 月 30 日至 2022 年 9 月 29 日，报道数量为 32409 篇；2022 年 9 月 30 日至 2023 年 9 月 29 日，报道数量为 27843 篇。

　　针对质性指标,若某个议题位于报刊首版和其他显要位置,或在电视广播节目的开篇被播报,那么该议题的可见度相应也较高。例如,2023 年 5 月 23 日,《经济日报》头版刊登了《精准施策防范化解重点领域风险》一文[①],强调防范化解金融风险的重要性,并部署了相关的风险防控工作。由此,金融风险成为一个高度可见的议题。类似的案例还有,2023 年 9 月 12 日,《中国新闻周刊》封面刊登了《暴雨增多,西北为何还可能更旱?》一文[②]。通过封面文章的设置,《中国新闻周刊》凸显了气候变化导致的极端天气等诸多风险议题的可见度与重要性。此外,从议题在电视节目中的播报次序来看,2023 年 8 月 25 日,CCTV 中文国际频道《中国新闻》于节目的前 1/3 段开始播报"日本在反对声中启动福岛核污染水排海"新闻,凸显了该议题的可见度。[③]

　　议题可见度是议题显著性的客观表现,从形成过程来看,公众参与是影响议题可见度的主体原因。公众参与包括两方面指标:参与范围和卷入度。[④] 一般而言,公众参与范围越广,议题可见度越高;公众在议题中的卷入度越高,议题可见度也越高。例如,气候变化已经在全球范围内产生了深远影响,世界各地的民众广泛关注并讨论由此引发的极端天气、海平面上升、自然灾害、传染性疾病等相关话题,使得气候变暖成为高度可见的全球议题。大约十年前,国内民众积极参与空气污染治理的探讨,促使空气污染成为全国范围内可见度较高的议题。对比之下,在移动信号基站塔选址、化工厂选址之类的区域性议题中,当地居民是主要参与者,

---

　　① 曾金华.(2023 年 5 月 23 日). *精准施策防范化解重点领域风险*. 经济日报. http://paper.ce.cn/pc/content/202305/23/content_274472.html.

　　② 霍思伊 & 杜玮.(2023 年 9 月 12 日). *暴雨增多,西北为何还可能更旱?*. 中国新闻周刊. http://news.inewsweek.cn/cover/2023-09-12/19770.shtml.

　　③ 2023 年 8 月 25 日,CCTV 中文国际频道《中国新闻》节目总时长为 53 分 58 秒,"日本在反对声中启动福岛核污染水排海"议题出现于 14 分 16 秒,于 29 分 56 秒结束。

　　④ Cao, X., & Prakash, A.(2012). Trade competition and environmental regulations: Domestic political constraints and issue visibility. *The Journal of Politics*, 74(1), 66-82.

因而这些议题的可见度通常不如全球性或全国性议题可见度之高。随着公众参与范围从全球聚焦到一个国家再缩小到某个地区,议题可见度逐渐降低。

此外,公众卷入度也会影响议题可见度。"卷入度"(engagement)指个体参与议题探讨时投入的认知力多少以及相关的情感反应强度。[①] 通常而言,如果人们在议题中的卷入度越高,其参与行为就越有可能提升议题可见度。譬如,尽管新冠肺炎疫情和全球气候变暖都是全球性议题,但公众在两个议题中的卷入度有所不同。新冠肺炎流行期间,人们时刻关注疫情动态、判断疫情风险,并不时地产生担忧、焦虑和恐惧等情绪,因而议题卷入度普遍较高。相形之下,全球气候变暖并不会在短期内对大多数人产生直接威胁,因此人们的关注度就不会特别高,情绪反应也较为平常,公众的议题卷入度偏低。同期比较,2020 年至 2022 年,新冠肺炎疫情议题在各大媒体中的可见度明显高于全球变暖议题。[②]

一个高度可见的媒体议题将触及大范围受众,而人们广泛的参与行为反过来又会引发媒体报道,由此促进议题可见度和公众参与之间的相互促进,议题可见度从中得到提升。公众是一类多元且复杂的主体,当公众的参与范围越广且卷入度越高时,就会牵涉更多利益相关者。这些利益相关者发表观点并采取相应行为,引发更多争议,最终形成纷繁复杂的舆论场。媒体的一大要务即向社会各界反映当下的舆论热点。因此,在呈现持续发酵的舆论场时,媒体报道数量不断增多、报道持续时间变长。此外,由于争议性事件频繁发生,媒体报道极有可能出现在报刊头版或电视新闻节目的开篇,以强调其典型性。可见,当公众的参与范围越广、卷入度越高时,媒体报道的量化指标数值将越高,质性指标也会愈

① Dhanesh, G. S. (2017). Putting engagement in its proper place: State of the field, definition and model of engagement in public relations. *Public Relations Review*, 43(5), 925-933.

② 慧科新闻数据库显示,2020 年 1 月 1 日至 2022 年 1 月 24 日,有关"新冠肺炎疫情"议题的媒体报道共 75764650 篇,有关"全球变暖"议题的媒体报道共 447907 篇。

加凸显,从而极大地提高了议题可见度。这一关系已经得到了一些研究的佐证。例如,在土壤污染议题中,无论从参与范围还是卷入度来看,公众的参与度都较低,因此该议题的媒体可见度也较低。① 不同的是,在四川什邡、江苏启东和浙江宁波三起邻避冲突事件中,公众的参与范围较广且具有很高的卷入度,而这种高参与度明显提升了邻避议题的媒体可见度。② 总之,在传统媒体时代,公众参与和媒体报道相互促进,最终呈现为议题在媒体中的可见度。

如今,在移动传播条件下,公众的线上参与活动能够直接影响议题可见度,而无须通过新闻媒体的中介作用。因此,移动媒介中的议题可见度出现了三个新特点:第一,移动媒介的开放性和平民化使用特点进一步增强了公众在影响议题可见度中发挥的重要作用,用户的浏览、点赞、转发和评论等传播行为最为直接地提升了议题可见度。第二,相比传统新闻媒体中的议题可见度,移动媒介中的议题可见度更加易于观察和比较。如前所述,研究者们通常使用量化指标(如媒体报道总量和报道持续时间)来测量一个议题在报刊和广电等传统媒体中的可见度,借助这些指标的数值来比较不同议题的可见度大小。而且,移动媒介基于大数据和算法,在界面上以热搜榜的形式直接向用户呈现高度可见的系列议题,并对这些议题的可见度进行实时排序,这些技术也使议题变得高度可见且方便测算。第三,智能手机的便携性使得每位用户能够随时随地浏览、转发、评论和搜索议题信息,受众的普遍化更容易导致议题可见度飙升,在手机界面上高度可见的热搜议题又将促进用户在线参与,由此形成正向的反馈循环。

2.1.2　作为主观判断的议题重要性及其感知

议题可见度是议题显著性的客观呈现,它是可观察、可测量

---

① 陶贤都 & 李艳林. (2015).环境传播中的话语表征:基于报纸对土壤污染报道的分析. *吉首大学学报(社会科学版)*(05),108-114.

② 白红义. (2014).环境抗争报道的新闻范式研究——以三起邻避冲突事件为例. *现代传播(中国传媒大学学报)*(01),45-50.

的。事实上，只有当人们看见一个高度可见的热议话题后，才有可能感知其重要性并做出相应判断。譬如，2022 年 11 月 30 日，OpenAI 推出生成式人工智能产品 ChatGPT，ChatGPT 可根据用户提问与需求迅速生成各类答案，还能创作故事、诗词和代码。短短几日内，ChatGPT 火爆全球，相关话题跃居各大网络平台热搜榜，成为可见度极高的议题。在这些热议话题中，不乏社会各界人士对人工智能如何影响未来就业、如何改变教育模式、如何激发行业整改等问题的深入思考[1]，从中足以见得人们对人工智能相关议题重要性的感知。若将可见度视为议题的第一属性，那么重要性则是议题的第二属性，它反映了人们接触议题后对其做出的一种主观判断。

尽管"重要性"看似是一个日常用词，但作为议题的一种抽象属性，必须对其进行操作化界定。对此，学界主要采取以下两种方法来衡量人们对议题重要性的感知和判断。

其一，询问公众认为某个议题有多重要。[2] 尽管该方法明确了具体的议题种类且简单易答，却有两点局限性：第一，研究者通常会从不同维度来测量一个概念，以力求全面准确地反映此概念的内涵，而单一题项会削弱测量的效度；第二，直接使用概念名称来提问，如用"重要性"测量"议题重要性"，会因为字面重复而难以揭示其内涵。

其二，询问公众某个议题在他们脑中出现的频率以及他们对该议题涉及的人、事、物的担忧程度。[3] 与第一种方法相比，第二种测量方法既从多个维度考察议题重要性，提升了效度，又以同义却不同的词来提问，揭示了重要性的多重内涵，从而克服了第一种测

① 雷递.（2023 年 2 月 3 日）.*ChatGPT 推出仅 2 个月活跃用户过亿 可胜任谷歌 18.3 万美元工作*.网易新闻.https://www.163.com/dy/article/HSM8LDDJ0511A0EF.html.

② Bélanger, É., & Meguid, B. M.（2008）. Issue salience, issue ownership, and issue-based vote choice. *Electoral Studies*，27(3)，477-491.

③ RePass, D. E.（1971）. Issue salience and party choice. *American Political Science Review*，65(2)，389-400.

量方法的局限性。第二种测量方法的原理在于：只有当一个议题长期盘踞于个体认知区域的显要位置且获得深切关注时，个体的脑中才会经常浮现有关该议题的印象并记住其信息[1]，浮现频率越高，表示个体感知到的议题重要性越强；此外，当个体认为议题十分重要且会对自己产生影响时，担忧油然而生，越担忧，意味着个体认为议题越重要。

影响人们感知与判断议题重要性的因素有很多，按照认知的先后顺序，这些因素主要可以归为两大类。首先，从议题所涉事件的特点来看，事件的影响范围和后果效应会影响人们对议题重要性的初步感知。通常而言，一起事件的影响范围越广泛且后果越严重，人们感知到的议题重要性便愈加明显。但需要注意的是，此时人们感知到的议题重要性是泛泛而论的，主要停留在议题对于社会上大多数人的重要性，而未聚焦到议题对于自己的重要性。接着，个体会根据事件的特点来判断事件与自己的相关性程度，进而决定议题相对自己的重要性。譬如，从影响范围来看，个体首先判断自己是否受到该事件的影响，若确实受其影响，那么事件的自我相关性程度就会变高。此外，个体还会判断事件影响自身所造成的后果的严重性，若个体认为事件对自己造成的后果越严重，感知到的自我相关性也就越高。总之，只有当个体认为事件的广泛影响和严重后果都与自己切身相关时，才会认同议题对自己的重要性。

以全球气候变暖议题为例来说明上述因素如何影响人们感知与判断该议题的重要性。从影响范围来看，气候变暖是一个全球性问题：森林退化、冰川消融、极端天气等一系列事件在不同国家和地区频繁发生。而且，长远来看，这些问题将对地球的生态环境和人类的可持续发展构成严重威胁。基于全球气候变暖的影响范围及其严重后果，目前各个国家已经基本达成共识，将"碳达峰"

---

[1]　RePass, D. E. (1971). Issue salience and party choice. *American Political Science Review*, 65(2), 389-400.

"碳中和"作为应对气候变暖的重要议程。[①] 因此，人们普遍感知到气候变暖议题的重要性。然而，由于气候变暖的诸多后果并不会立即显现，所以对于大多数人而言，虽然感知到该议题十分重要，但并不会认同该议题对自己的重要性。从自我相关性来看，只有那些切实受到气候变暖严重后果影响的人群，例如极端天气事件中的灾民、因为海平面上升而面临家园被淹没的岛国居民等，才会由衷认同气候变暖议题的重要性。

由于议题重要性反映了人们的一种主观判断，因而具有相对性。这种相对性表现为两方面：不同议题对于同一个体具有不同的重要性，以及同一议题对于不同个体具有不同的重要性。现实中，人们并非孤立地判断某个议题的重要性，而是通过比较不同议题进而对其重要性做出判断。在政治学研究中，学者们经常向受访者罗列一系列当下备受关注的社会议题，让他们从中选取自认为重要的议题。[②] 这一过程即同一个体比较不同议题的重要性，在假定主体不变的基础上，将议题种类视为变量，据此衡量议题重要性。比如，在后疫情时代，若让人们对经济发展和疫情防控两个议题的重要性进行排序，相信大多数人会将经济发展视为重点。同一时期往往流传着诸多议题，处于重要性排序前位的某个议题往往比其他议题更具重要性。另外，不同个体或群体对同一个议题的重要性判断也会有所差异。例如，针对癌症防治议题，受教育程度较高的个体相比受教育程度较低的个体认为自己应该具备更多癌症防治知识，从而更加认同该议题的重要性。[③] 此外，不同国家对于同一议题的重要性也会产生认知差异。比如，当日本正式实

①　苏小环. (2021 年 1 月 19 日). *走进碳达峰碳中和/碳达峰——世界各国在行动*. 澎湃新闻. https://www.thepaper.cn/newsDetail_forward_10857848.

②　RePass, D. E. (1971). Issue salience and party choice. *American Political Science Review*, 65(2), 389-400.

③　Huang, Q., Lei, S., Su, S., & Chen, C. (2021). Explicating the health-related digital divide: A mediation mechanism between education level and online cancer information seeking frequency among Chinese adults. *Information Development*, DOI: 10.1177/02666669211057266.

施核污水排海计划后,东亚各国和地区表示坚决反对和强烈谴责,认为这一行为将对人类健康和海洋生态安全构成严重威胁。[①] 与之形成鲜明对比的是,美国和一些欧洲国家对此表示默许,认为日本排放的核污水已达到安全标准。[②] 暂且不论其中的政治因素,东亚各国和地区与欧美国家截然相反的态度反映了两者对于该议题重要性判断的差异。可见,无论是不同个体还是不同国家,对于同一议题的重要性判断并不完全相同。

综上所述,议题重要性是人们对议题所涉事件的影响范围、后果严重性及其自我相关性的一种主观判断,具有相对性的特点。这导致议题重要性较难成为一个客观或量化的研究对象。一般而言,为了保证研究结果的有效性和可复制性,研究者经常通过可以直接观察的客观对象来推测其主观属性。譬如,政治学的一些研究通过民众的投票行为来推测议题重要性。其背后的逻辑在于,只有当民众认为参选政党提出的议题足够重要时,他们才会对该政党投支持票;反之,若民众认为参选政党提出的议题不太重要,他们就不会投票给这个政党。[③] 上述研究的启示在于:通过可观察、可测量的对象及其客观属性来推测人们的主观判断,其中,要尤为谨慎地选取对象的客观属性,即保证客观属性是主观判断的基础。有鉴于此,下一目内容将阐释议题可见度与议题重要性之间的关系,以此全面把握"议题显著性",并说明"议题显著性演化"在移动平台上的表征。

① 薛晶. (2023 年 8 月 24 日). *直击|强烈反对! 多国民众抗议日本核污染水首次排海*. 澎湃新闻. https://www.thepaper.cn/newsDetail_forward_24350490.

② 陈梅玉,何志豪,麦小华,刘子葵,彭晓,陈明记,等. (2021 年 4 月 16 日). *欧美默许日本排放核污水,背后有何政治考量?*. 腾讯网. https://new.qq.com/rain/a/20210416A0FBGO00.

③ Huang, Q., Lei, S., Su, S., & Chen, C. (2021). Explicating the health-related digital divide: A mediation mechanism between education level and online cancer information seeking frequency among Chinese adults. *Information Development*, DOI: 10.1177/02666669211057266.

2.1.3　议题显著性界定及其演化在移动平台上的表征

可见度与重要性是议题显著性的一体两面,两者既有区别又相互联系。议题可见度是一种可观察的客观属性,往往通过媒体报道数量、报道持续时间、是否位于报刊头版位置以及是否在广播电视节目开篇被播报等指标来测量。议题重要性则是一种主观判断,尽管可以询问公众对某个议题重要性的感知,但其主观性和相对性导致测量结果的有效性和可信度明显降低。尽管存在这些差异,但两者可以统一起来。一般而言,议题可见度成为议题重要性的客观基础,而议题重要性则是议题可见度的一种主观表达。不妨打个比方,议题可见度如同议题重要性的"代理者"(surrogate)①,一个高度可见的议题往往也是极为重要的议题。如前所述(本章2.1.1),从2023年5月至9月,"日本排放核污水入海"在各大移动平台上都是一个高度可见的议题,该议题同时也是一个引起社会各界和广大民众普遍关注的重要议题。

从议题可见度推测议题重要性,其背后的原理可以用议程设置和启动效应两个理论加以解释。议程设置包括两个环节:"议程建立"(agenda-building)和"议程设置"(agenda-setting)。前一环节指议题涉事方对媒体施压,促使媒体朝有利于自己的方向大量报道某个议题,提高议题可见度;后一环节则指媒体试图向公众强调其所建构的议题十分重要,即凸显议题重要性。② 当公众认同了议题重要性后,便实现了议程设置效果,即该议题的信息相比其他议题信息更容易被激活,而这些被激活后的信息就会成为个体决

---

①　Epstein, L., & Segal, J. A. (2000). Measuring issue salience. *American Journal of Political Science*, 44(1), 66-83.

②　Scheufele, D. A. (2000). Agenda-setting, priming, and framing revisited: Another look at cognitive effects of political communication. *Mass Communication and Society*, 3(2-3), 297-316.

策的重要依据,这就是跟随议程设置之后的"启动效应"(priming effect)。① 在传统媒体时代,从议程建立到议程设置再到启动效应,新闻媒体始终扮演着关键角色。换言之,若离开新闻媒体的中介作用和议程设置功能,议题从高度可见到十分重要的转换过程几乎无法完成。如今,由于移动媒介的开放性和平民化等特点,新闻媒体不再垄断对议题可见度和议题重要性的影响,取而代之的则是平台用户在"议程建立""议程设置""启动效应"三个环节中发挥重要的作用,具体如下。

　　首先,在议程建立环节,用户在移动平台上发表各自观点。这些观点和意见汇聚成海量信息,迅速提高议题可见度。接着,在议程设置环节,用户在平台上接触到与议题相关的海量信息,其中包含纷繁复杂的多样观点和意见,甚至充斥多方争议。议题的高度可见性加之其争议性促使广大用户认同其重要性。最后,在启动效应环节,用户对议题重要性的认同会促使其点赞、转发、评论议题,这些传播行为将再次提升议题可见度。从议程建立到议程设置再到启动效应,三个环节构成议题可见度与重要性相互转化的正向反馈过程:"议题可见度提升→议题重要性增强→用户采取传播行为→议题可见度再次提升……"

　　有鉴于此,本研究将议题显著性主要界定为议题可见度,理由如下:其一,议题可见度是客观的、可测量的,而议题重要性是相对的、主观的,因此,以议题可见度为抓手,可以更加准确且有效地把握研究对象。其二,在特定时期内,议题可见度和重要性一般是重合的,即高度可见的议题通常也是重要的议题,这在上述议程建立、议程设置和启动效应三个环节中已加以说明。而且,本研究关注的是系统性风险事件引发的议题,这类风险议题往往影响广大民众的生命安全和身体健康、社会的有序运作以及生态环境的可持续发展。所以,一旦这类议题变得高度可见,其重要性便不言而喻。

---

① Sheafer, T., & Weimann, G. (2005). Agenda building, agenda setting, priming, individual voting intentions, and the aggregate results: An analysis of four Israeli elections. *Journal of Communication*, 55(2), 347-365.

顾名思义,可见度即被看见的程度,在移动平台上,"看见"即"浏览",也即用户看到帖子标题后点击并浏览正文内容,因此,议题可见度可操作化为议题被用户浏览的次数。若议题显著性即议题可见度,那么议题显著性水平可通过涉及该议题关键词的帖子浏览量来测量。帖子浏览量越大,议题显著性水平就越高。需要说明的是,帖子数是决定帖子浏览量的前提和基础。通常而言,一个议题的帖子数越多,这些帖子被用户浏览的次数也越多。以阿尔茨海默病议题为例,2022 年 9 月 14 日至 2023 年 9 月 14 日一年之间,微信平台上的相关帖子共计 52297 条,浏览量约为 6900 万次,抖音平台上的相关帖子共计 101726 条,浏览量约为 14.7 亿次,今日头条平台上的相关帖子共计 24257 条,浏览量约为 2200 万次。① 显然,就阿尔茨海默病议题的帖子数而言,抖音最多,微信次之,今日头条最少;相应地,抖音的帖子浏览量最高,微信次之,今日头条最低。换言之,阿尔茨海默病议题在抖音平台上的显著性水平最高,微信次之,今日头条最低。据此,本研究将议题显著性水平操作化为移动平台上提及议题关键词的帖子浏览量。

从实时动态来看,议题显著性演化在移动平台上的表征可图示为坐标系中的振荡曲线。纵轴是平台上涉及议题关键词的帖子浏览量,表示议题显著性水平,横轴即演化时间,代表议题在特定时期内的演化阶段。系统性风险的影响范围十分之广,其复杂性、不可预测性与后果严重性往往导致初始议题不断演化,并衍生出一系列既有差别但又相互关联的子议题,它们共同构成一个议题系统。因此,可以从以下两大视角解读风险议题显著性演化的特征。

在微观视角下,议题系统中单个子议题的生命周期是议题显著性演化的基本单位,分为议题显著性水平上升期和下降期,两个时期以该子议题显著性水平达到峰值为拐点。在上述坐标系中,

---

① 数据源自秒针系统旗下的 SocialX 社交媒体营销数据分析工具箱:https://www.miaozhen.com/cn/social_studio/socialx。在 SocialX 系统中,提及议题关键词的帖子总量被称为"声量",提及议题关键词的帖子浏览量则被称为"曝光量",https://socialx.miaozhen.com/help/chapter2/section2.1.html。

一个子议题的生命周期可以表征为一个倒 U 形曲线。

　　在宏观视角下,一段时期内议题系统的显著性演化由其中诸多子议题的生命周期接续而成。一个子议题的生命周期在坐标系中可图示为一个倒 U 形曲线,由多个子议题接续而成的议题系统显著性演化则可以表征为由多个倒 U 形构成的振荡图形(如图 2-1 所示)。需要说明的是,微观视角下与宏观视角下的议题显著性演化属于"一个"与"多个"、"阶段"与"过程"、"部分"与"整体"的关系:某一风险议题(实为一个议题系统)的若干个子议题的生命周期形成该议题显著性持续演化的整个过程。

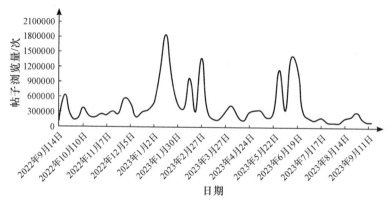

图 2-1　今日头条中阿尔茨海默病议题显著性演化表征

　　注:该曲线图由 SocialX 社交媒体营销数据分析工具箱自动生成。搜索关键词为阿尔茨海默病;时间范围为 2022 年 9 月 14 日至 2023 年 9 月 14 日;移动平台为今日头条。

2.2　议题类型与移动平台

　　若要揭示移动传播中风险议题显著性演化的一般机理,必须选取基本的风险议题类型及其典型案例,并采用当今最常用的移动平台。对此,本节内容首先说明健康风险、技术风险和环境风险为何成为三类基本的风险议题,然后解释为何选取微信、抖音和今日头条作为最常用的三个移动平台。

2.2.1　健康风险、技术风险和环境风险作为基本的风险议题

从世界观高度看，当今风险社会中人与世界关系的基本结构可表述为"人—技术—自然"。按照"人""技术""自然"三个方面，健康风险、技术风险和环境风险显然是事关人类生存与社会可持续发展的三类基本风险。《全球风险报告》（*Global Risks Report*）从 2020 年至 2024 年也连续将健康风险、技术风险和环境风险列为当今威胁全球民众福祉的系统性风险。①

健康风险主要指传染性疾病、慢性病和心理疾病等对个体身心健康构成的威胁。过去二十年间，全球范围内相继发生了"非典"、甲型流感、埃博拉病毒、中东呼吸综合征、新冠病毒等重大传染性疾病。从患者死亡率来看，埃博拉病毒最高（50%）②，中东呼吸综合征（35%）紧随其后③，"非典"（9.04%）④与甲型流感（6.77%）⑤

---

① World Economic Forum. (2024). *Global Risks Report 2024*. https://www3. weforum. org/docs/WEF _ The _ Global _ Risks _ Report _ 2024. pdf. World Economic Forum. (2023). *Global Risks Report 2023*. https://www3. weforum. org/docs/WEF_ Global_Risks_Report_2023. pdf. World Economic Forum. (2022). *Global Risks Report 2022*. https://www3. weforum. org/docs/WEF_The_Global_Risks_Report_2022. pdf. World Economic Forum. (2021). *Global Risks Report 2021*. https://www3. weforum. org/docs/WEF_The_Global_Risks_Report_2021. pdf. World Economic Forum. (2020). *Global Risks Report 2020*. https://www3. weforum. org/docs/WEF _ Global _ Risk _ Report_2020. pdf. 在《全球风险报告》中，健康风险主要包括慢性疾病和传染性疾病，被纳入"社会风险"（societal risk）范畴，而"技术风险"和"环境风险"是报告既有的范畴。

② 世界卫生组织. （2023 年 4 月 20 日）. *埃博拉病毒病*. https://www. who. int/ zh/news-room/fact-sheets/detail/ebola-virus-disease.

③ 联合国新闻. （2023 年 7 月 24 日）. *世卫组织：阿联酋报告一例中东呼吸综合征重症病例*. https://news. un. org/zh/story/2023/07/1120032.

④ 中国新闻网. （2003 年 5 月 30 日）. *世卫组织：全球 SARS 患者死亡率已达 9.04%*. 中华人民共和国国家卫生和计划生育委员会. http://www. nhc. cn/wsb/ pzcjd/200804/22192. shtml.

⑤ 武汉市疾控中心. （2009 年 12 月 4 日）. *甲型 H1N1 流感、禽流感和普通流感的对比*. https://www. whcdc. org/view/992. html.

次之,新冠病毒最低(0.1%～4.9%)[1]。患者死亡率越高,意味着该传染病对人们的生命安全构成的威胁越大。再有,就非传染性疾病来看,心血管疾病、癌症、慢性呼吸道疾病和糖尿病等慢性病每年造成 4100 万人死亡,在全球所有死亡人数中占比为 74%。[2] 此外,阿尔茨海默病、焦虑症、抑郁症、躁郁症等精神疾病导致患者的思维、情绪和行为出现严重紊乱,引发患者的生理功能障碍或者自我伤害风险。[3] 由此可见,传染性疾病、慢性病和心理疾病将直接威胁人的生命安全与身心健康,因而健康风险直接对"人"本身构成切身性威胁。

技术风险主要指高新科技迅速发展对人的思维认知、职业发展、伦理道德等方面产生的威胁与挑战。例如,尽管人工智能的更新迭代与普及应用为人们的日常生活和工作学习提供了极大便利,但数智化发展趋势带来引人深思的问题:该如何应对人工智能滥用而引发的隐私泄露、财产窃取、国家信息安全隐患等一系列挑战? 人们是否会因为过度依赖人工智能而逐渐丧失自主思考的能力? 人工智能不断普及是否会导致大量基础性文职工作从业人员失业? 在虚拟空间中,基于人工智能技术的"数字人"是否应该遵循基本的伦理道德? 以上种种问题促使我们反思人工智能等高新科技发展应用引发的技术风险:"技术"作为中介或手段发展的不确定性将对人的未来存在构成威胁。

环境风险包括气候变暖、空气污染、水污染、土壤污染等,它们对人类的生存环境构成根本性威胁。譬如,气候变暖导致全球范围内冰川消融、极端天气事件频发、雨林退化、珍稀物种濒临灭绝等。气候变暖将严重危害人类赖以生存的自然条件,如空气、饮用

① Johns Hopkins University & Medicine. (2023, March 16). *Mortality Analyses*. Johns Hopkins Coronavirus Resource Center. https://coronavirus.jhu.edu/data/mortality.

② 世界卫生组织. (2024 年 12 月 23 日). *非传染性疾病*. https://www.who.int/zh/news-room/fact-sheets/detail/noncommunicable-diseases.

③ 世界卫生组织. (2019 年 11 月 28 日). *精神障碍*. https://www.who.int/zh/news-room/fact-sheets/detail/mental-disorders.

水、食物、居住等。根据世界卫生组织估计,2030 年至 2050 年,由于气候变暖而引发的营养不良、疟疾、痢疾、热射病将导致 25 万人死亡,这在发展中国家尤为明显。[①]　无疑,"自然"是人类生存和发展的前提,环境风险从自然本源上对人的存在构成根本性威胁。

　　总之,"人""技术""自然"作为世界观的三大维度,其蕴含的健康风险、技术风险和环境风险成为三类基本风险,它们从人的本体存在、技术手段与自然条件对人类未来生存与发展构成基本威胁。并且,人们关于这些风险的认知具有三个特征:一是社会各界对风险潜在后果能够达成基本共识,从治理角度来看,这种共识有利于促进风险沟通与政策制定;二是三类风险会在全球范围内产生后果,其影响范围远远大于局部地区的风险;三是它们将长期存在于人类社会,对人之生存境况和全球可持续发展产生深远影响。

　　当人们意识到健康风险、技术风险和环境风险的后果影响并开始谈论它们时,风险议题便产生了。顾名思义,"风险议题"之"议"指人们就某个风险事件展开的各种议论,"题"则指这些议论进入公共话语领域,汇聚之后产生规模效应,成为一个亟待解决的公共问题。风险议题是风险事件的一种"社会再现"(social representation)[②],这一过程主要包括以下环节:其一,健康风险、技术风险和环境风险业已产生的负面后果被一些人感知,他们通过人际传播和各种媒介渠道将这些事件传播开来;其二,当上述风险事件的相关信息越传越广时,就会引发社会各界广泛关注,例如媒体机构、政府部门、专家、企业、NGO、意见领袖和普通公众等;其三,这些行动主体根据自身的经验、立场和价值来阐释风险事件,发表各自的观点;其四,这些观点意见裹挟着最初的事件信息,通过各类媒介渠道广泛传播。由此不断往复循环,风险议题的信息

---

　　①　World Health Organization. *Climate change*. https://www. who. int/health-topics/climate-change#tab=tab_1.

　　②　Breakwell, G. M. (2010). Models of risk construction: Some applications to climate change. *Wiley Interdisciplinary Reviews: Climate Change*, 1(6), 857-870.

量持续增长，议题显著性也日渐凸显。

健康风险、技术风险和环境风险是三类基本的系统性风险，它们各自衍生的议题往往不止一个，而是衍生出一系列相互关联的子议题，从而形成一个议题系统。比如，就健康风险的典型案例阿尔茨海默病而论，在全球范围内，该疾病对老年群体的身心健康构成严重威胁，由此产生了治疗方案、护理方式、预防措施、患者的人权与尊严、疾病污名化等一系列相互关联的子议题。[①] 同样，围绕人工智能等新兴技术应用风险，相关的子议题有算法黑箱、算法歧视、隐私泄露、技术伦理等。[②] 而就全球气候变暖等环境风险而言，冰川消融、物种灭绝、极端天气、粮食短缺、碳达峰与碳中和、可再生能源、国际治理等是常见的子议题。[③] 上述这些子议题在各大平台上纷纷涌现，促使由诸多子议题构成的某一风险议题系统能够迅速提高议题显著性，并且使该议题系统不断发酵和持续演化：当一个子议题经历了从产生到显著再到衰落的生命周期后，另一个新的子议题随之孕育显现，开启一个新的生命周期，如此周而复始，确保议题系统一直处于较为显著的状态。而且，移动平台的开放性和使用便捷性使广大用户能够随时随地参与风险议题建构与传播，由此带来帖子数量及其浏览量飙升，议题显著性得以周期性凸显。

综上，在移动传播条件下，健康风险、技术风险和环境风险三类系统性风险事件会衍生纷繁复杂的各种议题，它们各自构成三大议题系统，这些议题系统中的子议题将先后出现，不断吸引用户关注并引发热议。通过长时间参与三类基本风险的议题建构与传播，人们不断提升风险意识水平，经常思考该如何保障个人身心健康、促进科技向善使用以及推动环境可持续发展。这正是本研究选取健康风险、技术风险和环境风险三类风险议题作为研究对象

---

① 世界卫生组织.（2023 年 3 月 15 日）. *痴呆症*. https://www.who.int/zh/news-room/fact-sheets/detail/dementia.

② 陈钟 & 谢安明.（2023）. 人工智能安全挑战及治理研究. *中国信息安全*（05），32-35.

③ 联合国新闻.（2023 年 4 月 21 日）. *世界气象组织：气候在持续变化*. https://news.un.org/zh/story/2023/04/1117267.

的现实关切所在。具体而言,本书选择阿尔茨海默病议题、人工智能议题和气候变暖议题分别作为健康风险议题、技术风险议题和环境风险议题的典型案例并对其展开实证研究。本书第 3 章至第 5 章将依次对这些典型案例进行详细介绍。

2.2.2　微信、抖音、今日头条作为移动媒介的三个常用平台

"移动媒介"(mobile media)是一个复合概念,主要包括三个层次。其一,移动媒介指 5G 移动通信技术、光纤、电缆和信号基站塔等基础设施,它们是移动传播得以发生的物质基础与技术前提。有趣的是,当一种技术得到广泛应用并且发挥最优效应时,它会成为一种现实的隐性存在,人们离不开它却又经常忽略它。作为基础设施的移动媒介就是这样一种存在。其二,移动媒介指智能手机、平板电脑和可穿戴设备等一切可移动的终端设备。截至 2022 年 12 月,中国网民使用手机上网的比例高达 99.8%。[1] 在移动互联条件下,智能手机已成为当今人们上网的主要终端设备:在餐厅、单位、商场、地铁和公交车等场所,"低头族"随处可见,人们低着头,手指不断滑动着手机屏幕,目不转睛地观看屏幕上的内容。其三,移动媒介指安装在智能手机上的各类 APP。最后,移动媒介的三个层次一起构筑为在线平台:基础设施为平台运作提供技术支持和保障,终端设备是平台发挥效能的载体,APP 则是用户与平台进行交互的界面。因此,本研究考察的移动媒介即在线平台或称移动平台。下文根据风险议题显著性演化的两种逻辑,即用户的行动逻辑和平台的技术逻辑,从平台的用户规模和算法推荐说明为何选择微信、抖音和今日头条作为三个有待分析的移动平台。

中国互联网络信息中心把移动平台大致分为四大范畴:(1)基础应用类,如即时通信、网络新闻、线上办公等平台;(2)商务交易类,如网络支付、网络购物、网上外卖、在线旅行预订等平台;(3)网

---

[1]　中国互联网络信息中心.(2023).*第 51 次中国互联网络发展状况统计报告*,第 1 页.https://www.cnnic.net.cn/NMediaFile/2023/0807/MAIN169137187130308 PEDV637M.pdf.

络娱乐类，如网络视频、网络直播、网络游戏、网络音乐、网络文学等平台；（4）社会服务类，如网约车、互联网医疗、线上健身等平台。[①]　其中，即时通信（使用率 97.2%）、短视频（使用率 94.8%）和网络新闻（使用率 73.4%）是网民使用频率最高的三类移动平台。[②]　进而，从平台的月活跃用户数来看，微信、抖音和今日头条分别在即时通信类、短视频类与网络新闻类平台中排名第一。因此，从用户的行动逻辑来看，微信、抖音和今日头条是当今人们获取风险资讯、参与风险议题生产和传播的三个最常用平台。

就平台的技术逻辑而言，算法推荐是其核心。"算法"（algorithm）指的是计算机处理数据和进行计算所遵循的一系列规则。[③]　算法具有五个基本特征：第一，有穷性（finiteness），即算法必须在有限的步骤内终止；第二，确定性（definiteness），即必须对算法的每一步骤进行精确和严格的定义，不能有任何歧义；第三，输入（input），即确保有数据输入；第四，输出（output），即算法运行后至少有 1 个输出；第五，有效性（effectiveness），即算法的操作原理必须足够基本，可以还原到能让人用铅笔和纸在有限时间内根据算法规则完成计算。[④]　如果将算法视为一种基础原理，那么算法推荐则是该原理在信息传播场景中的应用。算法推荐指的是平台根据生成合成、个性化推送、排序精选、检索过滤、调度决策等规则向用户推送信息的过程。[⑤]　目前，算法推荐已经深入日常生活的方方

---

①　中国互联网络信息中心.（2023）.*第 51 次中国互联网络发展状况统计报告*，第 36—61 页. https://www.cnnic.net.cn/NMediaFile/2023/0807/MAIN169137187130308PEDV637M.pdf.

②　中国互联网络信息中心.（2023）.*第 51 次中国互联网络发展状况统计报告*，第 35 页. https://www.cnnic.net.cn/NMediaFile/2023/0807/MAIN169137187130308PEDV637M.pdf.

③　Gurevich, Y.（2012）. What is an algorithm?. In *International conference on current trends in theory and practice of computer science*（pp. 31-42）. Berlin, & Heidelberg: Springer.

④　刘宇航 & 张菲.（2022）.计算概念谱系：算势、算力、算术、算法、算礼.*中国科学院院刊*（10），1500-1510.

⑤　网信办.（2022 年 1 月 4 日）.*解读《互联网信息服务算法推荐管理规定》*.中国政府网. https://www.gov.cn/zhengce/2022-01/04/content_5666428.htm.

面面,在新闻资讯类平台(今日头条、网易新闻、凤凰新闻等)、短视频类平台(抖音、快手、西瓜视频等)、生活娱乐类平台(小红书、大众点评、美团等)、音乐与有声读物类平台(喜马拉雅、网易云音乐、番茄畅听等)、电商类平台(京东、拼多多、淘宝等)、导航出行类平台(滴滴出行、飞猪、高德地图等)中得到了广泛应用。[1]

　　常见的算法推荐有三类。第一,基于内容的算法推荐。这类算法追踪和收集用户以往的浏览记录和社交足迹,通过清理、分类和储存有效数据来提取其内容属性,建立精确的用户兴趣模型,据此向用户推荐符合其兴趣爱好的个性化内容。[2] 第二,基于协同过滤的算法推荐。这类算法推荐遵循的基本原理是人与人之间的相似性,通过计算不同用户之间的兴趣相似度,将具有相近兴趣的用户归入某个集群中,集群中某位用户对所接触到的信息进行评价,平台则可以根据其评价结果来决定是否将该信息推荐给其他成员:如果评价较高,平台就会将这条内容推荐给其他成员;若评价较低,平台自动终止推荐。[3][4] 第三,混合算法推荐,通过混合两种或者两种以上算法推荐方法,取长补短,提高精度。[5] 可见,基于内容的算法推荐主要根据用户的个人兴趣来运行,基于协同过滤的算法推荐则强调人与人之间的相似性以及在此基础上形成的社交网络,而混合算法推荐是将前两类算法推荐整合在一个框架中从而形成新的算法推荐模式。据此,可将现行的算法推荐大致分为三类模式:基于用户个人偏好、基于用户社交关系以及综合前两者的混合模式。

---

[1]　头豹研究院. (2022 年 9 月 7 日). *2022 年中国推荐算法应用市场研究*. 头豹科技创新. https://www.leadleo.com/report/details/6306dddbad61fd65bf1cc24c.

[2]　李孟浩, 赵学健, 余云峰, 宋学永 & 孙知信. (2022). 推荐算法研究进展. *小型微型计算机系统*(03), 546.

[3]　韩红星 & 何浏. (2023). 推荐与匹配:移动阅读中算法逻辑及运用. *中国出版* (05), 54.

[4]　李孟浩, 赵学健, 余云峰, 宋学永 & 孙知信. (2022). 推荐算法研究进展. *小型微型计算机系统*(03), 546-547.

[5]　李孟浩, 赵学健, 余云峰, 宋学永 & 孙知信. (2022). 推荐算法研究进展. *小型微型计算机系统*(03), 544-554.

作为即时通信类、短视频类和新闻资讯类平台中月活跃用户数最高的移动平台,微信、抖音和今日头条各自的算法推荐模式具有以下特征。

2011 年 1 月,微信正式发布。起初,微信只是一个即时通信工具。之后,随着平台的不断更新迭代,微信逐渐发展为一个集聊天、社交、内容等多种功能于一体的“巨型 APP”(mega APP)。[①] 2018—2019 年,算法开始介入微信,主要涉及公众号和视频号的内容推送。[②] 由于视频号的内容形态与抖音十分相似,所以本研究主要关注微信公众号的内容推荐。微信天然的社交生态为基于社交关系的算法推荐提供了强大的支持,因此,基于用户社交关系的内容推荐是微信算法推荐的核心机制:算法根据微信用户好友对特定内容的浏览量、点赞量、评论量、转发量等指标优先为用户推荐好友正在关注的内容,这些内容会通过“公众号”以及“发现”界面的“看一看”和“视频号”栏目呈现在用户眼前。[③] 由此可见,微信采取的是基于社交关系的算法推荐模式。

抖音成立于 2016 年,与今日头条同属于字节跳动公司,因此在算法推荐模式方面与今日头条存在一定相似性。然而,抖音的内容表现形式均为短视频,今日头条则主打图文类资讯,所以两者的算法推荐模式依然存在差异。抖音的算法推荐内嵌了用户偏好、社交关系、公共议题、场景、差异化和平台优先级六大要素;其中,用户偏好(50.2%)和社交关系(28.4%)是占比最高的两大要素。[④] “用户偏好”包括显性偏好和隐性偏好两类,前者指抖音的算法系统根据用户的浏览记录与之前发布的内容类型向用户推荐个性化内容,后

① Zheng, J., Qi, Z., Dou, Y., & Tan, Y. (2019). How mega is the mega? Exploring the spillover effects of WeChat using graphical model. *Information Systems Research*, *30*(4), 1343-1362.

② 卫夕. (2020 年 9 月 15 日). *为什么微信终于开始拥抱算法分发了?*. 虎嗅. https://www.huxiu.com/article/382245.html.

③ 视频号情报局. (2022 年 6 月 24 日). *视频号的推荐机制是什么?*. 知乎. https://zhuanlan.zhihu.com/p/464551187.

④ 温凤鸣 & 解学芳. (2022). 短视频推荐算法的运行逻辑与伦理隐忧——基于行动者网络理论视角. *西南民族大学学报(人文社会科学版)*(02), 160-169.

者指算法基于用户注册信息,如性别、年龄、职业等人口学指标,向其推荐相关类型内容,如针对年轻女性用户的时尚美妆短视频。[①]值得注意的是,根据用户显性偏好推荐的内容具有更强的针对性,基于用户隐性偏好推荐的内容则不一定能精准匹配其兴趣爱好。"社交关系"指抖音的算法系统根据用户的一级社交关系和二级社交关系进行内容推荐:一级社交关系指用户在抖音平台上关注的好友和用户的手机通讯录好友,属于强关系;二级社交关系指用户上述好友的好友,属于弱关系。[②] 与用户偏好不同,基于社交关系的算法推荐考虑的是用户与其好友的相关性和相似性,好友偏好的内容与用户本人的内容喜好并不必然重合。所以,抖音的算法推荐模式综合了用户偏好与社交关系。

今日头条于 2012 年成立,是国内首个运用算法推荐进行内容生产的新闻客户端。今日头条创立之初的口号是"没有采编人员,运转核心是一套由代码搭建而成的算法"[③]。之后,内容分发的"算法黑箱"不断陷入各种争议,今日头条整改平台内容,宣布由"算法为王"向"人机结合"转变;尽管如此,算法推荐依旧是今日头条运行的核心技术。[④] 今日头条的算法推荐模式主要包括三个维度的变量:(1)内容特征,从图文、视频、问答、微头条等内容中提取不同类型内容的特征;(2)用户特征,根据用户的兴趣标签、职业、年龄、性别、手机机型等基本信息构建用户兴趣爱好模型;(3)环境特征,用户对信息的偏好将随着 APP 的使用时间、使用地点和使用场景(如工作、通勤、娱乐、旅游等)而发生变化,据此向用户推送符合其

---

① 温凤鸣 & 解学芳. (2022). 短视频推荐算法的运行逻辑与伦理隐忧——基于行动者网络理论视角. *西南民族大学学报(人文社会科学版)* (02), 160-169.

② 温凤鸣 & 解学芳. (2022). 短视频推荐算法的运行逻辑与伦理隐忧——基于行动者网络理论视角. *西南民族大学学报(人文社会科学版)* (02), 160-169.

③ 杨鑫健 & 张宁. (2018 年 3 月 23 日). *张一鸣对话钱颖一:读大学时最爱看传记,保持学习能力更重要*. 澎湃新闻. https://www.thepaper.cn/newsDetail_forward_2039963.

④ 喻国明 & 杜楠楠. (2019). 智能型算法分发的价值迭代:"边界调适"与合法性的提升——以"今日头条"的四次升级迭代为例. *新闻记者* (11), 15-20.

偏好的内容。① 可见,"内容特征""用户特征""环境特征"分别根据客户端内容、用户画像和使用场景向用户推荐符合其兴趣爱好和行为习惯的内容。因此,今日头条的算法推荐模式以用户偏好为主。

　　本书结合相关文献并基于现有公开资料归纳了微信、抖音和今日头条三个平台的算法推荐模式的主要特征,尽管不能全面深入地呈现每个平台的算法推荐全貌,但可以为读者理解算法推荐提供一些初步线索。需要说明的是,由于算法推荐在某种程度上属于平台公司的商业机密,所以公司并不会对外公开其算法推荐的全部原理和运行机制。换言之,平台算法其实是一个"黑箱",其中的指令设置标准、配比结构和运行原理错综复杂,除了"输入信息"这一起因和"输出结果"这一结果之外,中间环节并不为广大用户所知。② 人们了解的只是每个平台有其特定的一套算法推荐模式,而不同平台的算法推荐模式有所差异。因此,在实际研究过程中,本书并不打算深入探究每个平台算法推荐的内部机制,而是将三个平台分别视为三种算法推荐模式的代表。

　　综上所述,无论是从用户规模和活跃度还是从算法推荐模式的示例性来看,微信、抖音和今日头条都是当今三个常用的移动平台。因此,本研究将按章依次考察健康风险议题、技术风险议题和环境风险议题各自在这三个平台上的显著性演化规律。③

2.3　研究思路、研究问题、研究假设和研究方法

　　确定了基本的风险议题类型及其典型案例和当今最常用的移动平台后,若要揭示移动传播中风险议题显著性演化的一般机理,

---

　　① 高小倩. (2018 年 1 月 16 日). *36 氪首发 | 今日头条推荐算法原理全文详解*. 36 氪. https://www.36kr.com/p/1722189037569.

　　② 林凡 & 林爱珺. (2022). 打开算法黑箱:建构"人-机协同"的新闻伦理机制——基于行动者网络理论的研究. *当代传播*(01), 51-55.

　　③ 就第 3 章至第 5 章每一章的主要内容而言,按照微信、抖音和今日头条三个平台分三节考察。

尚需付诸一定的研究程序来对议题显著性演化进行分析。对此，本节内容首先说明研究思路，即如何从用户的行动逻辑和平台的技术逻辑分析风险议题显著性演化；接着，以移动平台上三类基本风险议题的典型案例及其演化为研究靶子，提出若干研究问题和研究假设；最后，介绍具体的研究方法，以回答研究问题并验证研究假设。

2.3.1　移动平台上风险议题显著性演化的研究思路

围绕"议题显著性及其演化"，本研究用"用户的行动逻辑"和"平台的技术逻辑"来进行解释，即用两种逻辑分析议题显著性水平上升和下降的原因，并尝试揭示健康、技术和环境三类风险下的典型议题在微信、抖音与今日头条三大平台上的显著性演化规律。

首先，本书将议题显著性定义为议题可见度，进而将议题可见度操作化为某一平台上涉及议题关键词的帖子浏览量，这里的"帖子"包括含有议题关键词的原创帖、转发帖和评论帖。需要说明的是，议题显著性水平有"时刻"和"阶段"之分，某一时刻的议题显著性水平表现为该时刻相关帖子的浏览量，而某一阶段的议题显著性水平则是一种累积效应，综合了这一时间段内相关帖子的浏览量。根据本研究使用的数据库，测量帖子浏览量的最小时间单位是"日"。因此，"日"就成为测量议题显著性水平的"时刻"，在"日"的基础上累积而成的"周""月""年"等则是衡量一定阶段内议题显著性水平的时间单位。[①] 譬如，关于微信平台上的健康风险议题如阿尔茨海默病议题，2023 年 1 月 1 日议题显著性水平指当天相关微信帖子的浏览量，而 2023 年 1 月 1 日至 2023 年 2 月 1 日的议题显著性水平则计算为这一个月内每一天相关帖子的浏览量之和。从实时动态来看，可以在坐标系中对议题显著性演化轨迹加以图示：纵轴表示议题显著性水平，通过帖子浏览量来体现，

---

① 本书使用 SocialX 数据库生成帖子的相关数据，本章 2.3.3 会具体介绍 SocialX 数据库。

横轴即议题演化时间;一个子议题的显著性水平升降在坐标系中表现为一个倒 U 形,由不同子议题构成的议题系统显著性演化轨迹则可以描绘为由多个倒 U 形接续不断构成的振荡曲线(如图 2-2 所示)。

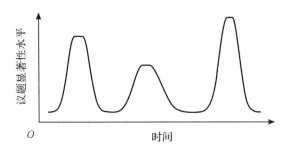

图 2-2 移动平台上风险议题显著性水平演化图示

其次,所谓"逻辑"是指一以贯之的东西,广义上则是规律的呈现。在此,用户的行动逻辑指用户在平台上的传播行为所遵循的普遍法则,也是导致风险议题显著性水平上升或下降的一般规律。它表现于"内容生产"和"内容消费"之中,两者是用户在平台上的两大"行动";由于"帖子"是内容的表现形式,因此这两大行动亦可称作"帖子生产"和"帖子消费"。更具体些说,用户主要通过"原创""转发""评论"来生产帖子,由此产生的帖子总量(即原创帖、转发帖和评论帖数量之和)直接反映了帖子生产力高低。而"浏览"是用户消费帖子内容的主要方式,帖子浏览量是测量议题显著性水平的首要指标。总体来说,平台用户生产的帖子数量越多,这些帖子被广大用户浏览的次数也越多,帖子浏览量即议题显著性水平相应越高;反之,用户生产的帖子数量越少,帖子浏览量越低。所以,按照生产决定消费的原理,用户的行动逻辑遵循的是"帖子生产力决定帖子浏览量"这一规律。

最后,这里的平台的技术逻辑是指算法推荐影响风险议题显著性水平上升或下降的一般规律。通常而言,只要算法推荐发挥作用,即不断向用户推送这些帖子,帖子浏览量即议题显著性水平就会迅速提升;反之,当算法推荐作用日渐式微时,帖子浏览量自然下降。因此,技术逻辑的关键在于,平台算法推荐在什么情况下能够起到显著作用。在技术社会学的社会建构论和行动者网络理论视角下,算法推荐作为一类"非人类行动者"与"人类行动者"发生交互作用,而不同的人类行动者会对算法有不同赋义。根据平台公司内部专业人员与外部用户(包括内容生产者和内容消费者)的理解,不妨将平台算法推荐视为一套技术流程,其运作包括两个关键环节:第一,算法推荐是一套打分系统,它会根据特定规则指令对进入平台的内容打分,那些可能获得较高流量的内容将得到高分,由此进入流量池;第二,针对进入流量池的内容,算法会根据用户及其社交网络的特征进行内容匹配,进而将匹配成功的内容推荐给用户。[1][2][3] 这里,第一个环节是平台算法向用户推荐特定内容的前提和基础,即只有那些符合算法打分规则并获得高分的内容才有可能被算法推荐,进而被海量用户浏览。因此,平台算法能否发挥推荐作用以及推荐力度大小首先取决于帖子内容是否符合平台的算法推荐模式。

帖子的内容属性可以概括为用户创作帖子时所采用的"框架",它反映了创作者理解议题的视角以及相应的叙事方式。[4] 与具体的语言表述和形式各异的呈现风格不同,框架是相对稳定的。譬如,"利益协调"和"科普解释"是风险议题中常见的框架,前者旨在协调多方涉事主体之间的利益以避免争议升级,后者通过提供

---

[1]　徐笛. (2019). 算法实践中的多义与转义:以新闻推荐算法为例. *新闻大学*(12), 39-49+120.

[2]　温凤鸣 & 解学芳. (2022). 短视频推荐算法的运行逻辑与伦理隐忧——基于行动者网络理论视角. *西南民族大学学报(人文社会科学版)*(02), 160-169.

[3]　喻国明 & 韩婷. (2018). 算法型信息分发:技术原理、机制创新与未来发展. *新闻爱好者*(04), 8-13.

[4]　Matthes, J. (2009). What's in a frame? A content analysis of media framing studies in the world's leading communication journals, 1990-2005. *Journalism & Mass Communication Quarterly*, 86(2), 349-367.

专业知识和应对策略来指导公众有效防范化解风险。①② 因此,帖子内容是否与平台算法推荐相匹配便可以简化为帖子框架是否符合平台算法推荐。进一步来看,帖子框架符合平台算法推荐的比例越高,算法推荐力度越大,帖子浏览量也越高;而帖子框架符合算法推荐的比例越低,算法推荐力度越小,帖子浏览量就越低。概言之,平台的技术逻辑遵循的是"帖子框架符合平台算法的比例大小决定算法推荐力度大小"这一规律,由此影响帖子浏览量或议题显著性水平。

　　本书根据风险议题在移动平台上的显著性演化轨迹,将议题显著性演化分为上升期和下降期两个阶段,使用平台数据和帖子文本,从用户的行动逻辑和平台的技术逻辑来分析议题显著性水平上升与下降的原因。需要说明的是,研究考察的健康风险议题、技术风险议题和环境风险议题是三类基本的系统性风险议题,它们在演化过程中先后会衍生出一系列相互关联的子议题,形成一个议题系统。议题系统中每一个子议题的显著性水平升降是议题系统显著性周期性演化的基本单位。所以,就某个风险议题系统而言,其议题显著性水平上升期实为一年内由之派生的多个子议题显著性水平上升期的集合,其议题显著性水平下降期则指这些子议题显著性水平下降期的集合。

　　本书第 3 章至第 5 章依次对健康风险议题、技术风险议题和环境风险议题显著性演化展开实证研究。针对每一章的一个典型议题,分别考察其在微信、抖音和今日头条三大移动平台上的显著性演化情况,分析思路如下:该议题显著性演化轨迹如何呈现? 议题系统由哪些热门子议题构成? 用户的行动逻辑与平台的技术逻辑如何共同影响议题显著性水平? 据此归纳移动平台上每一类风险议题显著性演化规律。最后,从这些规律中揭示移动传播中风险

　　① 詹承豫 & 赵博然. (2019). 风险交流还是利益协调:地方政府社会风险沟通特征研究——基于 30 起环境群体性事件的多案例分析. 北京行政学院学报(01), 1-9.

　　② 张涛. (2022). 突发公共卫生事件中的风险沟通与专家困境. 自然辩证法研究(05), 123-128.

议题显著性演化新机理。图 2-3 展示了本书的研究思路。

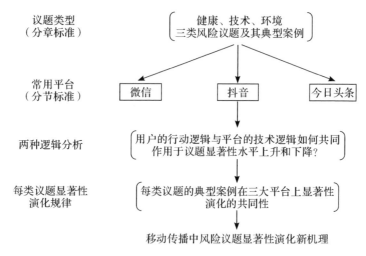

议题类型
（分章标准）　　　健康、技术、环境
　　　　　　　　三类风险议题及其典型案例

常用平台
（分节标准）　　微信　　　　抖音　　　　今日头条

两种逻辑分析　　用户的行动逻辑与平台的技术逻辑如何共同
　　　　　　　　作用于议题显著性水平上升和下降?

每类议题显著性　　每类议题的典型案例在三大平台上显著性
演化规律　　　　　　演化的共同性

移动传播中风险议题显著性演化新机理

图 2-3   移动平台上风险议题显著性演化的研究思路

2.3.2   研究问题与研究假设

本书第 3 章至第 5 章分别将阿尔茨海默病议题、人工智能议题
和气候变暖议题作为健康风险、技术风险和环境风险三类基本风
险议题的典型案例①,通过实证研究试图揭示每类议题在微信、抖
音和今日头条三大移动平台上的显著性演化规律。针对一个平台
上的一个典型议题,首先描述该议题显著性演化轨迹,接着考察这
一议题系统先后衍生了哪些相互关联的子议题,然后分析用户的
行动逻辑与平台的技术逻辑如何促使议题显著性水平上升,最后
分析两种逻辑又如何导致议题显著性水平下降。

按照议题类型提出三组研究问题,每一组研究问题包括两个
子问题,分别探究三个平台上议题显著性演化轨迹并追踪该议题
系统衍生的热门子议题。研究问题的编号规则如下:就议题而言,
罗马数字Ⅰ、Ⅱ、Ⅲ分别代表阿尔茨海默病议题、人工智能议题和

①   第 3 章至第 5 章开篇的"案例简介"会具体说明这三个议题的典型性。

气候变暖议题;就平台来说,小写英文字母 a、b、c 分别表示微信、抖音和今日头条。

　　研究问题Ⅰ-1:在微信(a)、抖音(b)和今日头条(c)三大平台上,阿尔茨海默病议题<u>显著性演化轨迹</u>各自如何呈现?

　　研究问题Ⅰ-2:在微信(a)、抖音(b)和今日头条(c)三大平台上,阿尔茨海默病议题先后衍生了哪些<u>热门子议题</u>?

　　研究问题Ⅱ-1:在微信(a)、抖音(b)和今日头条(c)三大平台上,人工智能议题<u>显著性演化轨迹</u>各自如何呈现?

　　研究问题Ⅱ-2:在微信(a)、抖音(b)和今日头条(c)三大平台上,人工智能议题先后衍生了哪些<u>热门子议题</u>?

　　研究问题Ⅲ-1:在微信(a)、抖音(b)和今日头条(c)三大平台上,气候变暖议题<u>显著性演化轨迹</u>各自如何呈现?

　　研究问题Ⅲ-2:在微信(a)、抖音(b)和今日头条(c)三大平台上,气候变暖议题先后衍生了哪些<u>热门子议题</u>?

　　用户的行动逻辑与平台的技术逻辑是影响移动平台上风险议题显著性水平上升和下降的两大力量。如前所述,用户的行动逻辑遵循帖子生产力决定帖子浏览量这一规律,平台的技术逻辑则遵循帖子框架符合平台算法的比例决定算法推荐力度从而影响帖子浏览量这一规律。可见,两种逻辑会各自影响帖子浏览量即议题显著性水平上升或下降;此外,它们还会共同作用于议题显著性水平升降。由于帖子是算法推荐的原材料,因此,在现成帖子的基础上,算法推荐力度成为影响帖子浏览量的关键因素。换言之,用户的行动逻辑与平台的技术逻辑对议题显著性演化的共同作用是:算法推荐力度全程调节用户帖子生产力与帖子浏览量之间的关系(详见图 2-4)。从议题演化周期来看,这一共同作用表现为:在议题显著性水平上升期,用户帖子生产力变大,而且这些帖子的框架中有绝大多数符合平台算法推荐,算法推荐力度增强,助推帖子浏览量飙升;但在议题显著性水平下降期,用户帖子生产力变小,而且留存帖子的框架中只有少量符合平台算法推荐,算法推荐式微,导致帖子浏览量锐减。

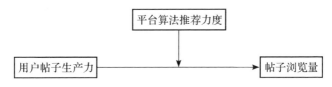

图 2-4　用户的行动逻辑与平台的技术逻辑共同作用于
议题显著性水平升降的方式(理论假设)

根据上述作用方式,对议题显著性演化提出三组研究假设。研究假设的编号规则与研究问题的编号规则一样:罗马数字代表三个典型的风险议题,小写英文字母表示移动平台。以下三组假设分别聚焦阿尔茨海默病议题、人工智能议题和气候变暖议题,根据议题显著性水平上升期和下降期两个阶段将每组研究假设分为两个子假设,就每个子假设而言,再按照三个平台进一步将其拆分为三个具体假设:

研究假设Ⅰ-1:分别针对微信(a)、抖音(b)和今日头条(c)平台,在阿尔茨海默病议题显著性水平上升期,用户帖子生产力要大于下降期的帖子生产力,而且帖子框架中符合平台算法推荐的比例会高于不符合该算法推荐的比例。

研究假设Ⅰ-2:分别针对微信(a)、抖音(b)和今日头条(c)平台,在阿尔茨海默病议题显著性水平下降期,用户帖子生产力要小于上升期的帖子生产力,而且留存帖子的框架中不符合平台算法推荐的比例会高于符合该算法推荐的比例。

研究假设Ⅱ-1:分别针对微信(a)、抖音(b)和今日头条(c)平台,在人工智能议题显著性水平上升期,用户帖子生产力要大于下降期的帖子生产力,而且帖子框架中符合平台算法推荐的比例会高于不符合该算法推荐的比例。

研究假设Ⅱ-2:分别针对微信(a)、抖音(b)和今日头条(c)平台,在人工智能议题显著性水平下降期,用户帖子生产力要小于上升期的帖子生产力,而且留存帖子的框架中不符合平台算法推荐的比例会高于符合该算法推荐的比例。

　　研究假设Ⅲ-1:分别针对微信(a)、抖音(b)和今日头条(c)平台,在气候变暖议题显著性水平上升期,用户帖子生产力要大于下降期的帖子生产力,而且帖子框架中符合平台算法推荐的比例会高于不符合该算法推荐的比例。

　　研究假设Ⅲ-2:分别针对微信(a)、抖音(b)和今日头条(c)平台,在气候变暖议题显著性水平下降期,用户帖子生产力要小于上升期的帖子生产力,而且留存帖子的框架中不符合平台算法推荐的比例会高于符合该算法推荐的比例。

　　回答上述三组研究问题并验证三组研究假设,不仅能描绘移动平台上风险议题显著性演化轨迹、追踪议题系统的热点变化,而且有助于深入了解用户的行动逻辑与平台的技术逻辑如何影响议题显著性演化。

2.3.3　研究方法

　　本书采用以下研究方法来回答上述研究问题并验证研究假设。

　　第一,采取大数据分析法来考察研究问题Ⅰ-1、Ⅱ-1、Ⅲ-1,即在微信、抖音和今日头条三大常用平台上,观察阿尔茨海默病议题、人工智能议题和气候变暖议题显著性演化轨迹各自如何呈现。议题数据源自秒针系统 SocialX 数据库。[①] SocialX 是一款即开即用的社交媒体数据分析工具,覆盖全网十多万个平台,每日抓取上亿条数据进行更新。[②] 本研究使用 SocialX 的"实时舆情"功能板块,在界面查询对话框中分别输入"阿尔茨海默病""人工智能""气候变暖"作为关键词,搜索时间限定为一年,即 2022 年 9 月 14 日至

---

　　① 　秒针系统是一家基于数据和人工智能为企业等各类组织机构提供全域计划、全链测量、内容智能和洞察分析等产品服务的技术公司。该公司旗下有多个数据库,其中,SocialX 是一个涵盖近两年全网社交媒体和各类平台的大型数据库。SocialX 数据库主页:https://www.miaozhen.com/socialx。该数据库的使用权限仅限于已注册的企业用户。

　　② 　SocialX. (2023). 入门必读. https://socialx.miaozhen.com/help/.

2023 年 9 月 14 日①，将帖子浏览量作为衡量议题显著性水平的指标②，以"周"为议题显著性演化的时间单位③。本研究选取"周"而非"日"或"月"作为时间单位的理由是：以"日"为单位的议题显著性演化轨迹显得过于密集，而且阿尔茨海默病、人工智能和气候变暖之类的风险议题是长期存在的，并不会在前后几天内出现急剧变化；若以"月"为单位，议题显著性演化轨迹将显得过于平缓，难以显示议题显著性水平升降起伏的规律；而"周"是比较适合呈现演化轨迹的时间单位，既符合三类风险议题的演化节奏，又能清晰呈现议题显著性水平变化。数据来源平台选取"微信""抖音""今日头条"。设置上述搜索条件之后，SocialX 数据库会自动输出每个平台上每个议题的显著性演化轨迹，每条轨迹表现为周期性升降的一条曲线。

第二，采用基于 Python 的分布式爬虫法挖掘议题相关帖子并对热门帖子进行文本分析，以回答研究问题Ⅰ-2、Ⅱ-2、Ⅲ-2，即追踪移动平台上阿尔茨海默病议题、人工智能议题和气候变暖议题的热点演化。由于不能直接从 SocialX 数据库中导出全部帖子，所以本研究委托长沙市峰荐网络科技有限公司采用基于 Python 的分布式爬虫方法挖掘一年内微信、抖音和今日头条平台上与阿尔茨海默病、人工智能和气候变暖议题相关的帖子。④"帖子"一般包括三种，即原创帖、转发帖和评论帖。原创帖构成议题的初始内容和关键内容，而评论帖和转发帖虽在原创帖基础之上增添了一些用户观点，但其核心观点仍然以原创帖为主，因而原创帖具有较强的代表性。因此，本研究委托长沙市峰荐网络科技有限公司挖掘

---

① 本研究考察三个风险议题在最近一年内的显著性演化，以数据搜索时间为截止时间，往前倒推一年，即把搜索时间范围限定在 2022 年 9 月 14 日至 2023 年 9 月 14 日。

② 本研究将议题显著性定义为议题可见度。在 SocialX 数据库中，涉及议题关键词的帖子浏览量被称为"曝光量"，浏览量意味着帖子可见度，即帖子被用户看见的次数，因此将帖子浏览量作为测量议题显著性水平的指标。详见：https://socialx. miaozhen. com/help/chapter2/section2. 1. html。

③ SocialX 数据库提供议题演化趋势的三种时间单位——"日""周""月"。

④ 这里的"一年"仍然指 2022 年 9 月 14 日至 2023 年 9 月 14 日。

的帖子是与三个议题相关的原创帖。每个平台上每个议题显著性
演化轨迹会先后出现多个波峰,一个波峰对应一个日期,当天的相
关帖子构成一个热门子议题。针对每个波峰对应的日期,选择当
日浏览量排名前十的热门帖子进行文本分析,若遇到当天帖子不
足十条的情况,则分析所有帖子。根据热门帖子的文本分析结果,
追踪阿尔茨海默病议题、人工智能议题和气候变暖议题在移动平
台上各自先后衍生了哪些备受关注的子议题。

　　第三,通过大数据分析法和人工智能辅助的三级编码来验证
研究假设Ⅰ、Ⅱ、Ⅲ及其子假设,即依次比较阿尔茨海默病议题、人
工智能议题和气候变暖议题显著性水平上升期和下降期帖子生产
力大小,并计算每个议题的两个阶段帖子框架符合平台算法推荐
的比例。一定时期内,帖子生产力大小通过帖子数来衡量,这里的
"帖子数"指的是原创帖、转发帖和评论帖数量总和。根据一年内
特定移动平台上一个风险议题的显著性演化轨迹,SocialX 数据库
会输出该议题所有子议题显著性水平上升期和下降期的帖子数,
据此比较每个子议题显著性水平上升期的帖子生产力是否都大于
其下降期的帖子生产力。接着,针对前述网络科技公司挖掘的帖
子,通过分层随机抽样的方法抽取该议题系统中所有子议题显著
性水平上升期和下降期的相关帖子①,对其进行三级编码分析以计
算帖子框架符合平台算法推荐的比例。

　　三级编码分析的原理是"扎根理论"(grounded theory)。基于扎
根理论的文本编码是一个从具体资料中产生抽象概念的归纳过程,
一般包括三个步骤:(1)一级编码,又称开放式编码,即研究者尽量悬
置主观偏见,以开放的心态把搜集到的资料打散并赋予其概念,这里
的概念称为子范畴;(2)二级编码,又称主轴式编码或关联式编码,
该步骤的主要任务是发现并建立子范畴之间的联系,把不同子范
畴归纳为更具概括性的主范畴;(3)三级编码,又称选择式编码,即

---

① 第 3 章至第 5 章内容将具体报告移动平台上三个议题相关帖子的分层随机抽
样步骤。

进一步探析主范畴之间的逻辑关系，据此发展新的理论构架。[1][2][3]

　　在本研究中，一级编码即分析每条帖子会从哪些方面和角度谈论某个风险议题，并据此归纳子范畴。二级编码指的是整合相似的子范畴，将其归纳为一些更具概括性的主范畴，即帖子的框架。三级编码则是对框架（即二级编码结果）进行分类的过程，分类标准是某一个框架是否符合特定平台的算法推荐。由于平台的算法推荐十分复杂，单靠研究者个人经验和主观判断所得的结果并不可靠。但是，ChatGPT 等基于大语言模型（large language models，简称 LLMs）的人工智能系统则涵盖了海量语料文本，加上深度神经网络和自然语言处理（natural language processing，简称 NLP）等技术，按照"数据输入—机器学习—文本输出"的流程来运作，即可解决上述难题。[4] 显然，ChatGPT 掌握的语料是人工搜索和归纳无法比拟的，在其中输入相关指令，所得结果比基于个人经验的主观判断更有广泛性和完整性。而且，已有一些学者开始探究如何将基于大语言模型的人工智能运用于文本的质性分析。[5][6] 因此，本书采用人工智能辅助的方式对帖子进行三级编码。具体操作如下，在 ChatGPT-3.5 对话界面上输入以下问题：

———————

[1]　陈向明. (1999). 扎根理论的思路和方法. *教育研究与实验*(04)，58-63＋73.

[2]　刘鲁川，李旭 & 张冰倩. (2017). 基于扎根理论的社交媒体用户倦怠与消极使用研究. *情报理论与实践*(12)，100-106＋51.

[3]　王蔚. (2020). 微信老年用户的健康信息采纳行为研究. *国际新闻界*(03)，91-107.

[4]　Seagull Song, & Chen Peiling. (2023 年 4 月 25 日). *浅析 ChatGPT 训练数据之合理使用*. LEXOLOGY. https：www. lexology. com/library/detail. aspx? g＝9491e946-5747-4f55-b867-6fb2ca252401. 尽管 OpenAI 并未公开 GPT-3.5 语言模型数据量，但 GPT-3 的训练基础有 1750 亿个参数，由此不难推测 GPT-3.5 语言模型涵盖了更庞大的数据文本。

[5]　Xiao, Z., Yuan, X., Liao, Q. V., Abdelghani, R., & Oudeyer, P.-Y. (2023). Supporting qualitative analysis with large language models: Combining codebook with GPT-3 for deductive coding. In *Companion Proceedings of the 28th International Conference on Intelligent User Interfaces* (pp. 75-78). New York: Association for Computing Machinery.

[6]　Zhang, H., Wu, C., Xie, J., Kim, C., & Carroll, J. M. (2023, October 10). *QualiGPT: GPT as an easy-to-use tool for qualitative coding.* arXiv. https://doi. org/10. 48550/arXiv. 2310. 07061.

　　请按照是否符合××平台算法推荐的标准,将以下内容分为两类,一类符合××平台算法推荐,另一类不符合××平台算法推荐:

　　[……此处内容是指输入二级编码所得的所有框架,并对每一个框架进行简单定义]

以上提问中的"××"分别指微信、抖音和今日头条三大平台。之后,ChatGPT-3.5 会呈现分类结果,并说明分类理由。诚然,ChatGPT 提供的答案并非完全可信,有时它也会犯错。所以,本研究基于 ChatGPT-3.5 提供的答案,并结合平台的算法推荐特征进行调整,将诸多框架分为两大类:一类是符合特定平台算法推荐的框架,另一类则是不符合该算法推荐的框架。最后,根据三级编码的分类结果,分别计算在议题显著性水平上升期和下降期,帖子框架符合某个平台算法推荐的比例,以及不符合该算法推荐的比例。

表 2-1 概括了本书采用的研究方法。

表 2-1　研究方法概览

研究问题和研究假设的主要内容	研究方法
研究问题Ⅰ-1、Ⅱ-1、Ⅲ-1:在移动平台上,阿尔茨海默病议题、人工智能议题、气候变暖议题的显著性演化轨迹如何呈现?	①大数据分析法(基于 SocialX 数据库)
研究问题Ⅰ-2、Ⅱ-2、Ⅲ-2:在移动平台上,阿尔茨海默病议题、人工智能议题、气候变暖议题先后衍生了哪些热门子议题?	①基于 Python 的分布式爬虫数据挖掘法 ②文本分析法
研究假设Ⅰ-1、Ⅱ-1、Ⅲ-1:在阿尔茨海默病议题、人工智能议题和气候变暖议题显著性水平上升期,用户帖子生产力变大,而且帖子框架中符合平台算法推荐的比例会高于不符合算法推荐的比例,算法推荐力度增强,助推帖子浏览量飙升。 研究假设Ⅰ-2、Ⅱ-2、Ⅲ-2:在阿尔茨海默病议题、人工智能议题和气候变暖议题显著性水平下降期,用户帖子生产力变小,而且留存帖子的框架中不符合平台算法推荐的比例会高于符合算法推荐的比例,算法推荐式微,导致帖子浏览量锐减。	①大数据分析法(基于 SocialX 数据库) ②基于 Python 的分布式爬虫数据挖掘法 ③人工智能辅助的三级编码分析

第3章 健康风险议题显著性演化案例分析

3.1 案例简介:阿尔茨海默病议题作为影响长远的健康风险议题

　　本章探究常用移动平台上健康风险议题显著性演化。在《全球风险报告》(*Global Risks Report*)中,健康风险涵盖诸多议题,例如突发公共卫生事件、慢性疾病、心理疾病等。若将健康风险置于一个时间连续统上,那么突发公共卫生事件的后果更靠近当下,慢性疾病和心理疾病的影响则偏向未来。而且,在慢性疾病和心理疾病的交叉地带,存在着一种至今为止还无法有效规避的健康风险,即阿尔茨海默病。有鉴于此,本章选取阿尔茨海默病议题作为健康风险议题的典型案例。

　　全球范围内,随着人口老龄化速度不断加快,如今阿尔茨海默病已成为威胁老年人身心健康和社会可持续发展的一大隐患。阿尔茨海默病(Alzheimer's disease,简称 AD)是一种高发于老龄人群的神经系统退行性疾病,包括早期的"主观认知下降"(subjective cognitive decline,简称 SCD)、中期的"轻度认知功能障碍"(mild cognitive impairment,简称 MCI)和晚期的"痴呆"(失能失智状态)三个主要发展阶段[1],其病征一般表现为患者在认知和行为方面的失常,如记忆缺损、日常生活能力减退和行为障碍等。[2] β-淀粉样

---

　　[1]　Tahami Monfared, A. A., Byrnes, M. J., White, L. A., & Zhang, Q. (2022). Alzheimer's disease: Epidemiology and clinical progression. *Neurology and Therapy*, 11(2), 553-569.

　　[2]　肖义军 & 陈莉莉. (2020). 阿尔茨海默症及其预防措施概述. *生物学教学* (10), 2-4.

蛋白(Aβ)毒性、tau 蛋白过度磷酸化、胆碱能神经系统损伤、基因突变、神经元退行性变化、氧化应激、线粒体功能障碍等诸多机制均与阿尔茨海默病的发病率密切相关。[①②] 然而,目前暂无能够治愈该疾病的特效药物,相关疗法多以延缓病程或缓解症状为主。[③④]

　　随着人口老龄化程度不断加深,阿尔茨海默病患者数量迅速增加。[⑤] 截至 2021 年,全球约有 5000 万名阿尔茨海默病患者,预计到 2050 年将有 1.3 亿人罹患该疾病。[⑥] 世界卫生组织报告显示,各种形式的痴呆和阿尔茨海默病已被列入全球十大致死原因。[⑦] 在中国,阿尔茨海默病患病率及死亡率均持续增高,2021年,阿尔茨海默病及其他痴呆的患病率为 1194.2/10 万,死亡率为34.6/20 万。[⑧] 从 1990 年到 2019 年,国内阿尔茨海默病的致死人数逐渐超过胃癌、结直肠癌和食管癌,从致死原因排行榜第 10 位迅速上升至第 5 位。[⑨] 阿尔茨海默病将产生诸多严重后果。

　　首先,阿尔茨海默病对患者的生理健康、心理健康和人际交往

①　刘畅,孟宪勇 & 董晓华. (2020). 阿尔茨海默症的发病机制及治疗药物研究进展. 神经药理学报(04), 36-40.

②　曲少彤,孟涛,尉杰忠 & 裴芳. (2021). 多视角解析阿尔兹海默症的发病机制. 职业与健康(10), 1432-1435.

③　刘畅,孟宪勇 & 董晓华. (2020). 阿尔茨海默症的发病机制及治疗药物研究进展. 神经药理学报(04), 36-40.

④　Alzheimer's Association. (2019). Alzheimer's disease facts and figures. https://alz.org/media/Documents/alzheimers-facts-and-figures-2019-r.pdf.

⑤　Tahami Monfared, A. A., Byrnes, M. J., White, L. A., & Zhang, Q. (2022). Alzheimer's disease: Epidemiology and clinical progression. Neurology and Therapy, 11(2), 553-569.

⑥　王伟,孙会丽,庞晓丽,韩广莛,阚湘苓 & 薛媛媛. (2022). 阿尔兹海默症患者挑战性行为影响因素及干预的研究现状. 职业与健康(12), 1725-1728.

⑦　卢添欢 & 宇传华. (2022). 基于全球视角的中国痴呆症疾病负担现状及趋势分析. 中华疾病控制杂志(06), 684-690.

⑧　王刚,齐金蕾,刘馨雅,任汝静,林绍慧,胡以松等. (2024). 中国阿尔茨海默病报告 2024. 诊断学理论与实践(03), 219-256.

⑨　Jia, J., Wei, C., Chen, S., Li, F., Tang, Y., Qin, W., et al. (2018). The cost of Alzheimer's disease in China and re-estimation of costs worldwide. Alzheimer's & Dementia, 14(4), 483-491.

造成严重危害。由于大脑区域受损,阿尔茨海默病患者吞咽障碍的发生率高达 50%～75%,而吞咽障碍可引发脱水、营养不良、吸入性肺炎和窒息死亡等严重并发症。[1] 而且阿尔茨海默病患者大多伴有焦虑、躁动、抑郁等负面情绪,以及不同程度的精神错乱和人格改变。[2][3] 此外,阿尔茨海默病患者的智能会持续衰退,导致失语、失用、失认等症状,还会出现躯体攻击、语言攻击、尖叫和破坏物品等极端行为。[4] 这不仅导致患者的沟通交往能力和生活质量大幅下降,而且会加速其病情演化,陷入恶性循环。[5]

其次,除了影响患者本人的身心健康和生活质量外,阿尔茨海默病还会增加照料者和患者家庭的负担。由于目前缺乏阿尔茨海默病的治愈方法,患者家属需要在长达数年的时间里事无巨细地照料患者,应对患者的异常认知和行为。[6][7] 有数据显示,为了照顾患者,照料者平均每周需放弃 47 小时工作时间。[8] 在照顾患者的过程中,照料者受到生理、心理、经济、社会等多方面因素的影响,长期处于高压状态,从而成为一类"隐形的病患",生活质量持

---

① 赫晓慈, 宁文杰, 田素斋 & 李彦平. (2015). 阿尔兹海默症患者吞咽障碍护理干预的研究进展. *中国护理管理*(04), 429-432.

② 陈琳, 吴钰祥, 杨隽 & 徐国栋. (2021). 运动干预肌少症与肌—脑—肠环路的研究进展. *武汉体育学院学报*(03), 70-74.

③ Breijyeh, Z. , & Karaman, R. (2020). Comprehensive review on Alzheimer's disease: Causes and treatment. *Molecules*, 25(24), 5789.

④ 孙国婧, 阿怀全 & 胡雪婵. (2022). 阿尔兹海默症患者语用能力蚀失特点研究. *中国听力语言康复科学杂志*(04), 314-316.

⑤ Beart, K. (2008). Care for the person with dementia, 4: Challenges and changes in relationships. *British Journal of Neuroscience Nursing*, 4(3), 118-125.

⑥ 刘太芳, 张爱华, 颜爱英 & 魏凌云. (2017). 国际老年人心理护理研究现状和热点分析. *护理研究*(29), 3653-3658.

⑦ 王伟, 孙会丽, 庞晓丽, 韩广茁, 阚湘苓 & 薛媛媛. (2022). 阿尔兹海默症患者挑战性行为影响因素及干预的研究现状. *职业与健康*(12), 1725-1728.

⑧ 文在信. (2022年9月27日). *加快构建阿尔茨海默病管理"生态圈",助力减轻社会负担*. 《医药经济报》微信公众号. https://mp. weixin. qq. com/s? biz=MjM5M TcyMjYxMw==&mid=2651776931&idx=2&sn=bf91d7a51e0749c257cb938cace7cea a&chksm=bd4b7ab98a3cf3aff845afc849164a2cec4e4cd7d09ac84e29b1334ad0dba0218d0 724637396&scene=27.

续下降。① 此外,非专业照料者往往缺乏相关知识,难以识别阿尔茨海默病患者的生理和心理状况,这可能导致他们深陷照顾角色混淆、情绪困扰等问题。② 已有研究表明,阿尔茨海默病患者照料者的照顾负担越重,他们的悲伤情绪越强烈。③ 而且,对患者的护理照料需要投入大量人力、物力,这进一步增加了患者家庭的赡养负担,同时削弱了家庭功能并影响了家庭关系。④

最后,阿尔茨海默病是一个亟待解决的社会公共问题,主要表现在以下几方面:其一,阿尔茨海默病患者的社会开销巨大。数据显示,包括直接医疗费用、直接非医疗费用和间接费用在内,2015年中国每位患者的平均年度社会经济成本约为 12 万元,全国年度总成本超过 1 万亿元;预计到 2030 年,全国年度总成本将超过 3 万亿元,到 2050 年将达到 11.77 万亿元。⑤ 其二,阿尔茨海默病对现有医疗系统、公共服务和保障制度形成严峻挑战。⑥ 当前,中国的照护机构、医护人员和诊断干预手段十分有限,患者管理资源长期短缺,照料方面的"供不应求"成为应对阿尔茨海默病的主要矛盾。⑦

———————

①　王素明,王志中 & 齐建.(2018).认知障碍对老年人婚姻关系的影响及其应对方式的研究. 老龄科学研究(08),51-60.

②　林小莺.(2006).阿尔兹海默氏症患者的家属照顾者(隐形的病患)健康状况探讨. 心理科学(02),457-459+464.

③　张婷婷,刘春娥 & 尹安春.(2019).161 例阿尔茨海默病患者主要照顾者的照顾负担与悲伤情绪的相关性分析. 护理学报(11),65-67.

④　杨婷,解情,常碧如,朱胜强 & 王志中.(2017).晚期癌症患者家属生活质量现状与家庭功能的关系. 中国健康心理学杂志(04),508-510.

⑤　Jia, J., Wei, C., Chen, S., Li, F., Tang, Y., Qin, W., et al. (2018). The cost of Alzheimer's disease in China and re-estimation of costs worldwide. Alzheimer's & Dementia, 14(4), 483-491.

⑥　申万宏源研究.(2023 年 6 月 30 日). 2023 年阿尔茨海默病行业深度报告 阿尔茨海默病疾病负担重. 未来智库. https://www.vzkoo.com/read/2023063007e8acf77715f7677939661f.html.

⑦　文在信.(2022 年 9 月 27 日). 加快构建阿尔茨海默病管理"生态圈",助力减轻社会负担.《医药经济报》微信公众号. https://mp.weixin.qq.com/s?biz=MjM5MTcyMjYxMw==&mid=2651776931&idx=2&sn=bf91d7a51e0749c257cb938cace7ceaa&chksm=bd4b7ab98a3cf3aff845afc849164a2cec4e4cd7d09ac84e29b1334ad0dba0218d0724637396&scene=27.

其三,阿尔茨海默病导致老年人群的人力资源开发受阻。老年人群(尤其是低龄老年人群)同样具备参与劳动、继续就业的能力,在我国劳动力总量短缺和结构性短缺的情况下,开发老年人力资源具有极其重要的战略意义。① 然而,阿尔茨海默病对老年人群的身心健康造成巨大威胁②③,使其认知能力和行为能力大幅受损,甚至出现无法自理、丧失劳动能力的状况,长此以往,将严重阻碍"积极老龄化"战略的实施。

近年来,社会各界对阿尔茨海默病的关注度与热议度持续增长。每年9月21日是"世界阿尔茨海默病日"。从2004年起,阿尔茨海默病防治协会和国际老年痴呆协会中国委员会连续19年开展"阿尔茨海默病日"活动,足迹遍布国内23个省、自治区、直辖市,科普宣教活动触及人次超过千万。④ 2023年9月21日是第30个"世界阿尔茨海默病日",该年度的主题为"永远不会太早,也不会太晚"。对此,阿尔茨海默病防治协会、国际老年痴呆协会中国委员会、北京老年痴呆防治协会以线上线下联动的方式共同举行新闻发布会,公开向社会征集科普宣讲、义诊咨询、现场体验等宣传教育活动方案。⑤ 此外,2019年4月,全国首档关注认知障碍的纪录观察类公益节目《忘不了餐厅》开播,它不仅唤起了人们对阿尔茨海默病的关注,而且在一定程度上纠正了长期以来社会对该疾病的刻板印象:患病老人并不"痴呆",相反,只要通过自身努力

---

① 王莉莉. (2011). 中国老年人社会参与的理论、实证与政策研究综述. 人口与发展(03), 35-43.

② Tahami Monfared, A. A., Byrnes, M. J., White, L. A., & Zhang, Q. (2022). Alzheimer's disease: Epidemiology and clinical progression. *Neurology and Therapy*, 11(2), 553-569.

③ Ren, R., Qi, J., Lin, S., Liu, X., Yin, P., Wang, Z., et al. (2023). The China Alzheimer Report 2022. *General Psychiatry*, 35(1), e100751.

④ 阿尔茨海默病防治协会科普部. (2023年8月18日). *2023年开展大型科普活动征集通知*. 阿尔茨海默病防治协会网. http://www.caad.org.cn/art/2023/8/18/art_46_345903.html.

⑤ 阿尔茨海默病防治协会科普部. (2023年8月18日). *2023年开展大型科普活动征集通知*. 阿尔茨海默病防治协会网. http://www.caad.org.cn/art/2023/8/18/art_46_345903.html.

和社会支持,他们也可以活得很精彩。

　　除了上述标志性事件,最近一年来,阿尔茨海默病在移动平台上成为一个热门话题:微信平台上有相关帖子52297条,浏览量约为6900万次;抖音平台上有相关帖子101726条,浏览量高达14.7亿次;今日头条平台上与阿尔茨海默病有关的帖子共有24257条,其浏览量达到2200多万次。[①]

　　阿尔茨海默病对老年人群的身心健康构成严重威胁。随着发病率不断上升,相应的社会经济负担也将随之大幅加重。而且,近年来人们在移动平台上广泛关注并热议该病症,使其成为一个日渐显著的健康风险议题。鉴于上述情况,本研究将阿尔茨海默病议题作为健康风险议题的一个典型案例来进行分析。

3.2　微信平台上阿尔茨海默病议题显著性演化分析

　　本节内容探究微信平台上阿尔茨海默病议题显著性如何演化:首先描绘议题显著性演化轨迹并追踪该议题先后衍生了哪些热门子议题;接着考察微信算法推荐力度在议题显著性水平上升期和下降期分别如何调节帖子生产力和帖子浏览量之间的关系;最后总结用户的行动逻辑和平台的技术逻辑共同影响议题显著性水平上升和下降的方式。

3.2.1　议题显著性演化轨迹与热点追踪

　　研究问题Ⅰ-1-a[②]和研究问题Ⅰ-2-a[③]都聚焦微信平台,探究阿尔茨海默病议题显著性演化轨迹如何呈现,以及先后衍生了哪

---

①　上述数据来自 SocialX 数据库,搜索时间为 2022 年 9 月 14 日至 2023 年 9 月 14 日。

②　研究问题编号示意:议题类型(Ⅰ表示阿尔茨海默病议题)-(1 指议题显著性演化轨迹)-常用平台(a 代表微信)。

③　研究问题编号示意:议题类型(Ⅰ表示阿尔茨海默病议题)-(2 指热门子议题)-常用平台(a 代表微信)。

些备受关注的子议题。

在 SocialX 数据库的查询对话框中输入"阿尔茨海默病",将时间范围设置为 2022 年 9 月 14 日至 2023 年 9 月 14 日[①],选择"微信"作为移动平台,得到以下曲线图(图 3-1),作为微信平台上阿尔茨海默病议题显著性演化轨迹。

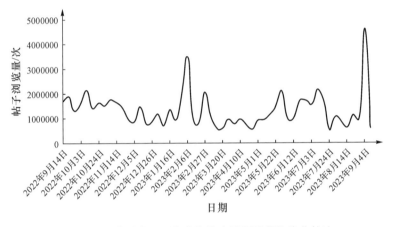

图 3-1　微信平台上阿尔茨海默病议题显著性演化轨迹

在上述坐标系中,纵轴表示阿尔茨海默病议题显著性水平,通过含有"阿尔茨海默病"关键词的帖子浏览量来测量;横轴表示议题演化时间,在此定为一年。从图 3-1 中可以看到,阿尔茨海默病议题显著性水平先后出现了多次升降并形成振荡曲线。其中,一个倒 U 形表示一个子议题的演化周期,整条演化轨迹表示阿尔茨海默病议题在一年内先后衍生了大约 17 个子议题。之所以存在多个子议题生命周期接续不断的情形,是因为阿尔茨海默病议题是一个系统性健康风险议题,其复杂性导致用户从不同角度展开探讨,由此衍生出一个个既有差异又相互关联的子议题,它们共同组成一个议题演化的动态系统。为了更加详细地描述阿尔茨海默病议题在演化过程中先后出现了哪些热门子议题,下文选取 17 个

---

① 本研究考察一年内阿尔茨海默病议题显著性演化,由于数据搜索日期是 2023 年 9 月 14 日,倒推一年,故将起始日期设置为 2022 年 9 月 14 日。

倒 U 形波峰对应日期的热门帖子进行文本分析。在此,"热门帖子"指当天阅读量排名前十的帖子,若当天帖子数量不足 10 条,就选择全部帖子进行文本分析。表 3-1 呈现了 17 个波峰对应日期和当天实际用于分析的帖子数量,并归纳了相应的热门子议题。

　　由表 3-1 可见,在微信平台上,阿尔茨海默病议题于一年内先后衍生出诸多子议题,尽管涉及的具体话题各不相同,但讨论视角大致可归为三大类:(1)阿尔茨海默病的成因、预防与治疗;(2)阿尔茨海默病的危害;(3)与阿尔茨海默病相关的人物故事。值得注意的是,在阿尔茨海默病议题显著性演化轨迹中,2023 年 2 月 6 日和 2023 年 9 月 4 日两个日期对应的议题显著性水平明显高于其他日期,当日帖子浏览量分别超过 300 万次和 400 万次(参见图3-1)。具体来看,这两天的热议话题分别是"19 岁男孩成为最年轻的阿尔茨海默病患者""阿尔茨海默病并发症和特效药研制",前者以极为罕见的患者故事强调该疾病并不局限于老年人,后者提及的特效药则给阿尔茨海默病患者及其家庭带来希望。由此不难推测,在微信平台上,基于患者个人视角(如"19 岁男孩"等)的疾病科普策略和凸显治愈疾病可能性("特效药研制")的正能量内容更容易引发用户关注,从而在议题演化过程中成为尤为显著的热门子议题。

表 3-1　微信平台上阿尔茨海默病议题演化热点追踪

日期	分析帖子数量/条	热门子议题
2022-09-19	10	世界阿尔茨海默病日宣传
2022-10-10	10	阿尔茨海默病成因新机制
2022-10-24	8	阿尔茨海默病中医调理
2022-11-07	10	短视频沉迷儿童大脑形态堪比阿尔茨海默病
2022-12-12	7	以阿尔茨海默病患者为题材的小说推广
2023-01-02	1	女性易患阿尔茨海默病的原因
2023-01-16	7	科学研究发现阿尔茨海默病记忆衰退"机关"
2023-02-06	10	19 岁男孩成为最年轻的阿尔茨海默病患者

续表

日 期	分析帖子数量/条	热门子议题
2023-02-27	4	阿尔茨海默病专家叶玉如专访
2023-03-27	6	生物活性肽可预防或延缓阿尔茨海默病
2023-04-10	1	科普阿尔茨海默病危害
2023-05-29	4	基于抑制 tau 蛋白的阿尔茨海默病治疗
2023-06-19	3	40Hz 神经夹带对阿尔茨海默病疗效的争议
2023-07-10	4	siRNA 药物递送的阿尔茨海默病治疗策略
2023-07-31	3	PET/MR 分子探针作为阿尔茨海默病精准诊疗新武器
2023-08-21	6	阿尔茨海默病发病机理最新进展
2023-09-04	8	阿尔茨海默病并发症和特效药研制

注:由于每条帖子的浏览量大于等于1,所以所有帖子的浏览量一定大于帖子数;而且,表中的帖子数量与图 3-1 中呈现的当日帖子浏览量不是同一个数量级,这是因为 1 条热门帖子可能获得上百万次浏览量。

3.2.2 微信用户帖子生产力变大与算法推荐助推共同提升议题显著性水平

研究假设Ⅰ-1-a①提出,在微信平台上,阿尔茨海默病议题显著性水平上升期的用户帖子生产力要比下降期的帖子生产力大,而且帖子框架中符合微信算法推荐的比例会高于不符合该算法推荐的比例。根据 SocialX 数据库输出的数值以及相关帖子的三级编码分析,下文检验研究假设Ⅰ-1-a 是否成立。

3.2.2.1 议题显著性水平上升期的帖子生产力比下降期大

微信平台上阿尔茨海默病议题显著性演化轨迹由 17 个倒 U 形构成(见图 3-1),但由于第 1 个倒 U 形左半段并不完整,因此选

---

① 研究假设编号示意:议题类型(Ⅰ 代表阿尔茨海默病议题)-议题显著性水平演化原因(1 表示上升原因)-常用平台(a 表示微信)。

择之后 16 个倒 U 形对应时间段作为分析对象。每个倒 U 形表示一个子议题显著性水平上升和下降的周期。为了验证研究假设 I-1-a 的前半部分是否成立，需要逐一比较每个子议题显著性水平上升期的帖子生产力是否都大于同个周期内下降期的帖子生产力。帖子生产力直接表现为用户生产的原创帖、评论帖和转发帖的数量总和。据此，根据 SocialX 数据库输出的数据①，依次比较 16 个子议题显著性水平上升期和下降期的帖子数（详见表 3-2）。具体来看，"上升期 1"的帖子数大于"下降期 1"，"上升期 2"的帖子数大于"下降期 2"，剩余 14 个周期除了"上升期 6"与"下降期 6"的帖子数持平以外，其余每个上升期的帖子数均大于相应下降期的帖子数。可见，微信用户的帖子生产力在阿尔茨海默病议题显著性水平上升期要大于下降期。

表 3-2　微信平台上阿尔茨海默病议题显著性水平上升期和下降期帖子数比较

上升期	帖子数量/条	下降期	帖子数量/条
上升期 1（2022-09-27 至 2022-10-10）	2286	下降期 1（2022-10-11 至 2022-10-17）	1092
上升期 2（2022-10-18 至 2022-10-24）	1181	下降期 2（2022-10-25 至 2022-10-31）	1001
上升期 3（2022-11-01 至 2022-11-07）	5623	下降期 3（2022-11-08 至 2022-12-05）	1136
上升期 4（2022-12-06 至 2022-12-12）	943	下降期 4（2022-12-13 至 2022-12-19）	772
上升期 5（2022-12-20 至 2023-01-02）	1371	下降期 5（2023-01-03 至 2023-01-09）	680
上升期 6（2023-01-10 至 2023-01-16）	632	下降期 6（2023-01-17 至 2023-01-23）	632

---

①　在 SocialX 数据库中输入关键词"阿尔茨海默病"，选择"微信"作为平台，按照 16 个子议题显著性水平上升期和下降期依次设定时间范围，系统会自动输出某一时期内相关帖子的数量。

续表

上升期	帖子数量/条	下降期	帖子数量/条
上升期 7(2023-01-24 至 2023-02-06)	2112	下降期 7(2023-02-07 至 2023-02-20)	1753
上升期 8(2023-02-21 至 2023-02-27)	2960	下降期 8(2023-02-28 至 2023-03-20)	949
上升期 9(2023-03-21 至 2023-03-27)	912	下降期 9(2023-03-28 至 2023-04-03)	855
上升期 10(2023-04-04 至 2023-04-10)	1586	下降期 10(2023-04-11 至 2023-04-24)	804
上升期 11(2023-04-25 至 2023-05-29)	5502	下降期 11(2023-05-30 至 2023-06-12)	1659
上升期 12(2023-06-13 至 2023-06-19)	1835	下降期 12(2023-06-20 至 2023-07-03)	724
上升期 13(2023-07-04 至 2023-07-10)	1852	下降期 13(2023-07-11 至 2023-07-24)	845
上升期 14(2023-07-25 至 2023-07-31)	1525	下降期 14(2023-08-01 至 2023-08-14)	713
上升期 15(2023-08-15 至 2023-08-21)	994	下降期 15(2023-08-22 至 2023-08-28)	865
上升期 16(2023-08-29 至 2023-09-04)	1400	下降期 16(2023-09-05 至 2023-09-11)	761

注:"上升期 n"表示微信平台上阿尔茨海默病议题演化过程中出现的第 n 个子议题显著性水平上升期,"下降期 n"则表示该子议题显著性水平下降期, n 是 1 至 16 中的任一数字。表中数据由 SocialX 数据库自动导出,"帖子数" ＝微信用户生产的原创帖数＋转发帖数＋评论帖数。

3.2.2.2　三级编码帖子来源:分层随机抽样与样本量

"分层随机抽样"(stratified random sampling)是随机抽样的一种具体方法。所谓分层,即把"总体"(population)分成若干个"层"(strata),再按照预先设定的比例从不同层中随机抽取样本;

该抽样方法尤其适用于数量较大的总体,即在确保样本代表性的基础上节省分析大量数据所需的时间和精力。[1]

　　根据微信平台上阿尔茨海默病议题显著性演化轨迹,选择所有子议题显著性水平上升期,挖掘这些时期内微信平台上涉及“阿尔茨海默病”关键词的帖子,共得帖子 1500 条[2],具体数量分布详见表 3-3“分层帖子数量”栏目。需要说明的是,所有子议题上升期($N = 1500$)和下降期($N = 1111$,见表 3-7)构成的 2611 条微信帖子是“总体”,而每一个子议题显著性水平上升期则是“层”。据此,分层随机抽样的步骤如下。

　　首先,根据“样本量计算器”(sample size calculator)的结果[3],在确保 95％ 置信水平(confidence level)和 5％ 误差范围(margin of error)的前提下,需要从总体中抽取 335 条样本;接着,计算每一个子议题显著性水平上升期的帖子数在总体中所占比例,然后用该比例乘以所需样本量($n = 335$),即该分层所需抽取的样本量;最后,综合不同分层抽取所得的 205 条作为样本,用于三级编码分析。表 3-3 呈现了分层随机抽样每一步骤的结果。

表 3-3　微信平台上阿尔茨海默病议题显著性水平上升期分层随机抽样说明

上升期	分层帖子数量/条	分层帖子数量在总体中所占比例/％	分层所需样本量/条
2022-09-27 至 2022-10-10	416	15.9	54
2022-10-18 至 2022-10-24	40	1.5	6

---

[1]　Simkus, J. (2023, July 31). *Stratified random sampling: Definition, method & examples*. Simply Psychology. https://www. simplypsychology. org/stratified-random-sampling. html ＃ ％20Advantages.

[2]　由于 SocialX 数据库不能直接导出帖子,所以本研究委托长沙市峰荐网络科技有限公司挖掘指定时期的帖子作为总体。需要说明的是,公司挖掘的帖子是原创帖,而 SocialX 数据库导出的帖子数则是原创帖、转发帖和评论帖的数量之和。在大多数情况下,原创帖仅占总量很小一部分,基于此,转发帖和评论帖数量才是主要来源。因此,挖掘所得的帖子数(表 3-3)和 SocialX 数据库呈现的帖子数(表 3-2)之间存在巨大差异。

[3]　Sample Size Calculator. https://www. calculator. net/sample-size-calculator. html.

续表

上升期	分层帖子数量/条	分层帖子数量在总体中所占比例/%	分层所需样本量/条
2022-11-01 至 2022-11-07	134	5.1	18
2022-12-06 至 2022-12-12	152	5.8	20
2022-12-20 至 2023-01-02	25	1.0	4
2023-01-10 至 2023-01-16	23	0.9	4
2023-01-24 至 2023-02-06	13	0.5	2
2023-02-21 至 2023-02-27	188	7.2	25
2023-03-21 至 2023-03-27	86	3.3	12
2023-04-04 至 2023-04-10	32	1.2	5
2023-04-25 至 2023-05-29	38	1.5	6
2023-06-13 至 2023-06-19	47	1.8	7
2023-07-04 至 2023-07-10	51	2.0	7
2023-07-25 至 2023-07-31	70	2.7	10
2023-08-15 至 2023-08-21	75	2.9	10
2023-08-29 至 2023-09-04	110	4.2	15

注:为了确保分层所需样本量达到底线要求以上,所得数值若有小数点,统一向前进一位取整数。

3.2.2.3　三级编码结果

针对抽样所得的 205 条帖子,基于扎根理论进行三级编码分析:

首先,对 205 条涉及"阿尔茨海默病"关键词的帖子进行一级编码分析,共得到 22 个子范畴,具体示例详见表 3-4。

表 3-4　微信平台上阿尔茨海默病帖子一级编码结果及其文本示例
（议题显著性水平上升期）

22 个子范畴（涉及该子范畴的帖子数）	文本示例
疾病界定（74）	阿尔茨海默病主要表现为记忆力障碍、性格改变、视空间定向力障碍。
研究现状描述（67）	研究团队首次揭示卵泡刺激素（follicle-stimulating-hormone，FSH）的增高是女性比男性更容易罹患阿尔茨海默病的重要原因。
提供预防措施（66）	50 岁后尽量改掉这 6 种坏习惯。
个人故事（20）	这位老人患有阿尔茨海默病，趁着儿子外出上班，他独自走出家门。
疾病现状和趋势（18）	我国 60 岁及以上人口已达 2.6 亿，以阿尔茨海默病为代表的老年疾病已逐渐成为老年人安度晚年的严峻挑战。
疾病诊断（17）	阿尔茨海默病的检查：神经心理学测验、简易精神量表（MMSE）、日常生活能力评估（ADL）、行为和精神症状的评估（BPSD）。
活动总结（17）	本次义诊活动，普及了有关阿尔茨海默病的专业知识，让百姓对该病有了更深刻的认识。
疾病成因（15）	大脑中神经递质的异常，也是发病的危险因素。
活动宣传（14）	邀请重庆市慈善总会健康类基金顾问、西部阿尔茨海默病爱心慈善基金顾问艾强老师做客直播间，与伙伴们一起畅聊公益，科普阿尔茨海默病。
呼吁关爱患者（12）	对于轻度阿尔茨海默病患者，家属应尽可能多陪同患者外出、参与社会活动。
呼吁关爱老人（12）	请不要认为这是"老糊涂"，及时带他们去医院就诊，才是最好的解决方法。
呼吁关注疾病（10）	关注阿尔茨海默病，健康生活方式惠及全家。生活种种，从容面对，不再回避！

续表

22 个子范畴（涉及该子范畴的帖子数）	文本示例
承担社会责任（10）	作为社会工作者,可以提供四类服务帮助患有阿尔茨海默病的老人及其家庭。
广告宣传（8）	介绍产品和服务:阿尔茨海默病(AD)全方位全过程专家解决系统。
关联解释（7）	如果一个人每天从喝一杯咖啡增加到喝两杯(每杯 240克),18 个月后,其认知功能下降速度可减缓 8%,同时大脑中 β-淀粉样蛋白的累积量可减少 5%。
情绪渲染（6）	最远的距离不是万水千山,而是我在你面前,你却不认识我……
情绪疏导（6）	对于网友的担心,专家表示,不必对此过度担忧。实际上记忆和很多因素有关,绝大多数人"忘事"往往是功能性的,并不是大脑真的出了什么问题。
纠正社会偏见（6）	不是的,你以为的"老糊涂",有可能是一种"慢性绝症"——阿尔茨海默病。
政策介绍（6）	2023 年 5 月 26 日,《国家卫生健康委办公厅关于开展老年痴呆防治促进行动(2023—2025 年)的通知》发布。
风险预警（5）	作为一种高致残、高死亡的神经退行性疾病,阿尔茨海默病已成为日益严重的公共卫生问题和社会问题。
经验式推理（4）	在无法治愈的现况下,阿尔茨海默病患者的病情会不断恶化,生活能力持续下降,照料者付出了巨大的努力,却发现患者病情仍在加重,不禁让照料者感到绝望。
推广引流（1）	9.9 元进群参加训练营。

注:由于 1 条帖子涉及的子范畴有时不止 1 个,因此括号中数值总和会大于样本量(n＝205)。

　　在上述 22 个子范畴中,"疾病界定""研究现状描述""提供预防措施"是出现频率最高的 3 个子范畴。这与微信公众号的内容特征直接相关:公众号是经过平台认证的账号,上面发布的健康风险议题内容不仅注重实用性（如"提供预防措施"），而且强调权威性和科学性（比如"疾病界定""研究现状描述"）。① 对比之下，其余子范畴与微信公众号内容特征的关联度并不如上述 3 个子范畴那么高。从帖子生产者的角度来看，只有采取符合平台内容特征的子范畴，才有可能提升帖子浏览量并获得大量用户关注。由此便不难理解为何"疾病界定""研究现状描述""提供预防措施"成为出现频率最高的 3 个子范畴。

接着，在 22 个子范畴的基础上进一步归纳出主范畴，即文本背后的框架，得到 11 个框架。主范畴和子范畴之间的关系以及框架的界定详见表 3-5。

表 3-5　微信平台上阿尔茨海默病帖子二级编码结果和框架界定
（议题显著性水平上升期）

11 个主范畴 （或框架）	22 个子范畴	框架内涵说明
疾病科普	提供预防措施 疾病成因 疾病现状和趋势 疾病界定 疾病诊断	向公众普及阿尔茨海默病的成因、诊断、后果和预防措施等知识信息。
研究现状 描述	研究现状描述 关联解释	向公众介绍阿尔茨海默病的研究现状以及从多种视角解释患病原因。
风险预警	风险预警	凸显阿尔茨海默病对患者及其家属的身心危害以及社会后果。

① 　根据《微信公众号认证条件及方法》，2014 年 8 月 26 日之前注册的个人账号若要申请微信认证，必须满足两个条件，其中一个条件明确规定"未纠错过主体信息的帐（账）号"，即个人用户从未发表过任何形式的不实信息，可见微信平台对内容生产者的严格把关。此外，2014 年 8 月 26 日之后注册的个人账号已不支持申请微信认证，只有注册企业或组织类型的公众号才能申请微信认证，而这一类账号主体往往代表的是正式组织机构，其发布的内容具有较强的权威性和科学性。详见：https：//developers. weixin. qq. com/community/develop/doc/00088a9ed64678b3cd798221a50009?_at＝1628 925702815。

续表

11个主范畴（或框架）	22个子范畴	框架内涵说明
纠正社会偏见	纠正社会偏见	纠正人们对阿尔茨海默病的刻板印象和偏见。
记录患者日常	个人故事	记录并呈现患者的日常生活故事。
调控个人情绪	情绪渲染 情绪疏导	提高人们对阿尔茨海默病的警惕，并疏导过度焦虑的情绪。
经验式判断	经验式推理	根据个人经验而非科学数据做出有关阿尔茨海默病的论断。
动员公众	呼吁关注疾病 呼吁关爱患者 呼吁关爱老人	呼吁公众关注阿尔茨海默病及其患者，尤其是老年患者群体。
政策介绍	政策介绍	介绍有关阿尔茨海默病患者的医养政策。
提供活动宣导信息	活动宣传 活动总结	提供阿尔茨海默病公益活动（如社区讲座、义诊等）的相关信息。
打造组织形象	承担社会责任 推广引流 广告宣传	介绍推广照料阿尔茨海默病患者的医养机构。

然后，采用 ChatGPT-3.5 展开人工智能辅助的三级编码分析。在 ChatGPT-3.5 对话框中输入以下指令：

请按照是否符合微信平台算法推荐的标准，将以下内容分为两类，一类符合微信平台算法推荐，另一类不符合微信平台算法推荐：

·疾病科普（向公众普及阿尔茨海默病的成因、诊断、后果和预防措施等知识信息）

·研究现状描述（向公众介绍阿尔茨海默病的研究现状以及从多种视角解释患病原因）

·风险预警（凸显阿尔茨海默病对患者及其家属的身心

危害以及社会后果)

　　• 纠正社会偏见(纠正人们对阿尔茨海默病的刻板印象和偏见)

　　• 记录患者日常(记录并呈现患者的日常生活故事)

　　• 调控个人情绪(提高人们对阿尔茨海默病的警惕,并疏导过度焦虑的情绪)

　　• 经验式判断(根据个人经验而非科学数据做出有关阿尔茨海默病的论断)

　　• 动员公众(呼吁公众关注阿尔茨海默病及其患者,尤其是老年患者群体)

　　• 政策介绍(介绍有关阿尔茨海默病患者的医养政策)

　　• 提供活动宣导信息(提供阿尔茨海默病公益活动,如社区讲座、义诊等的相关信息)

　　• 打造组织形象(介绍推广照料阿尔茨海默病患者的医养机构)

　　ChatGPT-3.5 的分类依据如下:微信算法通常更偏向于向用户推荐具有实用性和社会正能量的信息内容,而不太推荐过于主观、带有明显宣传导向或过于专业的内容。根据这一分类标准并结合实际的分类结果,再将 11 个框架分为两种情况,一种是符合微信算法推荐的框架,另一种则是不符合微信算法推荐的框架,详见表 3-6。

表 3-6　微信平台上 ChatGPT-3.5 辅助的阿尔茨海默病帖子三级编码结果
(议题显著性水平上升期)

符合微信算法推荐的框架	不符合微信算法推荐的框架
疾病科普	研究现状描述
风险预警	经验式判断
纠正社会偏见	打造组织形象
记录患者日常	
调控个人情绪	
动员公众	
政策介绍	
提供活动宣导信息	

最后,计算帖子框架中有多少个符合微信算法推荐。针对 205
条帖子的 314 个框架①,其中有 219 个框架符合微信算法推荐,占
比 69.7%,其余 95 个框架不符合微信算法推荐,占比 30.3%。显
然,帖子框架中符合微信算法推荐的比例明显高于不符合该算法
推荐的比例,较高的符合率直接增强平台的算法推荐力度,帖子浏
览量随之迅速提升。

3.2.2.4 结论图示

综上所述,微信用户帖子生产力变大加之微信算法推荐助推,
两者共同促使帖子浏览量飙升(如图 3-2 所示)。这些结果验证了
研究假设 I-1-a。可见,微信平台的技术逻辑是助推阿尔茨海默病
议题显著性水平提升的重要力量。

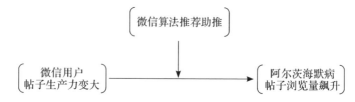

图 3-2　微信平台上两种逻辑提升阿尔茨海默病议题显著性水平的方式

3.2.3 微信用户帖子生产力变小导致算法推荐式微最终致使议题显著性水平下降

研究假设 I-2-a② 提出微信平台上导致阿尔茨海默病议题显
著性水平下降的原因:用户帖子生产力变小,即议题显著性水平下
降期的帖子生产力要小于上升期,而且留存帖子的框架中将有大
部分不符合微信算法推荐。下文首先比较微信平台上阿尔茨海默
病议题显著性水平下降期的帖子数与上升期的帖子数,接着对下
降期的相关帖子进行三级编码分析,最后根据研究发现检验研究

---

① 由于 1 条帖子内含的框架有时不止 1 个,因此框架总量会大于帖子数量。
② 研究假设编号示意:议题类型(I 代表阿尔茨海默病议题)-议题显著性水平演
化原因(2 表示下降原因)-常用平台(a 表示微信)。

假设 I-2-a 是否成立。

3.2.3.1　议题显著性水平下降期的帖子生产力相比上升期变小了

针对阿尔茨海默病议题在一年内衍生出的所有子议题,可以发现除了"上升期 6"和"下降期 6"的帖子数持平以外,其余每个子议题显著性水平下降期的帖子数都小于同个周期内上升期的帖子数(详见表 3-2)。由于帖子数直接反映帖子生产力大小,因此议题显著性水平下降期的帖子生产力相比上升期的确变小了。

3.2.3.2　帖子的三级编码分析结果

与议题显著性水平上升期的数据挖掘方法和抽样步骤一样,本研究选择阿尔茨海默病议题所有子议题的显著性水平下降期作为时间范围,把"阿尔茨海默病"设为关键词,挖掘得到微信平台上相关帖子共计 1111 条。接着根据分层随机抽样的三个步骤针对 1111 条帖子进行抽样,具体结果详见表 3-7。最后得到 151 条帖子作为样本,用于三级编码分析。

表 3-7　微信平台上阿尔茨海默病议题显著性水平下降期分层随机抽样说明

下降期	分层帖子数量/条	分层帖子数量在总体中所占比例/%	分层所需样本量/条
2022-09-19 至 2022-09-26	121	4.6	16
2022-10-11 至 2022-10-17	185	7.1	24
2022-10-25 至 2022-10-31	59	2.3	8
2022-11-08 至 2022-12-05	25	1.0	4
2022-12-13 至 2022-12-19	38	1.5	6
2023-01-03 至 2023-01-09	49	1.9	7
2023-01-17 至 2023-01-23	251	9.6	33
2023-02-07 至 2023-02-20	14	0.5	2
2023-02-28 至 2023-03-20	27	1.0	4
2023-03-28 至 2023-04-03	17	0.7	3
2023-04-11 至 2023-04-24	147	5.6	19

续表

下降期	分层帖子数量/条	分层帖子数量在总体中所占比例/%	分层所需样本量/条
2023-05-30 至 2023-06-12	30	1.1	4
2023-06-20 至 2023-07-03	29	1.1	4
2023-07-11 至 2023-07-24	29	1.1	4
2023-08-01 至 2023-08-14	41	1.6	6
2023-08-22 至 2023-08-28	49	1.9	7

注:为了确保分层所需样本量达到底线要求以上,所得数值若有小数点,统一向前进一位取整数。

在一级编码层面,151 条原创帖涉及 22 个子范畴,具体文本示例详见表 3-8。

表 3-8   微信平台上阿尔茨海默病帖子一级编码结果及其文本示例
(议题显著性水平下降期)

22 个子范畴（涉及该子范畴的帖子数）	文本示例
研究现状描述（70）	最近研究表明食用菌多糖对阿尔茨海默病模型大鼠脑组织有较好的治疗作用。
疾病界定（37）	阿尔茨海默病（AD）是一种起病隐匿的神经系统退行性疾病。
提供预防措施（36）	阿尔茨海默病预防的 12 种方法:1. 减少糖、油、盐摄入量……
个人故事（28）	照片上的宋老眉目慈祥,苍苍银发打理得尤为服帖,身后是写有"福如东海长流水,寿比南山不老松"的楹联。……只是宋老自己不再记得这段时光。
情绪疏导（18）	现在发现的一些年轻患者,主要得益于技术进步,以前也存在一些年轻人患病,因此市民不必因为此次发现的罕见病例感到过度担心。

续表

22 个子范畴 （涉及该子范 畴的帖子数）	文本示例
疾病诊断 （15）	如何识别阿尔茨海默病？以下 10 个症状帮你早期识别……
风险预警 （11）	随着我国社会老龄化程度加深，预计到 2050 年痴呆症患病人数将达 4898 万，这将给国家带来巨大的经济和社会负担。
呼吁关注疾病 （11）	及早诊断和干预是延缓症状发展的重要措施，所以建议您赶快带大爷去医院，让专业的大夫检查一下。
纠正社会偏见 （8）	"老年痴呆"开始被"失智症"这一名词替代，但对此有了解的人还是少数，人们往往还是会回避谈论这一疾病。
活动宣传 （8）	2023 年 3 月 19 日上午，在丰台云岗街道社会心理服务中心，人大附中阿尔茨海默病课题研究小组举办了一场以"关爱老人健康，从容面对阿尔茨海默病"为主题的健康知识科普讲座。
呼吁关爱老人 （7）	关爱老人，科学远离阿尔茨海默病，守护爱的记忆。
关联解释 （7）	抑郁症是导致阿尔茨海默病的重要诱因之一。
疾病现状和 趋势（7）	据报道，2035 年我国将进入重度老龄化社会。其中，老年失智一直是大众最关注的话题，据统计，目前全世界有 5000多万痴呆患者。
呼吁关爱患者 （6）	我们要更加重视老龄化的演变，重视阿尔茨海默病这一常见的神经系统疾病，重视对这类人群的关爱。
情绪渲染 （6）	流光容易把人抛，红了樱桃，绿了芭蕉。岁月，老了容颜，忘了知交。我们终将老去，而阿尔茨海默病，却如同橡皮擦，在剥夺我们的记忆，磨损我们的意志。
疾病成因 （6）	研究表明，阿尔茨海默病是一种称为 β-淀粉样蛋白以及 tau蛋白的蛋白质积聚的结果。
承担社会责任 （4）	那天，我们 7 人核心小组投票本剧时，我的第一个念头便是，如果电影是一个通道，帮助我们打开视野，了解到一类人，那看我们还能做点什么吧。

续表

22个子范畴（涉及该子范畴的帖子数）	文本示例
政策介绍(3)	嘉定区卫生健康工作党委围绕"老"关键字，聚焦阿尔茨海默病患病群体，医护党员先锋参与探索 3S-T 模式。
活动总结(3)	活动回顾：大塘街阿尔茨海默病公益讲座。
广告宣传(2)	介绍养老机构：在这里，护理员实行轮班制，时间上分早班、白班、夜班……
推广引流(2)	今晚 8 点直播：阿尔茨海默病研究进展——中洪博元生物。
经验式推理(1)	阿尔茨海默病和基因无关，并且在老年阶段前就已经发生，不正说明了这病是可以主动预防和避免的吗？

注：由于 1 条帖子经常包含 1 个或以上子范畴，因此括号中数值总和会大于样本量($n=151$)。

与前述议题显著性水平上升期帖子的一级编码结果相似（详见表 3-4），下降期帖子同样涉及 22 个子范畴；其中，"研究现状描述""疾病界定""提供预防措施"仍然是出现频率最高的 3 个子范畴。这再次印证了微信公众号的内容特征和帖子生产者的动机会共同决定哪些子范畴将被频繁使用。此外，基于一级编码结果的相似性，议题显著性水平下降期帖子的二级编码与三级编码操作与结果也与议题显著性水平上升期一样：得到 11 个主范畴，即帖子背后的"框架"（详见表 3-5）；这 11 个框架又可以进一步分为"符合微信算法推荐的框架"与"不符合微信算法推荐的框架"两种情况（详见表 3-6）。

最后，计算 151 条帖子的 254 个框架中不符合微信算法推荐的比例。根据三级编码的结果，254 个框架中只有 83 个框架与微信算法推荐不符，占比 32.7%，而其余 171 个框架符合微信算法推荐，占比 67.3%。据此，研究假设 I-2-a 的后半部分是被证伪的：

在议题显著性水平下降期,留存帖子的框架中依然有大部分符合微信算法推荐,而不是假设中所陈述的不符合平台算法推荐的框架将占据多数。

3.2.3.3 研究发现解释与结论图示

概言之,在阿尔茨海默病议题显著性水平下降期,微信用户帖子生产力明显变小了,但留存帖子的框架中仍然有大部分是符合微信算法推荐的。一般来说,帖子框架中符合平台算法推荐的比例大小直接决定算法推荐力度大小,即符合率越高,算法推荐力度就越大,帖子浏览量因此飙升。①②③ 然而,这一原理却无法解释为何留存帖子中有大量框架符合微信算法推荐,但帖子浏览量即议题显著性水平只降不升。对此,可能的解释是,除了帖子框架符合平台算法推荐的比例之外,还有其他因素会影响平台算法推荐力度。从议题显著性演化的直接原因来看,正是微信用户帖子生产力变小才削弱了平台算法推荐力度,并最终致使帖子浏览量锐减(如图 3-3 所示)。打个比喻,这一作用机制好比"巧妇难为无米之炊",微信用户生产的帖子可比作"米",而平台算法推荐就如同"巧妇",

①虚线箭头表示微信算法推荐式微,即算法推荐不再调节帖子生产力与帖子浏览量之间的关系。

图 3-3 微信平台上用户的行动逻辑直接降低阿尔茨海默病议题显著性水平

---

① 徐笛. (2019). 算法实践中的多义与转义:以新闻推荐算法为例. *新闻大学* (12), 39-49+120.

② 温凤鸣 & 解学芳. (2022). 短视频推荐算法的运行逻辑与伦理隐忧——基于行动者网络理论视角. *西南民族大学学报(人文社会科学版)*(02), 160-169.

③ 喻国明 & 韩婷. (2018). 算法型信息分发:技术原理、机制创新与未来发展. *新闻爱好者*(04), 8-13.

当帖子数量减少时,可供算法推荐的内容越来越少,算法推荐因此式微。可见,微信用户的帖子生产力(象征着用户的行动逻辑)在阿尔茨海默病议题显著性水平下降过程中起到了决定性作用。

3.3　抖音平台上阿尔茨海默病议题显著性演化分析

本节内容探究抖音平台上阿尔茨海默病议题显著性如何演化:首先呈现一年内阿尔茨海默病议题显著性演化轨迹并追踪该议题先后衍生了哪些热门子议题;然后基于数据分析抖音算法推荐力度在议题显著性水平上升期和下降期分别如何调节帖子生产力与帖子浏览量之间的关系;最后归纳用户的行动逻辑与平台的技术逻辑如何共同影响议题显著性水平上升和下降。

3.3.1　议题显著性演化轨迹与热点追踪

研究问题 I-1-b[①] 和研究问题 I-2-b[②] 分别考察抖音平台上阿尔茨海默病议题显著性演化轨迹如何呈现,以及先后衍生了哪些备受关注的子议题。

针对研究问题 I-1-b,在 SocialX 数据库的查询对话框中输入"阿尔茨海默病",时间范围设置为 2022 年 9 月 14 日至 2023 年 9 月 14 日[③],选择"抖音"作为移动平台,数据库自动输出以下曲线图(图 3-4),作为抖音平台上阿尔茨海默病议题显著性演化轨迹。

在上述坐标系中,纵轴表示阿尔茨海默病议题显著性水平,通过提到"阿尔茨海默病"关键词的帖子浏览量来测量;横轴表示议题演化时间,此处限定为一年。如图 3-4 所示,阿尔茨海默病议题

---

①　研究问题编号示意:议题类型(I 表示阿尔茨海默病议题)-(1 指议题显著性演化轨迹)-常用平台(b 代表抖音)。

②　研究问题编号示意:议题类型(I 表示阿尔茨海默病议题)-(2 指热门子议题)-常用平台(b 代表抖音)。

③　本研究考察一年内阿尔茨海默病议题显著性演化,由于搜索日期是 2023 年 9 月 14 日,故将起始日期设置为 2022 年 9 月 14 日。

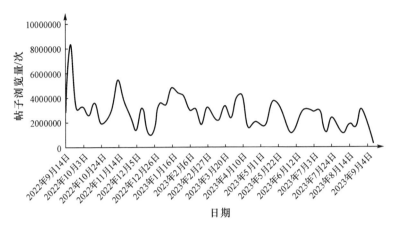

图 3-4　抖音平台上阿尔茨海默病议题显著性演化轨迹

显著性演化轨迹波动较为明显,不同时间段对应的曲线形状差异较大。这意味着在抖音平台上,阿尔茨海默病议题显著性水平先后经历了多次明显的升降变化。上述演化轨迹由 17 个倒 U 形曲线构成,一个倒 U 形代表一个子议题的生命周期,倒 U 形顶点表示子议题显著性水平达到峰值。据此,选取 17 个倒 U 形波峰对应日期的热门帖子进行文本分析,以追踪阿尔茨海默病议题在演化过程中先后衍生了哪些热门子议题。表 3-9 呈现了 17 个波峰对应的日期以及实际分析的帖子数量,并归纳了当天排名前十的热门话题(不足 10 条的取实际数量进行分析),以回答研究问题Ⅰ-2-b。

表 3-9　抖音平台上阿尔茨海默病议题演化热点追踪

日期	分析帖子数量/条	热门子议题
2022-09-19	9	推广世界阿尔茨海默病日歌曲
2022-10-03	5	阿尔茨海默病轻度患者百岁奶奶做媒人
2022-10-17	3	阿尔茨海默病患者父亲与儿子的深情对话
2022-11-14	5	儿子照料阿尔茨海默病患者父亲的日常情景
2022-12-12	3	阿尔茨海默病患者母亲的日常趣闻

续表

日期	分析帖子 数量/条	热门子议题
2023-01-02	8	阿尔茨海默病轻度患者百岁奶奶高声放歌
2023-01-16	2	阿尔茨海默病患者因失智行为让女儿焦头烂额
2023-02-13	8	家人陪伴阿尔茨海默病轻度患者饭后散步
2023-02-27	5	以阿尔茨海默病患者的失智行为为例科普疾病诊断知识
2023-03-20	7	基于经典影视片段剪辑阿尔茨海默病科普视频
2023-04-10	9	阿尔茨海默病轻度患者百岁奶奶 关于没钱不打牌的诙谐说辞
2023-04-24	7	阿尔茨海默病轻度患者向家人吹牛
2023-05-15	8	阿尔茨海默病轻度患者百岁奶奶关于钱的诙谐论述
2023-07-10	10	阿尔茨海默病患者婆婆的日常趣闻
2023-07-24	8	阿尔茨海默病轻度患者与家人讲外语
2023-08-14	9	阿尔茨海默病患者称孙女为姨妈
2023-08-28	7	阿尔茨海默病轻度患者百岁奶奶声称自己要外出念书

从表 3-9 中可见,阿尔茨海默病议题在抖音平台上先后衍生了诸多热门子议题,除了 2022 年 9 月 19 日之外,其余热点话题都围绕患者的日常故事展开。这一叙事特征与短视频属性直接有关:与图文不同,视频能够完整呈现患者及其家属的生活故事,全面呈现"彼时彼景",况且短视频之"短"也特别适合记录零碎的生活片段,这让抖音用户从真实的细节中窥见阿尔茨海默病患者及其家属的实际生活场景。纵观先后出现的 17 个热门子议题,不难发现绝大多数子议题都凸显了阿尔茨海默病患者的生活趣闻。这类兼具趣味性和生动性的短视频与抖音的内容呈现特征高度相符,因此能够在平台上广泛传播,成为备受关注的子议题。长远来看,传播这类具有正能量的短视频能够为患者及其家属化解压力、带来希望,并有助于传播阿尔茨海默病防治知识、推广积极有效的照料方法。

3.3.2　抖音用户帖子生产力变大与算法推荐助推共同促使议题显著性水平上升

　　研究假设Ⅰ-1-b[①]推测:针对抖音平台,在阿尔茨海默病议题显著性水平上升期,用户帖子生产力要大于下降期的帖子生产力,而且帖子框架中符合抖音算法推荐的比例将高于不符合该算法推荐的比例。下文依次通过大数据分析法和帖子的三级编码分析来验证假设Ⅰ-1-b 是否成立。

3.3.2.1　议题显著性水平上升期的帖子生产力大于下降期的帖子生产力

　　帖子生产力大小通过特定时期内用户生产的原创帖、转发帖和评论帖数量总和,即帖子数来测量,这一数据由 SocialX 数据库自动导出。[②] 抖音平台上阿尔茨海默病议题显著性演化轨迹由 17 个倒 U 形曲线构成,根据 SocialX 数据库输出的数值,依次比较 17 个子议题显著性水平上升期和下降期的帖子数。显然,每个上升期的帖子数都大于同一周期下降期的帖子数(详见表 3-10):例如,"上升期 1"大于"下降期 1","上升期 2"大于"下降期 2"……换言之,在阿尔茨海默病议题显著性水平上升期,抖音用户的帖子生产力大于议题显著性水平下降期的帖子生产力。因此,研究假设Ⅰ-1-b 的前半部分得到了支持。

表 3-10　抖音平台上阿尔茨海默病议题显著性水平上升期和下降期帖子数比较

上升期	帖子数量/条	下降期	帖子数量/条
上升期 1(2022-09-14 至 2022-09-19)	1536	下降期 1(2022-09-20 至 2022-09-26)	895

---

　　① 研究假设编号示意:议题类型(Ⅰ代表阿尔茨海默病议题)-议题显著性水平演化原因(1 表示上升原因)-常用平台(b 表示抖音)。
　　② 在 SocialX 数据库中输入关键词"阿尔茨海默病",选择"抖音"作为平台,按照 17 个子议题显著性水平上升期和下降期先后设定时间范围,系统会自动输出某一时间段内相关帖子的数量。

续表

上升期	帖子数量/条	下降期	帖子数量/条
上升期 2(2022-09-27 至 2022-10-03)	1323	下降期 2(2022-10-04 至 2022-10-10)	950
上升期 3(2022-10-11 至 2022-10-17)	976	下降期 3(2022-10-18 至 2022-10-24)	846
上升期 4(2022-10-25 至 2022-11-14)	3384	下降期 4(2022-11-15 至 2022-12-05)	2860
上升期 5(2022-12-06 至 2022-12-12)	1290	下降期 5(2022-12-13 至 2022-12-19)	1026
上升期 6(2022-12-20 至 2023-01-02)	2529	下降期 6(2023-01-03 至 2023-01-09)	1520
上升期 7(2023-01-10 至 2023-01-16)	4109	下降期 7(2023-01-17 至 2023-02-06)	1723
上升期 8(2023-02-07 至 2023-02-13)	1406	下降期 8(2023-02-14 至 2023-02-20)	1080
上升期 9(2023-02-21 至 2023-02-27)	2216	下降期 9(2023-02-28 至 2023-03-13)	1203
上升期 10(2023-03-14 至 2023-03-20)	1335	下降期 10(2023-03-21 至 2023-03-27)	1208
上升期 11(2023-03-28 至 2023-04-10)	2448	下降期 11(2023-04-11 至 2023-04-17)	1265
上升期 12(2023-04-18 至 2023-04-24)	2128	下降期 12(2023-04-25 至 2023-05-08)	958
上升期 13(2023-05-09 至 2023-05-15)	3816	下降期 13(2023-05-16 至 2023-06-05)	1206
上升期 14(2023-06-06 至 2023-07-10)	5011	下降期 14(2023-07-11 至 2023-07-17)	1178
上升期 15(2023-07-18 至 2023-07-24)	1869	下降期 15(2023-07-25 至 2023-08-07)	1000

续表

上升期	帖子数量/条	下降期	帖子数量/条
上升期 16(2023-08-08 至 2023-08-14)	10493	下降期 16(2023-08-15 至 2023-08-21)	9824
上升期 17(2023-08-22 至 2023-08-28)	22874	下降期 17(2023-08-29 至 2023-09-11)	11203

注:"上升期 n"表示抖音平台上阿尔茨海默病议题演化过程中出现的第 n 个子议题显著性水平上升期,"下降期 n"则表示该子议题显著性水平下降期,n 是 1 至 17 中的任一数字。帖子数＝原创帖数＋转发帖数＋评论帖数,数值由 SocialX 数据库自动输出。

3.3.2.2　三级编码分析的帖子来源:分层随机抽样与样本量构成

根据抖音平台上阿尔茨海默病议题显著性演化轨迹(见图 3-4),综合所有子议题显著性水平上升期作为数据挖掘的时间范围,将关键词设定为"阿尔茨海默病",挖掘得到相关帖子 1413 条,加上所有子议题显著性水平下降期的相关帖子 1314 条,总体为 2727 条。接着,在确保 95% 置信水平和 5% 误差范围的前提下,整个议题显著性演化周期需要抽取 337 条帖子作为分析样本。然后,通过分层随机抽样的方法,抽取 185 条帖子用于三级编码分析。抽样步骤和结果如表 3-11 所示。

表 3-11　抖音平台上阿尔茨海默病议题显著性水平上升期分层随机抽样说明

上升期	分层帖子数量/条	分层帖子数量在总体中所占比例/%	分层所需样本量/条
2022-09-14 至 2022-09-19	140	5.1	18
2022-09-27 至 2022-10-03	38	1.4	5
2022-10-11 至 2022-10-17	43	1.6	6
2022-10-25 至 2022-11-14	150	5.5	19
2022-12-06 至 2022-12-12	48	1.8	7

续表

上升期	分层帖子数量/条	分层帖子数量在总体中所占比例/%	分层所需样本量/条
2022-12-20 至 2023-01-02	32	1.2	5
2023-01-10 至 2023-01-16	153	5.6	19
2023-02-07 至 2023-02-13	42	1.5	6
2023-02-21 至 2023-02-27	95	3.5	12
2023-03-14 至 2023-03-20	36	1.3	5
2023-03-28 至 2023-04-10	56	2.1	8
2023-04-18 至 2023-04-24	97	3.6	13
2023-05-09 至 2023-05-15	155	5.7	20
2023-06-06 至 2023-07-10	58	2.1	8
2023-07-18 至 2023-07-24	129	4.7	16
2023-08-08 至 2023-08-14	54	2.0	7
2023-08-22 至 2023-08-28	87	3.2	11

注:为了确保分层所需样本量达到底线要求以上,所得数值若有小数点,统一向前进一位取整数。

3.3.2.3 三级编码分析结果

对分层随机抽样所得的 185 条抖音帖子进行三级编码分析。首先,通过一级编码分析,得到 17 个子范畴,具体示例如表 3-12 所示。

表 3-12 抖音平台上阿尔茨海默病帖子一级编码结果和文本示例
(议题显著性水平上升期)

17 个子范畴（涉及该子范畴的帖子数）	文本示例
个人故事（162）	阿尔茨海默病妈妈 ♯记录真实生活 ♯母女日常

17 个子范畴（涉及该子范畴的帖子数）	文本示例
呼吁关爱老人（54）	我赶在奶奶的生日前给她打造了独一无二的童话世界,今天终于把这份特别的惊喜送给她啦! ♯在抖音关注阿尔茨海默病 ♯开心做好事
呼吁关爱患者（17）	关爱阿尔茨海默病患者,别让他们太快忘记自己。
情感渲染（13）	擦干泪,抬起头挺起胸,扶着妈妈往前冲。
呼吁关注疾病（8）	和@子辰一起合拍,以爱之名,对抗遗忘。 ♯9 月 21 日 ♯关爱阿尔茨海默病
提供预防措施（7）	作为健康的、还未老去的我们,应该如何预防呢? 离不开健康的四大基石。
疾病界定（6）	阿尔茨海默病早期会表现出认知功能下降、行为异常、生活能力下降等。
疾病诊断（5）	阿尔茨海默病测试:三分钟找到图中小猫,说明你的大脑还年轻。
凸显新闻价值（5）	民警帮助走失的患阿尔茨海默病老人回家。
疾病现状和趋势（4）	法国巴黎大脑研究所研究发现,阿尔茨海默病出现前 10 年内会出现预警信号。
研究现状描述（4）	美国辉瑞公司长久以来对阿尔茨海默病进行研究,而中国在 2019 年就研究出了名为"九期一"的治疗阿尔茨海默病的药。
疾病成因（2）	阿尔茨海默病主要和几个因素有关,第一是年龄,第二是慢性疾病,比如高血压、高血脂等。
互动测试（2）	♯阿尔茨海默病测试
推广引流（1）	关注我,一起来了解。
经验式判断（1）	想想也是悲哀,人活一生到底是为了什么? 人间走一遭那么辛苦又有何意义?

续表

17 个子范畴 （涉及该子范 畴的帖子数）	文本示例
直觉式认知 （1）	为人婆婆善待儿媳也是在为自己晚年的幸福铺路。
风险预警 （1）	如果您也经常性失忆、焦虑、易怒，一定要小心哦，可能是阿尔茨海默病正在接近您。

注：（1）♯ 表示抖音上的话题；（2）由于每一条帖子涉及的子范畴有时不止
1 个，因此括号中数值总和会大于样本量（$n=185$）。

在上述子范畴中，"个人故事""呼吁关爱老人"的数量明显高
于其他子范畴，这与抖音的使用特征紧密相关：场景式的（如采用
"个人故事"子范畴）和动员导向的（如采用"呼吁关爱老人"子范
畴）素材十分适合拍摄成短视频，通过特效、滤镜、剪辑等技术生成
的内容可以调动观众情绪、引发用户共鸣，从而提升传播效果。对
比之下，一些较为客观的、严肃的、专业的内容在以娱乐休闲为导
向的抖音平台上很难迅速扩散或引发广泛关注，这也是内容创作
者较少采用"疾病界定""疾病诊断""疾病成因""疾病现状和趋势"
"凸显新闻价值""研究现状描述"等子范畴的原因。

接着，在二级编码层面，进一步归纳 17 个子范畴，得到 10 个主
范畴，即帖子背后的"框架"。表 3-13 呈现了主范畴和子范畴之间
的关系以及框架的内涵界定。

表 3-13　抖音平台上阿尔茨海默病帖子二级编码结果和框架界定
（议题显著性水平上升期）

10 个主范畴 （或框架）	17 个子范畴	框架内涵说明
记录患者日常	个人故事	记录并呈现患者的日常生活故事。
动员公众	呼吁关注疾病 呼吁关爱患者 呼吁关爱老人	呼吁公众关注阿尔茨海默病及其患者，尤其是老年患者群体。

续表

10 个主范畴 （或框架）	17 个子范畴	框架内涵说明
疾病科普	疾病成因 疾病现状和趋势 疾病界定 疾病诊断 提供预防措施	向公众普及阿尔茨海默病的成因、诊断、后果和预防措施等知识信息。
研究现状描述	研究现状描述	向公众介绍阿尔茨海默病防治的研究现状。
调控个人情绪	情绪渲染	激发阿尔茨海默病患者及其家属的正能量。
经验式判断	经验式判断 直觉式认知	根据个人经验和直觉而非科学数据做出有关阿尔茨海默病的论断。
风险预警	风险预警	提醒公众警惕阿尔茨海默病的严重后果。
互动测试	互动测试	提供测试题或游戏让用户参与阿尔茨海默病自测。
凸显新闻价值	凸显新闻价值	围绕阿尔茨海默病患者经历展开新闻报道。
推广引流	推广引流	以阿尔茨海默病为切入点，吸引用户关注内容生产者账号。

然后，在 ChatGPT-3.5 对话框中输入以下指令，进行人工智能辅助的三级编码分析：

请按照是否符合抖音平台算法推荐的标准，将以下内容分为两类，一类符合抖音平台算法推荐，另一类不符合抖音平台算法推荐：

· 记录患者日常（记录并呈现患者的日常生活故事）

· 动员公众（呼吁公众关注阿尔茨海默病及其患者，尤其是老年患者群体）

· 疾病科普（向公众普及阿尔茨海默病的成因、诊断、后果和预防措施等知识信息）

· 研究现状描述（向公众介绍阿尔茨海默病防治的研究现状）

• 调控个人情绪（激发阿尔茨海默病患者及其家属的正能量）

• 经验式判断（根据个人经验和直觉而非科学数据做出有关阿尔茨海默病的论断）

• 风险预警（提醒公众警惕阿尔茨海默病的严重后果）

• 互动测试（提供测试题或游戏让用户参与阿尔茨海默病自测）

• 凸显新闻价值（围绕阿尔茨海默病患者经历展开新闻报道）

• 推广引流（以阿尔茨海默病为切入点，吸引用户关注内容生产者账号）

根据 ChatGPT-3.5 的归纳，抖音平台算法经常向用户推荐短篇的、生动的、娱乐的以及能够调动观众情绪的内容，而不太推荐较为专业、严肃以及具有明显主观判断倾向的内容。据此，对 ChatGPT-3.5 的输出结果进行微调，将 10 个框架分为两种情形：一种是符合抖音算法推荐的框架，另一种则是不符合抖音算法推荐的框架，结果详见表 3-14。

表 3-14　抖音平台上 ChatGPT-3.5 辅助的阿尔茨海默病帖子三级编码结果（议题显著性水平上升期）

符合抖音算法推荐的框架	不符合抖音算法推荐的框架
记录患者日常	疾病科普
动员公众	研究现状描述
互动测试	凸显新闻价值
调控个人情绪	经验式判断
	风险预警
	推广引流

针对抖音平台上阿尔茨海默病议题显著性水平上升期的 185 条帖子，通过二级编码归纳了 264 个框架[①]，然后进一步进行三级

[①]　每条帖子包含的框架数量大于等于 1，所以框架总量会大于等于帖子数。

编码,把 264 个框架分为两种情况:有 239 个框架符合抖音算法推荐,占比 90.5%,剩余 25 个框架不符合抖音算法推荐,占比 9.5%。这一结果验证了研究假设Ⅰ-1-b 的后半部分,即帖子框架中符合抖音算法推荐的比例明显高于不符合该算法推荐的比例。

3.3.2.4　假设证实与结论图示

上述研究发现共同证实了研究假设Ⅰ-1-b:随着抖音用户帖子生产力变大,并且其生产的帖子框架中有大部分符合抖音算法推荐,算法推荐力度因此增强,从而助推帖子浏览量飙升(如图 3-5 所示)。换言之,抖音平台的技术逻辑对提升阿尔茨海默病议题显著性水平起到了重要的助推作用。

图 3-5　抖音平台上两种逻辑提升阿尔茨海默病议题显著性水平的方式

3.3.3　抖音用户帖子生产力变小致使算法推荐式微最终导致议题显著性水平下降

研究假设Ⅰ-2-b①旨在解释导致抖音平台上阿尔茨海默病议题显著性水平下降的原因,即用户帖子生产力变小,而且留存帖子的框架中不符合抖音算法推荐的比例会高于符合该算法推荐的比例,由此致使算法推荐式微,最终导致帖子浏览量锐减。

3.3.3.1　议题显著性水平下降期的帖子生产力小于上升期的帖子生产力

首先,通过比较抖音平台上阿尔茨海默病议题显著性水平下降期与上升期的帖子数量来检验用户帖子生产力是否在下降期变

① 研究假设编号示意:议题类型(Ⅰ代表阿尔茨海默病议题)-议题显著性水平演化原因(2 表示下降原因)-常用平台(b 表示抖音)。

小了。根据表 3-10,可以发现 17 个子议题显著性水平下降期的帖子数全都小于相对应上升期的帖子数。

3.3.3.2 帖子的三级编码分析结果

接着,挖掘相关数据并采用分层随机抽样的方法抽取样本。根据抖音平台上阿尔茨海默病议题显著性演化轨迹(图 3-4),综合所有子议题显著性水平下降期作为数据挖掘的时间范围,得到相关帖子共计 1314 条。然后通过三个步骤对 1314 条帖子进行分层随机抽样,得到 174 条抖音帖子作为样本(详见表 3-15)。

表 3-15　抖音平台上阿尔茨海默病议题显著性水平下降期分层随机抽样说明

下降期	分层帖子数量/条	分层帖子数量在总体中所占比例/%	分层所需样本量/条
2022-09-20 至 2022-09-26	36	1.3	5
2022-10-04 至 2022-10-10	35	1.3	5
2022-10-18 至 2022-10-24	26	1.0	4
2022-11-15 至 2022-12-05	130	4.8	17
2022-12-13 至 2022-12-19	35	1.3	5
2023-01-03 至 2023-01-09	81	3.0	11
2023-01-17 至 2023-02-06	56	2.1	8
2023-02-14 至 2023-02-20	53	1.9	7
2023-02-28 至 2023-03-13	40	1.5	6
2023-03-21 至 2023-03-27	44	1.6	6
2023-04-11 至 2023-04-17	107	3.9	14
2023-04-25 至 2023-05-08	52	1.9	7
2023-05-16 至 2023-06-05	47	1.7	6
2023-07-11 至 2023-07-17	356	13.1	45
2023-07-25 至 2023-08-07	64	2.3	8
2023-08-15 至 2023-08-21	84	3.1	11
2023-08-29 至 2023-09-11	68	2.5	9

注:为了确保分层所需样本量达到底线要求以上,所得数值若有小数点,统一向前进一位取整数。

通过对 174 条抖音帖子进行一级编码分析,得到 13 个子范畴,每个子范畴的名称及其文本示例详见表 3-16。在这些子范畴中,"个人故事""呼吁关爱老人""呼吁关爱患者"的出现频率明显高于其他子范畴,这与抖音平台的使用特征以及用户的内容偏好直接有关。"个人故事""呼吁关爱老人""呼吁关爱患者"三个子范畴都反映了基于个体视角的叙事策略,这类帖子既形象生动,又可以让普通用户零认知成本地观看,因此十分适合以短视频的形式在抖音平台上传播。对比之下,以其他子范畴为主题的帖子内容更加专业严肃,所以较难引发用户的普遍关注。

此外,与阿尔茨海默病议题显著性水平上升期帖子的一级编码结果(17 个子范畴)不同,下降期的子范畴数量减少了。具体来看,在议题显著性水平下降期,帖子中并未出现上升期的"疾病成因""研究现状描述""推广引流""经验式判断""直觉式认知"五个子范畴;然而,"纠正社会偏见"是下降期新出现的子范畴。不过,无论是隐退的五个子范畴还是新出现的子范畴,它们的数量占比都不大。所以,与上升期相比,下降期的议题内容并未出现明显变化。

表 3-16　抖音平台上阿尔茨海默病帖子一级编码结果及其文本示例

(议题显著性水平下降期)

13 个子范畴 (涉及该子范畴的帖子数)	文本示例
个人故事 (161)	用户记录阿尔茨海默病患者真实生活。
呼吁关爱老人 (48)	♯关爱老人传递正能量 ♯关爱阿尔茨海默病老人
呼吁关爱患者 (41)	用我们的耐心和细心去照顾他们。
情感渲染 (7)	催泪电影呈现阿尔茨海默病患者。

续表

13 个子范畴 （涉及该子范 畴的帖子数）	文本示例
疾病现状和 趋势（5）	对于这部分萎缩，目前没有药物可治疗。
呼吁关注疾病 （4）	♯在抖音关注阿尔茨海默病
提供预防措施 （4）	改变饮食、运动和习惯还可能降低患上阿尔茨海默病以及 痴呆的其他疾病的风险。
互动测试 （4）	阿尔茨海默病答题测试。
疾病界定 （3）	阿尔茨海默病是一种进展性神经系统疾病。
疾病诊断 （3）	这个病人属于终末期，痴呆分为早期、中期和晚期，终末期 的吃喝完全需要你们喂。
凸显新闻价值 （2）	新闻媒体报道阿尔茨海默病患者。
风险预警 （2）	身边的老人记忆力下降、脾气性格改变、做事没有条理，应 警惕阿尔茨海默病等疾病。
纠正社会偏见 （1）	我们许多人存在着误区，认为阿尔茨海默病是老年人正常 的老化过程，未将其作为一种疾病对待。

注：(1)♯表示抖音上的话题；(2)由于每一条帖子涉及的子范畴有时不止
1 个，因此括号中数值总和会大于样本量（$n=174$）。

在 13 个子范畴的基础上进行二级编码，得到 8 个主范畴，即帖
子背后的"框架"。表 3-17 总结了主范畴和子范畴之间的关系以及
框架的内涵界定。与议题显著性水平上升期的 10 个框架（详见表
3-13）相比，"研究现状描述""经验式判断""推广引流"3 个框架不
再出现，而"纠正社会偏见"是新出现的框架。

表 3-17　抖音平台上阿尔茨海默病帖子二级编码结果和框架界定
（议题显著性水平下降期）

8 个主范畴 （或框架）	13 个子范畴	框架内涵说明
记录患者日常	个人故事	记录并呈现患者的日常生活故事。
动员公众	呼吁关注疾病 呼吁关爱患者 呼吁关爱老人	呼吁公众关注阿尔茨海默病及其患者，尤其是老年患者群体。
疾病科普	疾病现状和趋势 疾病界定 疾病诊断 提供预防措施	向公众普及阿尔茨海默病现状、诊断、后果和预防措施等知识信息。
纠正社会偏见	纠正社会偏见	纠正人们对阿尔茨海默病的刻板印象和偏见。
调控个人情绪	情绪渲染	激发阿尔茨海默病患者及其家属的正能量。
风险预警	风险预警	提醒公众警惕阿尔茨海默病的严重后果。
互动测试	互动测试	提供测试题或游戏让用户参与阿尔茨海默病自测。
凸显新闻价值	凸显新闻价值	围绕阿尔茨海默病患者经历展开新闻报道。

然后，在三级编码分析层面，在 ChatGPT-3.5 对话框中输入相关指令，对表 3-17 中的 8 个框架进行分类，结果如表 3-18 所示。

表 3-18　抖音平台上 ChatGPT-3.5 辅助的阿尔茨海默病帖子三级编码结果
（议题显著性水平下降期）

符合抖音算法推荐的框架	不符合抖音算法推荐的框架
记录患者日常 动员公众 互动测试 调控个人情绪 纠正社会偏见	疾病科普 凸显新闻价值 风险预警

最后,计算帖子框架中符合抖音算法推荐的比例。在 242 个框架中,有 227 个框架符合抖音算法推荐,占比 93.8%,其余 15 个框架不符合抖音算法推荐,占比 6.2%。

3.3.3.3　研究发现阐释与结论图示

综上所述,研究假设 Ⅰ-2-b 得到部分证实:一方面,在阿尔茨海默病议题显著性水平下降期,抖音用户帖子生产力的确变小了(证实原假设前半部分);但另一方面,留存帖子的框架中却有大部分仍然是符合抖音算法推荐的(推翻原假设后半部分)。对此,可能的解释是:随着议题显著性水平下降,帖子框架中符合抖音算法推荐的比例不再影响平台算法推荐力度,帖子生产力变小才是导致抖音算法推荐式微的直接原因。形象地说,当抖音用户帖子生产力变小时,"喂养"给平台算法的帖子数量越来越少,以致算法推荐力度逐渐变弱,而算法推荐式微最终致使帖子浏览量锐减。至于帖子生产力变小的原因则是多方面的,既有用户对议题的兴奋度和注意力随时间推移而自然下降的影响,也有社会舆论导向等外部因素的影响。不过,从议题显著性演化的内在机理来看,正是抖音用户帖子生产力变小使平台算法推荐式微而最终导致阿尔茨海默病议题显著性水平下降。概言之,两种逻辑的作用方式如图 3-6 所示,其中,抖音用户的行动逻辑发挥了根本作用。

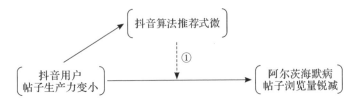

①虚线箭头表示抖音算法推荐式微,即算法推荐不再调节帖子生产力与帖子浏览量之间的关系。

图 3-6　抖音平台上用户行动逻辑直接导致阿尔茨海默病议题显著性水平下降

3.4　今日头条平台上阿尔茨海默病议题显著性演化分析

与前两节的论述思路一致,本节内容聚焦于今日头条平台,按照描述阿尔茨海默病议题显著性演化轨迹、追踪该议题的热门子议题、分析算法推荐如何调节帖子生产力与帖子浏览量的关系这三大方面依次展开具体研究。

3.4.1　议题显著性演化轨迹与热点追踪

在 SocialX 数据库中输入"阿尔茨海默病"作为搜索关键词,将时间范围设置为 2022 年 9 月 14 日至 2023 年 9 月 14 日,选择"今日头条"作为移动平台,系统输出以下曲线图(图 3-7)。该图描绘了今日头条平台上阿尔茨海默病议题显著性演化轨迹,以回答研究问题Ⅰ-1-c①。

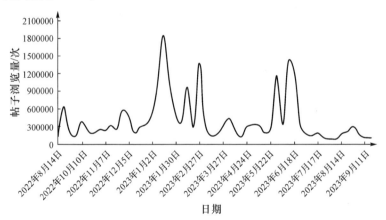

图 3-7　今日头条平台上阿尔茨海默病议题显著性演化轨迹

图中的纵轴表示阿尔茨海默病议题显著性水平,操作化为涉及"阿尔茨海默病"关键词的帖子浏览量,横轴代表议题演化时间,

---

①　研究问题编号示意:议题类型(Ⅰ表示阿尔茨海默病议题)-(1 指议题显著性演化轨迹)-常用平台(c 代表今日头条)。

设定为一年。在今日头条平台上,阿尔茨海默病议题先后大约衍生出了 12 个子议题。与微信平台(图 3-1,17 个子议题)或抖音平台(图 3-4,17 个子议题)不同,今日头条平台上议题显著性演化轨迹的倒 U 形数目明显减少了(只有 12 个),这意味着阿尔茨海默病议题系统内部不同子议题之间的差异度在此平台上可能变小了。对此,下文选取 12 个倒 U 形顶点对应日期的热门帖子进行文本分析[①],追踪今日头条平台上的热门子议题,并分析这些子议题之间的差异度如何,以回答研究问题Ⅰ-2-c[②]。

如表 3-19 所示,在 12 个热门子议题中,除了"知名演员因患阿尔茨海默病而息影"(2022 年 11 月 28 日)和"19 岁男孩患阿尔茨海默病"(2023 年 2 月 13 日)之外,其余 10 个子议题都围绕阿尔茨海默病预防措施、诊断方法和治疗现状展开,具有较强的专业性,可见子议题之间的差异度并不明显。这种相似性在一定程度上决定了今日头条平台上议题显著性演化轨迹波动不如微信或抖音平台上那样明显。

表 3-19   今日头条平台上阿尔茨海默病议题演化热点追踪

日期	分析帖子数量/条	热门子议题
2022-09-19	10	借世界阿尔茨海默病日科普疾病防治
2022-10-10	1	早期阿尔茨海默病的症状及干预措施
2022-10-31	1	阿尔茨海默病的认识误区和预防措施
2022-11-28	1	知名演员因患阿尔茨海默病而息影
2023-01-16	1	阿尔茨海默病预警信号
2023-02-13	2	19 岁男孩患阿尔茨海默病
2023-02-17	1	阿尔茨海默病中医治疗

---

① "热门帖子"指当天阅读量排名前十的帖子,若当天帖子数量不足 10 条,就选择全部帖子进行文本分析。

② 研究问题编号示意:议题类型(Ⅰ表示阿尔茨海默病议题)-(2 指热门子议题)-常用平台(c 代表今日头条)。

日期	分析帖子 数量/条	热门子议题
2023-04-03	1	阿尔茨海默病年轻化趋势
2023-05-08	1	阿尔茨海默病预防措施
2023-05-29	1	阿尔茨海默病治疗措施
2023-06-12	1	抑郁症与阿尔茨海默病之关联
2023-08-28	1	阿尔茨海默病"三早"（早预防、早诊断、早干预）

此外，上述 12 个子议题之所以能够成为热门话题，与今日头条平台的信息来源直接有关：新闻资讯类平台主要传播经过官方认证的且具有权威性的内容，而且消息来源以新闻媒体和专家为主。例如，12 个热门子议题涉及 22 条帖子，其中有 21 条来自主流媒体（如新华社、光明网、环球网、中国青年网、全国党媒信息公共平台），剩余 1 条来自专家。再有，在 12 个子议题中，"阿尔茨海默病预警信号"（2023-01-16）、"19 岁男孩患阿尔茨海默病"（2023-02-13）、"阿尔茨海默病中医治疗"（2023-02-17）、"阿尔茨海默病治疗措施"（2023-05-29）、"抑郁症与阿尔茨海默病之关联"（2023-06-12）5 个子议题的显著性水平相对较高。其中，"19 岁男孩患阿尔茨海默病""抑郁症与阿尔茨海默病之关联"具有较强的新闻价值，"阿尔茨海默病治疗措施""阿尔茨海默病预警信号"有一定实用性，"阿尔茨海默病中医治疗"则兼具新闻价值和实用性。无论是凸显新闻价值还是促进疾病防治，这些子议题的导向与今日头条平台的内容特征高度相符，这也解释了为何具有新闻价值或实用性的帖子能够获得今日头条用户的普遍关注与大量浏览。

3.4.2 今日头条用户帖子生产力变大与算法推荐助推共同提升议题显著性水平

下面检验研究假设Ⅰ-1-c[①]是否成立,即针对今日头条平台,比较阿尔茨海默病议题显著性水平上升期的帖子生产力是否要大于下降期的帖子生产力,并验证帖子框架中符合今日头条算法推荐的比例是否高于不符合该算法推荐的比例。

3.4.2.1 议题显著性水平上升期的帖子生产力大于下降期

今日头条平台上的阿尔茨海默病议题显著性演化轨迹由 12 个倒 U 形构成,每个倒 U 形代表一个子议题显著性水平上升和下降的周期。为了验证假设Ⅰ-1-c 的前半部分,下文依次比较 12 个子议题显著性水平上升期和下降期的帖子数。根据表 3-20,可以发现每个子议题显著性水平上升期的帖子数都大于其下降期的帖子数。也就是说,在阿尔茨海默病议题显著性水平上升期,今日头条用户的帖子生产力大于该议题显著性水平下降期的帖子生产力。

表 3-20 今日头条平台上阿尔茨海默病议题显著性水平上升期和下降期帖子数比较

上升期	帖子数量/条	下降期	帖子数量/条
上升期 1(2022-09-14 至 2022-09-19)	1218	下降期 1(2022-09-20 至 2022-10-03)	405
上升期 2(2022-10-04 至 2022-10-10)	808	下降期 2(2022-10-11 至 2022-10-24)	316
上升期 3(2022-10-25 至 2022-10-31)	1561	下降期 3(2022-11-01 至 2022-11-21)	345
上升期 4(2022-11-22 至 2022-11-28)	809	下降期 4(2022-11-29 至 2022-12-12)	482

---

① 研究假设编号示意:议题类型(Ⅰ代表阿尔茨海默病议题)-议题显著性水平演化原因(1 表示上升原因)-常用平台(c 表示今日头条)。

上升期	帖子数量/条	下降期	帖子数量/条
上升期 5(2022-12-13 至 2023-01-16)	1858	下降期 5(2023-01-17 至 2023-02-06)	1492
上升期 6(2023-02-07 至 2023-02-13)	636	下降期 6(2023-02-14 至 2023-02-20)	547
上升期 7(2023-02-21 至 2023-02-27)	1068	下降期 7(2023-02-28 至 2023-03-13)	502
上升期 8(2023-03-14 至 2023-04-03)	1272	下降期 8(2023-04-04 至 2023-04-17)	902
上升期 9(2023-04-18 至 2023-05-08)	1059	下降期 9(2023-05-09 至 2023-05-15)	419
上升期 10(2023-05-16 至 2023-05-29)	761	下降期 10(2023-05-30 至 2023-06-05)	440
上升期 11(2023-06-06 至 2023-06-12)	3756	下降期 11(2023-06-13 至 2023-08-07)	437
上升期 12(2023-08-08 至 2023-08-28)	1484	下降期 12(2023-08-29 至 2023-09-11)	1451

注："上升期 n"表示今日头条平台上阿尔茨海默病议题演化过程中出现的第 n 个子议题显著性水平上升期，"下降期 n"则表示该子议题显著性水平下降期，n 是 1 至 12 中的任一数字。帖子数代表用户帖子生产力，等于原创帖、转发帖和评论帖数量总和，所有数值由 SocialX 数据库自动输出。

3.4.2.2　样本的三级编码分析

根据今日头条平台上阿尔茨海默病议题显著性演化轨迹(图3-7)，选择所有子议题显著性水平上升期，挖掘这些时期内平台上涉及"阿尔茨海默病"关键词的帖子共计 37 条。与微信($N = 1500$)或抖音($N = 1413$)上相关帖子的总量不同，今日头条平台上的帖子总量($N = 37$)明显偏低。产生这一差异的主要原因可能是：今日头条的账号主体以新闻媒体和专家为主，只有发生了与阿尔茨海默病有关的社会新闻事件或者当疾病防治研究取得重大进展和突破时，他们才会发布内容,因此帖子数量相对较少。对比之下,微信用户和抖音用户以普通个体为主,他们常常会事无巨细地从各个角度频繁发帖讨论阿尔茨海默病议题,由此产生大量帖子。鉴于今日头条平台上议题显著性水平上升期的帖子总量较少,因此不再对总体进行分层随机抽样,而是选择全部帖子($N=37$)进行三级编码分析。

首先,对 37 条帖子进行一级编码分析,共得到 14 个子范畴,具体示例详见表 3-21。

表 3-21　今日头条平台上阿尔茨海默病帖子一级编码结果及其文本示例
（议题显著性水平上升期）

14 个子范畴 （涉及该子范畴的帖子数）	文本示例
疾病界定 （17）	阿尔茨海默病主要表现为认知功能损害和精神行为障碍,会出现记忆力、语言能力、计算力等认知功能的减退,同时常伴有人格和行为的改变,如暴躁易怒、自私多疑,出现幻觉、妄想和攻击行为等。
提供预防措施 （17）	如何预防能有效远离记忆"橡皮擦"? 知彼知己、早防早治,一图带你了解它、认识它。
疾病现状和趋势（12）	我国 60 岁及以上老年人中有 1000 万人是阿尔茨海默病患者。
纠正认知误区 （12）	从临床来看,目前仍有不少人对阿尔茨海默病存在一定的认知误区。
风险预警 （10）	阿尔茨海默病起病隐匿,早期症状不易被察觉,如经常出现以下情况,要提高警惕,及时就医。
个人故事 （10）	宋胤大学时开始意识到奶奶的记忆力在衰退,最开始是记不清亲戚好友的名字,出门买菜时会把菜遗留在摊位上。
呼吁关爱老人 （8）	60 岁以上人群一旦发生认知和精神行为异常,比如记忆力下降,或性格行为突然改变、情绪不稳定、有抑郁或焦虑倾向等,要尽快就医。
疾病成因 （5）	医学杂志《柳叶刀》报告指出,多种可控因素会对痴呆产生重要影响,如中年期最重要的可控危险因素有高血压、超重、酗酒、头外伤、听力受损等。

14 个子范畴 （涉及该子范 畴的帖子数）	文本示例
研究现状描述 （4）	加利福尼亚大学神经科教授戴尔·布莱德森正在进行一种逆转早期阿尔茨海默病的新治疗方案研究，令人意外的是，这种治疗方案不包括药物，仅仅是生活方式改变。
政策介绍 （4）	国家卫生健康委在部署 2022 年基本公共卫生服务工作时明确指出，各地要结合实际开展老年人认知功能初筛服务，对初筛结果异常的老年人，指导其到上级医疗卫生机构复查。
疾病诊断 （3）	有个小办法教你 60 秒自测阿尔茨海默病：在白纸上画一个钟表，依次写上钟点数字，并标出时间 11：10 的指针方向。
情绪疏导 （3）	贾龙飞表示，市民不必对此过度担忧，实际上记忆和很多因素有关，绝大多数人"忘事"往往是功能性的，并不是大脑真的出了什么问题。
呼吁关注疾病 （1）	认知障碍的管理是一场持久战，在这场抗争中，采取积极的视角，接纳疾病、包容患者、支持家庭，是全社会面对阿尔茨海默病认知障碍困境的最佳作为。
广告宣传 （1）	广州医科大学附属中医医院（广州市中医医院、广州市针灸医院）脑病科建立于 1987 年，至今已有 30 余载，目前为国家中医药管理局"十二五"重点专科建设单位。

注：由于 1 条帖子涉及的子范畴有时不止 1 个，因此括号中数值总和会大于样本量（$N=37$）。

在上述 14 个子范畴中，"疾病界定"和"提供预防措施"是出现频率最高的 2 个子范畴，"疾病现状和趋势"与"纠正认知误区"紧随其后。今日头条是一个典型的新闻资讯类平台，在不断优化算法推荐的过程中强调实现硬资讯与软资讯、理性与兴趣之间的平衡。[①] 上述 4 个子范畴都围绕阿尔茨海默病及其预防展开，属于典

---

① 喻国明 & 杜楠楠. (2019). 智能型算法分发的价值迭代："边界调适"与合法性的提升——以"今日头条"的四次升级迭代为例. 新闻记者 (11), 15-20.

型的硬资讯，并且具有明显的理性导向。因此，为了符合今日头条平台的算法迭代趋势，内容生产主体便频繁采用"疾病界定""提供预防措施""疾病现状和趋势""纠正认知误区"之类的子范畴来生产帖子，这将有助于提升帖子的内容质量及其浏览量，促使相关话题的科普知识获得用户广泛关注。

然后，在14个子范畴的基础上进一步归纳出主范畴，即蕴含于帖子内容背后的"框架"，得到9个框架。主范畴和子范畴之间的关系以及框架的界定详见表3-22。

表3-22 今日头条平台上阿尔茨海默病帖子二级编码结果和框架界定
（议题显著性水平上升期）

9个主范畴（或框架）	14个子范畴	框架内涵说明
疾病科普	疾病界定 提供预防措施 疾病现状和趋势 疾病成因 疾病诊断	向公众普及阿尔茨海默病的界定、成因、诊断和预防措施等科普信息。
研究现状描述	研究现状描述	向公众介绍阿尔茨海默病防治的研究现状。
纠正认知误区	纠正认知误区	纠正人们对阿尔茨海默病的误解和偏见。
动员公众	呼吁关爱老人 呼吁关注疾病	呼吁公众关注阿尔茨海默病老年患者及其疾病。
风险预警	风险预警	提醒人们警惕阿尔茨海默病，早防早治。
记录患者日常	个人故事	记录并呈现患者及其家属的日常生活故事。
调控个人情绪	情绪疏导	疏导人们对阿尔茨海默病的过度焦虑情绪。
政策介绍	政策介绍	介绍有关阿尔茨海默病患者的医养政策。
打造组织形象	广告宣传	宣传治疗阿尔茨海默病的医疗机构。

接着，采用ChatGPT-3.5展开人工智能辅助的三级编码分析。在ChatGPT-3.5对话框中输入以下指令：

请按照是否符合今日头条算法推荐的标准，将以下内容

分为两类,一类符合今日头条算法推荐,另一类不符合今日头条算法推荐:

　　• 疾病科普(向公众普及阿尔茨海默病的界定、成因、诊断和预防措施等科普信息)

　　• 研究现状描述(向公众介绍阿尔茨海默病防治的研究现状)

　　• 纠正认知误区(纠正人们对阿尔茨海默病的误解和偏见)

　　• 动员公众(呼吁公众关注阿尔茨海默病老年患者以及疾病)

　　• 风险预警(提醒人们警惕阿尔茨海默病,早防早治)

　　• 记录患者日常(记录并呈现患者及其家属的日常生活故事)

　　• 调控个人情绪(疏导人们对阿尔茨海默病的过度焦虑情绪)

　　• 政策介绍(介绍有关阿尔茨海默病患者的医养政策)

　　• 打造组织形象(宣传治疗阿尔茨海默病的医疗机构)

ChatGPT-3.5 的分类依据如下:今日头条算法更偏向于向用户推荐具有专业性、实用性和新闻价值的信息内容,而不太推荐过于主观或带有明显宣传导向的内容。根据这一分类标准并结合实际的分类结果,再将 9 个框架分为两种情况:一种是符合今日头条算法推荐的框架,另一种则是不符合今日头条算法推荐的框架,详见表 3-23。

表 3-23　今日头条平台上 ChatGPT-3.5 辅助的阿尔茨海默病帖子三级编码结果(议题显著性水平上升期)

符合今日头条算法推荐的框架	不符合今日头条算法推荐的框架
疾病科普	打造组织形象
研究现状描述	
纠正认知误区	
动员公众	
风险预警	
记录患者日常	
调控个人情绪	
政策介绍	

最后,针对 37 条帖子的 78 个框架,通过计算发现:有 77 个框架符合今日头条算法推荐,占比 98.7%,而只有 1 个框架不符合平台算法推荐,占比 1.3%。

3.4.2.4　结论图示

综上所述,研究假设Ⅰ-1-c 得到了全面的验证:在阿尔茨海默病议题显著性水平上升期,今日头条用户的帖子生产力变大了,与此同时,用户生产帖子的框架中有大部分符合平台算法,由此增强了算法推荐力度,用户帖子生产力变大加之算法推荐助推共同促使帖子浏览量飙升(如图 3-8 所示)。可见,对于今日头条而言,平台的技术逻辑在提升阿尔茨海默病议题显著性水平过程中发挥关键的助推作用。

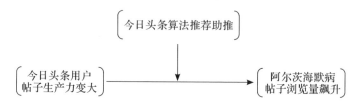

图 3-8　今日头条平台上两种逻辑共同促使阿尔茨海默病
议题显著性水平上升的方式

3.4.3　今日头条用户帖子生产力变小导致算法推荐式微并最终降低议题显著性水平

为了验证研究假设Ⅰ-2-c①是否成立,下文首先比较今日头条平台上阿尔茨海默病议题显著性水平下降期与上升期的帖子数,以检验帖子生产力是否在下降期变小了;接着对下降期的有关帖子进行三级编码,归纳其框架,并考察帖子框架中是否有绝大多数不符合今日头条算法推荐。

①　研究假设编号示意:议题类型(Ⅰ代表阿尔茨海默病议题)-议题显著性水平演化原因(2 表示下降原因)-常用平台(c 表示今日头条)。

3.4.3.1　议题显著性水平下降期的帖子生产力比上升期小

从表 3-20 中显然可见,针对今日头条平台上阿尔茨海默病议题一年内衍生的 12 个子议题而言,每个子议题显著性水平下降期的帖子数都小于其上升期的帖子数,即用户帖子生产力在议题显著性水平下降期的确比上升期小了。

3.4.3.2　留存帖子的三级编码分析

随着阿尔茨海默病议题显著性水平下降,帖子数量也相应减少。选择 12 个子议题显著性水平下降期作为时间范围,挖掘该时间段内相关帖子共计 14 条。显然,这一帖子数明显小于微信平台($N=1111$)或抖音平台($N=1314$)上阿尔茨海默病议题显著性水平下降期的帖子数。前文已解释过具体原因,此处不再赘述。

首先,对 14 条留存帖子进行一级编码分析,得到 12 个子范畴,每个子范畴所涉及的帖子数及其文本示例详见表 3-24。其中,"疾病界定""研究现状描述""提供预防措施""情绪疏导"是出现频率最高的 4 个子范畴,这一结果与议题显著性水平上升期帖子子范畴的数量分布类似。这也再次印证了若要在今日头条这一新闻资讯类平台上获得广泛关注,内容生产者需要采取专业和理性导向为主的子范畴来生产帖子。

表 3-24　今日头条平台上阿尔茨海默病帖子一级编码结果及其文本示例
(议题显著性水平下降期)

12 个子范畴 (涉及该子范畴的帖子数)	文本示例
疾病界定 (6)	到底该如何区分阿尔茨海默病与健忘?一般来说两者的区别体现在以下 6 个方面……
研究现状描述 (6)	一篇由首都医科大学宣武医院贾建平团队撰写的论文在国际刊物《阿尔茨海默病和痴呆症》上发表。
提供预防措施 (6)	主动学习可以降低阿尔茨海默病的发病,多从事认知活动,如阅读、下棋等刺激性脑力活动,而不要一直坐在家里看电视,被动接受讯息。

续表

12个子范畴 （涉及该子范 畴的帖子数）	文本示例
情绪疏导 （6）	临床上确实存在阿尔茨海默病年轻化趋势，但这一趋势其实也在很多疾病领域发生，原因是多方面的，需要综合分析，也不能因此过度焦虑。
疾病现状和 趋势（4）	在浙大二院神经内科就诊的阿尔茨海默病患者中，85％～90％年龄在60岁以上。
疾病诊断 （3）	还有个小办法教你60秒自测阿尔茨海默病。
风险预警 （3）	60岁以后，阿尔茨海默病发病率会逐年增高，重点人群可提早进行专业检测，早发现、早干预。
个人故事 （3）	一名19岁的男孩因为进行性的记忆衰退来宣武医院求医。
呼吁关注疾病 （2）	这个病例的发布是提醒家长以及社会公众，年轻人也可能出现这方面问题。
疾病成因 （2）	99％以上患者患阿尔茨海默病被认为是多因素、多基因引起的。
纠正认知误区 （2）	传统观念认为，在青年中很少发生认知障碍，更不用说阿尔茨海默病，贾建平团队的研究在世界阿尔茨海默病研究史上首次提出青年也有可能得非遗传性阿尔茨海默病。
呼吁关爱患者 （2）	年轻的阿尔茨海默病患者应得到家庭关爱、心灵支持和安慰，同时被给予生活上的照顾和支持。

注：由于每条帖子包含的子范畴往往不止1个，因此括号中数值总和会大于帖子数（$N=14$）。

接着，对12个子范畴进行二级编码，进一步归纳主范畴即帖子背后的框架。与议题显著性水平上升期的14个子范畴相比，下降期少了"政策介绍"与"广告宣传"两个子范畴，其余子范畴则与上升期完全一致。因此，针对议题显著性水平下降期的12个子范畴，通过二级编码得到7个主范畴或框架："疾病科普""研究现状描述""纠正认知误区""动员公众""风险预警""记录患者日常""调控个人情绪"。主范畴与子范畴之间的关系以及框架内涵界定可参照表 3-22(去掉其中的"政策介绍""打造组织形象"即可)。

　　同理,下降期帖子的三级编码分析与上升期类似,在 ChatGPT-3.5 中输入指令,要求其根据帖子框架是否符合今日头条算法推荐,将框架分为两类。最后的分类结果则是:上述 7 个框架全部符合今日头条算法推荐。换言之,针对 14 条帖子包含的 31 个框架[1],符合今日头条算法推荐的框架比例为 100%。

3.4.3.3　结果解释与结论图示

　　在今日头条平台上,用户帖子生产力变小而非帖子框架不符合算法推荐才是阿尔茨海默病议题显著性水平下降的直接原因。显然,当用户生产的帖子数量减少后,可供平台算法推荐的内容变少;即使留存帖子的框架全部符合平台算法推荐,由于实际上缺乏帖子,算法对于提升帖子浏览量"爱莫能助"。概言之,今日头条用户帖子生产力变小导致平台算法推荐式微并最终使得帖子浏览量锐减(如图 3-9 所示)。因此,在阿尔茨海默病议题显著性水平下降过程中,今日头条用户的行动逻辑发挥了决定性作用。

　　①虚线箭头表示今日头条算法推荐式微,即算法推荐不再调节帖子生产力与帖子浏览量之间的关系。

图 3-9　今日头条平台上用户行动逻辑直接降低阿尔茨海默病议题显著性水平

---

　　①　每条帖子包含的框架有时不止 1 个,因此框架总数会大于帖子总量。

3.5　小　结

第 3 章论述以阿尔茨海默病议题为健康风险议题的典型案例,首先追踪其在微信、抖音和今日头条三大平台上的议题显著性演化轨迹,接着对三个平台上相关帖子进行三级编码分析并结合每个平台帖子的大数据结果,从用户的行动逻辑和平台的技术逻辑及其相互关联性探究议题显著性水平上升和下降的原因。如此,基于 3.2 至 3.4 节内容的分析与发现,可从两个方面归纳三个常用平台上阿尔茨海默病议题显著性演化规律:其一,三大平台上议题显著性演化有哪些共同性? 其二,不同平台对议题显著性演化的影响又存在何种差异性? 最后,揭示这一规律对于防范阿尔茨海默病等健康风险的现实意义。

3.5.1　两种逻辑影响阿尔茨海默病议题显著性水平上升和下降的方式

首先,无论是在微信、抖音还是今日头条平台上,用户的行动逻辑和平台的技术逻辑促使阿尔茨海默病议题显著性水平上升的规律可揭示为:随着用户帖子生产力变大(行动逻辑作用),加上平台算法推荐助推(技术逻辑作用),两者共同促使帖子浏览量(议题显著性水平)飙升。两者的关系是:帖子生产力变大是提升议题显著性水平的前提,而平台算法推荐在此基础上发挥了极大的助推作用。具体而言,用户生产了大量帖子而且其中的绝大部分框架符合平台算法是促使后者大力发挥助推作用的内部原因。此外,使得帖子生产力变大的外部原因则有:一方面,社会新闻和热点事件不断触发阿尔茨海默病议题系统衍生新的子议题,而广大网民出于好奇心往往对新话题的关注度较高,他们就会通过原创、转发或评论帖子来参与话题讨论;另一方面,治理机构在特定时期会通过议程设置来引导社会各界关注阿尔茨海默病议题的特定问题(如疾病防治、医养政策等),其发布的帖子在这段时间也增多了。

其次,两种逻辑导致阿尔茨海默病议题显著性水平下降的规律是：当用户帖子生产力这一"原动力"明显变小时，平台算法推荐因此式微，最终导致帖子浏览量锐减。此时，帖子生产力变小将成为降低议题显著性水平的直接原因。具体来看，帖子生产力变小意味着可供平台算法推荐的帖子基数变小，这直接导致算法推荐力度变弱，它对帖子浏览量的影响就变得微乎其微。可见，在议题显著性水平下降阶段，仅有帖子生产力（用户的行动逻辑）对帖子浏览量起到决定作用。同样值得注意的是，从议题系统的外部来看，致使帖子生产力变小的原因有两方面：其一，随着时间推移，普通用户对阿尔茨海默病议题的关注度趋于饱和，注意力自然衰减，而且，他们会被层出不穷的新议题转移注意力，从而对旧议题的原创、转发和评论行为明显变少；其二，面对新近发生的社会新闻和热点事件，新闻媒体、政府机构和专家等需要将议程设置的重点从旧议题转向新议题，因此，旧议题的帖子生产力也相应变小了。

3.5.2　技术逻辑基于行动逻辑才能影响阿尔茨海默病议题显著性水平

根据三大平台上阿尔茨海默病议题显著性演化的分析，可以发现，无论是在议题显著性水平上升期还是下降期，帖子生产力都是决定帖子浏览量的前提，而算法推荐只能在帖子生产力基础上发挥作用。在议题显著性水平上升期，用户生产了大量帖子，平台算法才"有料可推"，并且，平台算法根据帖子框架与其符合率来决定推荐力度，从而在不同程度上提升帖子浏览量。在议题显著性水平下降期，用户帖子生产力变小而使平台算法推荐式微，帖子生产力也就成为降低帖子浏览量的直接原因。总之，在影响阿尔茨海默病议题显著性水平升降的过程中，用户的行动逻辑发挥"原动力"的作用，平台的技术逻辑则在"原动力"的基础上起到"助推力"的作用。

跃出议题显著性演化的上述规律，更为本源地看，迄今为止，人类发明的各种技术最终还是被人操控的，当然，这里的"人"包括不同利益的阶级和集团。也就是说，平台公司的决策者、算法工程师、监管机构和用户共同决定平台的算法推荐模式。[①] 尽管这些主体的行为决策不同于普通用户的行动逻辑，但也属于广义上主体行动逻辑的一部分。由于这部分内容已超出本书范围，所以对此不作专门分析与论述。尽管如此，对主体行动逻辑的广义理解给我们的哲学反思是：无论平台算法推荐在提升议题显著性水平过程中发挥多么强大的助推作用，其开关阀仍然被平台公司和监管机构掌握。在破除"算法神话"之后，可从用户与平台的关系窥见个体与社会的关系。因而，在最终意义上，主体的行动逻辑[②]相比平台的技术逻辑才是决定议题显著性水平更为根本性的力量。

3.5.3　实践策略：选择抖音平台传播阿尔茨海默病议题以增强公众风险防范意识

在阿尔茨海默病议题显著性演化过程中，只要平台算法推荐能够发挥作用，就会助推帖子浏览量即议题显著性水平飙升。由于不同平台的算法推荐模式各不相同，因此微信、抖音和今日头条三个平台对阿尔茨海默病议题显著性的放大效果也会存在差异。这种效果差异可以通过计算每个平台对议题显著性的放大系数 A 来比较：A＝帖子浏览量÷帖子数。公式中，A 表示某一平台的算法推荐对议题显著性的放大效果（A 取自 amplification 的首字母），"帖子浏览量"指该平台上一年内涉及"阿尔茨海默病"关键词的帖子浏览量，"帖子数"则指同一时期内提及"阿尔茨海默病"的帖子总量。[③] 在此，A 的数值越大，表明该平台的算法推荐对议题显著性的放大效果越明显。根据 SocialX 数据库导出的数值，微

---

① 匡文波 & 王天娇.（2023）. 社交媒体算法推荐传播逻辑与平台社会责任. *上海交通大学学报（哲学社会科学版）*（05），1-12＋21.

② "主体的行动逻辑"是从"用户的行动逻辑"衍生出的一个概念，前者的内涵更为广泛，不仅包含了后者，还囊括了平台普通用户之外的其他主体，如平台公司、监管机构、新闻媒体和专家等。

③ 某一平台在一年内（2022 年 9 月 14 日至 2023 年 9 月 14 日）涉及"阿尔茨海默病"关键词的帖子浏览量和帖子数均由 SocialX 数据库自动导出。

信、抖音和今日头条三个平台的放大系数[①]如下所示：

$A_{微信}＝69000000（帖子浏览量）÷52297（帖子数）≈1319$

$A_{抖音}＝1471000000（帖子浏览量）÷101726（帖子数）≈14460$

$A_{今日头条}＝22000000（帖子浏览量）÷24257（帖子数）≈907$

根据上述数据可见，在同一年内，抖音算法推荐对阿尔茨海默病议题显著性的放大效果最强，微信算法推荐次之，今日头条算法推荐的放大效果最弱。三个平台的放大系数大小差异对于阿尔茨海默病防治的科普传播具有重要指导价值：有关部门可以号召各类用户主体（如普通用户、专家、媒体、NGO、职能部门等）在抖音平台上发布有关阿尔茨海默病防治的短视频，以期最大限度地提升阿尔茨海默病议题显著性水平，从而促成公众对该疾病早防早治的健康风险防范意识。

最后，有鉴于阿尔茨海默病议题是一个典型的健康风险议题，其显著性演化规律在一定程度上也适用于理解其他健康风险议题在移动平台上的显著性演化。长远来看，有关阿尔茨海默病议题显著性演化的上述规律启发我们从长期叙事来理解健康风险议题的传播及其意义。一直以来，健康风险传播的大量实证研究主要关注传播的短期效果，考察特定的信息刺激如何改变人们对某些疾病的风险感知并影响其风险防范行为。[②] 这类研究对于解释并预测个体在短期内的风险认知与行为决策固然重要，但从防范健康风险的长期性来看，我们还需要探究叙事的流行模式[③]，尤其是当今移动平台上的流行叙事如何以议题系统的形式衍生出一系列子议题，来持续影响人们的风险感知以及社会整体的风险决策。本章所揭示的常用平台上阿尔茨海默病议题显著性演化规律中的帖子框架便是流行叙事的重要元素。例如，"疾病科普""纠正社会偏见""记录患者日常""动员公众"是三个平台上共同且频繁出现

---

① 　计算每个平台的放大系数时都按照四舍五入的原则取整数。

② 　孙少晶 & 阿迪娜·约提库尔. (2023). 健康传播的学科转向与体系构建. 全球传媒学刊(01), 94-106.

③ 　关于叙事及其重要性的观点源自:希勒. (2020). 叙事经济学. 陆殷莉, 译. 北京:中信出版集团.

的帖子框架,这些框架反映了当今人们理解阿尔茨海默病的不同视角。值得注意的是,上述框架不仅适用于阿尔茨海默病议题,而且适用于其他同类健康风险议题。考察这些框架亦即叙事元素的长期演变规律,并借鉴短期效果研究的实证路径,可以全面解释并准确预测人们对阿尔茨海默病等健康风险的认知与有关部门的应对决策,从而推动全社会有效防范与化解健康风险对人民美好生活的潜在威胁。

第4章 技术风险议题显著性演化案例分析

4.1 案例简介：人工智能议题作为当下新兴的技术风险议题

　　技术的发展与应用在带来巨大社会效益的同时也会引发诸多风险隐患。20世纪末期，人们普遍关注垃圾焚烧、核电和转基因等技术应用带来的环境问题、伦理问题和安全问题。进入21世纪，互联网开始在全球范围内普及，门户网站、搜索引擎和社交媒体等一系列网络应用程序给个体生活和社会交往带来许多益处，但也滋生了数据安全隐患、数字不平等等问题。当下，社会形态正从网络社会更新迭代为智能社会。无疑，"人工智能"（artificial intelligence）的迅猛发展与广泛使用不仅给个体生活带来了极大便利，而且大力助推社会的数字化与智能化发展。然而，作为一种新兴技术，人工智能的发展与应用会对个体和社会造成诸多风险挑战。本章将人工智能应用可能带来的消极后果视为当下一种典型的技术风险。这里的典型性是基于个案明晰的历史、凸显的现状与广泛的影响。因此，下文首先回顾人工智能发展简史，接着介绍全球和中国的人工智能发展现状，最后分析人工智能广泛应用可能产生的风险类型。

　　人工智能的发展过程大致经历了四个阶段①。

---

① 2018年之前的大部分材料摘取自：中央网络安全和信息化委员会办公室 & 中华人民共和国国家互联网信息办公室.（2017年1月23日）. 人工智能发展简史. http://www.cac.gov.cn/2017-01/23/c_1120366748.htm. 2018年之后的事件摘取自：第一财经.（2023年3月20日）. 人工智能开启大时代——近期AI领域重大事件评述. 百度. https://baijiahao.baidu.com/s?id=1760876037344208145&wfr=spider&for=pc.

孕育诞生期:20 世纪 40 年代至 50 年代。这一阶段的各项试验工作作为人工智能诞生奠定了重要基础,标志性事件主要有:其一,1942 年,美国科幻小说代表人物艾萨克·阿西莫夫(Isaac Asimov)提出"机器人三定律",这一定律后来成为学界研发人工智能的默认原则;其二,1950 年,英国计算机科学家艾伦·图灵(Alan Turing)提出了著名的"图灵测试"(Turing Test),即让一台机器与人对话,如果有超过 30% 的人无法识别出机器身份,那么这台机器就具有智能;其三,1956 年,美国达特茅斯学院举办了第一次人工智能研讨会,计算机科学家约翰·麦卡锡(John McCarthy)在会上首次提出"人工智能"的概念,这标志着人工智能的诞生;其四,1959 年,美国发明家乔治·德沃尔(George Devol)与约瑟夫·恩格尔伯格(Joseph Engelberger)制造了第一台工业机器人,标志着第一代机器人出现。

起步发展期:20 世纪 50 年代至 70 年代。两个机器人的诞生成为这一时期的重要事件。第一个机器人叫作 Shakey,由美国斯坦福国际研究所在 1956 年至 1972 年研制。Shakey 是世界上第一个全面应用人工智能的移动机器人,它能够感知环境特征并据此建立模型和执行任务。第二个机器人由美国麻省理工学院研制,叫作 ELIZA,是世界上首个通过脚本理解简单的自然语言并进行类似人类互动的聊天机器人。

低谷暂缓期:20 世纪 70 年代至 80 年代末。20 世纪 70 年代初,有限的计算机内存和处理速度成为阻碍人工智能发展的主要瓶颈。在当时的社会条件下,专家及相关人士难以在短期内突破这一技术关卡,这直接导致相关资助机构(如英国政府、美国国防部高级研究计划局、美国国家科学委员会等)叫停短期内无法取得实效的人工智能研发项目。这波经费削减浪潮一直持续到 80 年代末。

繁荣发展期:20 世纪 90 年代至今。随着深度学习(deep learning,简称 DL)、卷积神经网络(convolutional neural networks,简

称 CNN)、自然语言处理和 XR(包括 AR、VR、MR)①等技术的更
新迭代与广泛应用,人工智能发展迎来了真正的春天。1997 年,
IBM 公司研发的"深蓝"战胜国际象棋世界冠军卡斯帕罗夫
(Kasparov),成为首个击败国际象棋世界冠军的电脑系统。2014
年,聊天程序"尤金·古斯特曼"(Eugene Goostman)首次通过了图
灵测试,标志着人工智能发展进入全新阶段。2016 年,谷歌公司研
发的人工智能 AlphaGo 战胜围棋世界冠军李世石。尽管发展迅
速,但上述成就依然属于"狭义人工智能"(artificial narrow
intelligence)或归入弱人工智能范畴,其特点是基于巨大体量数据
进行数理逻辑推测,但无法像人类一样对复杂问题进行多维度思
考。而后,2021 年 OpenAI 公司发布了 GPT-3 模型,2023 年又发布
了 GPT-4 模型,这一突破性进展标志着"通用人工智能"(artificial
general intelligence)或强人工智能的开始。通用人工智能基于整体
智能观,旨在发展可以媲美人类智能的技术应用。长远来看,继狭义
人工智能和通用人工智能之后,在未来的某一天人类将迎来"超人工
智能"②(artificial superintelligence)。这类人工智能将在学习力、决
策力和创造力方面超越人类,其出现与应用将带来前所未有的社会
革新,帮助人类攻克诸多难题,但也会引发更深远的风险隐患。

当前全球范围内,人工智能已在搜索引擎、算法推荐、语音识
别、图像识别、人脸识别和机器翻译等领域中获得大规模应用,而
且,在生物结构预测、新药研发和国防军工等领域有了突破性进
展。③ 目前,中国的人工智能发展位于全球第一梯队,成为世界第
二大人工智能经济体。④⑤ 2020 年,中国人工智能的核心产业规模

---

① AR 指增强现实(augmented reality),VR 指虚拟现实(virtual reality),MR 指混
合现实(mixed reality)。

② 胡逸. (2023 年 5 月 31 日). *未来可期/通用人工智能的双刃剑:驾驭发展,规
避危机*. 澎湃新闻. https://www.thepaper.cn/newsDetail_forward_23268330.

③ 车晓燕. (2023). 人工智能研究热点发现——基于可视化工具对高被引论文
的分析. *现代信息科技*(11),116-119.

④ 郭朝先 & 方澳. (2021). 人工智能促进经济高质量发展:机理、问题与对策.
广西社会科学(08),8-17.

⑤ 答凯艳. (2022). 人工智能的过去、现在和未来. *系统科学学报*(01),47-51+107.

达到 3251 亿元,年度行业投融资金额突破 800 亿元。① 此外,从企业发展来看,百度、阿里巴巴和腾讯是闻名世界的中国人工智能三大巨头,而一些新兴企业在人工智能应用的特定领域异军突起,例如,科大讯飞专攻语音智能,大疆创新是世界上最大的无人机生产商,商汤科技的计算机视觉和深度学习技术已经赶超老牌企业。② 人工智能是建设"制造强国""质量强国""网络强国""数字中国"的关键基础设施③,新一代人工智能的发展直接关涉我国能否抓住新一轮科技革命和产业变革机遇④。因此,无论是立足国情还是放眼全球,人工智能都将成为未来科技发展的焦点所在。然而,人类在大力发展人工智能的同时还应充分重视并警惕其潜在的诸多风险。

关于人工智能技术应用风险的文献汗牛充栋,但纵观这些研究,大致可归纳出四类主要风险:第一,认知风险,包括用户接触人工智能生成的虚假信息之后形成错误认知、偏见认知甚至是极化认知⑤;第二,伦理风险,比如用户过度依赖人工智能而导致思维惰性和主体性削弱、人机关系过度亲密而导致人际关系疏离异化、数字人在虚拟空间中的伦理道德失范行为等⑥;第三,法律风险,主要指人工智能生成内容对知识产权和个人隐私权的威胁⑦;第四,制度风险,包括人工智能将取代大量基础性职业而导致大范围失业、人工智能被用于操控舆论而引发意识形态风险以及人工智能平台

①　深圳市人工智能行业协会.(2021 年 5 月 28 日).*2021 人工智能发展白皮书*.搜狐.https://www.sohu.com/a/469049593_121123919.

②　答凯艳.(2022).人工智能的过去、现在和未来.*系统科学学报*(01),47-51＋107.

③　参考《中共中央关于制定国民经济和社会发展第十四个五年规划和二〇三五年远景目标的建议》。

④　参考习近平总书记在中共中央政治局第九次集体学习时的讲话内容。

⑤　曾润喜 ＆ 秦维.(2023).人工智能生成内容的认知风险:形成机理与治理.*出版发行研究*(08),56-63.

⑥　田鹏颖 ＆ 周鑫.(2021).唯物史观论域下人工智能的伦理问题思考与合伦理设计.*宁夏社会科学*(02),22-29.

⑦　禹卫华.(2023).生成式人工智能数据原生风险与媒介体系性规范.*中国出版*(10),10-16.

公司迅猛发展而带来资本逻辑不断扩张[①][②]。

可见,尽管人工智能是科技革新和社会发展的重要动力,但其广泛应用也可能引发诸多风险隐患。风险是危害发生的一种可能性,它是不可见的,但当人们广泛热议它时,不可见的"风险"就呈现为可见的"风险议题"。对于人工智能风险亦是如此,尤其是2022 年 11 月 OpenAI 公司正式发布 ChatGPT 之后,人们对人工智能应用及其风险隐患的探讨掀起了新一轮热潮。在 ChatGPT发布之后的一年里,人工智能作为一个热门话题,在各大平台上引发了广大用户热议,据统计:微信平台上有相关帖子约 336 万条,累计浏览量已有 28 亿次;抖音平台上有帖子约 52 万条,累计浏览量升至 91 亿次;今日头条上有帖子约 136 万条,累计浏览量高达221 亿次。[③] 如此之高的热议度和关注度证明人工智能足以代表21 世纪最前沿和最有影响力的新技术,它已成为技术领域的领军角色。因此,本研究将人工智能议题视为当下典型的技术风险议题,依次分析该议题显著性在微信、抖音和今日头条三大平台上的演化轨迹,从其差异性中蕴含的共同性来揭示技术类风险议题演化的一般规律。

4.2　微信平台上人工智能议题显著性演化分析

本节内容首先呈现微信平台上人工智能议题显著性演化轨迹,并追踪该议题在演化过程中先后出现了哪些热门子议题;然后按照议题显著性水平上升期和下降期,分别考察两个阶段中微信算法推荐力度如何调节帖子生产力与帖子浏览量之间的关系,并据此揭示用户的行动逻辑与平台的技术逻辑影响议题显著性水平

---

① 李子甜. (2022). 工具性收益与系统性风险:新闻从业者的人工智能新闻技术认知. *新闻大学*(11), 29-42+117.

② 唐铮 & 林子璐. (2023). 生成式人工智能与新闻业:赋能、风险与前瞻. *新闻与写作*(11), 97-104.

③ 上述数据来自 SocialX 数据库,数据搜索时间范围为 2022 年 9 月 14 日至 2023年 9 月 14 日,搜索关键词为"人工智能"。

升降的作用方式。

4.2.1　议题显著性演化轨迹与热点追踪

　　研究问题Ⅱ-1-a[①]考察微信平台上人工智能议题显著性演化轨迹如何呈现。对此,将"人工智能"作为议题关键词输入 SocialX 数据库,选择"微信"平台,把数据搜索时间设置为 2022 年 9 月 14 日至 2023 年 9 月 14 日[②],SocialX 数据库自动输出以下曲线(见图 4-1),作为微信平台上人工智能议题显著性演化轨迹。

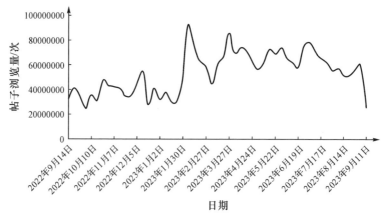

图 4-1　微信平台上人工智能议题显著性演化轨迹

　　图中坐标系的纵轴是帖子浏览量,表示人工智能议题显著性水平,横轴是议题演化时间。可见,人工智能议题显著性演化轨迹波动较为明显,议题显著性水平最高值(将近 1 亿次浏览量)大约是最低值(2000 余万次浏览量)的 5 倍。一个倒 U 形表示人工智能议题系统中的一个子议题,根据图示,该议题系统在一年内大约先后衍生了 13 个子议题。每个倒 U 形顶点代表该子议题显著性

---

　　① 　研究问题编号示意:议题类型(Ⅱ代表人工智能议题)-(1 指议题显著性演化轨迹)-常用平台(a 表示微信)。

　　② 　本研究考察一年内人工智能议题显著性演化,由于搜索日期是 2023 年 9 月 14 日,故将起始日期设置为 2022 年 9 月 14 日。

水平达到峰值,分析当天排名前十的热门帖子可以追踪热门子议题演化,以回答研究问题Ⅱ-2-a①。表 4-1 总结归纳了 13 个热门子议题。

表 4-1　微信平台上人工智能议题演化热点追踪

日　期	分析帖子数量/条	热门子议题
2022-09-19	10	人工智能加快"超级抗菌药"研发
2022-10-10	10	基于人工智能的数字化智能制造
2022-10-24	10	人工智能产生的偏见
2022-12-12	10	描述人工智能滥用的恐怖片《梅根》($M3GAN$)简介
2022-12-26	10	人工智能产业应用前景
2023-01-09	10	ChatGPT 掀起人工智能热潮
2023-02-06	10	不同领域对 ChatGPT 的机遇与挑战的看法
2023-03-27	10	人工智能引发股市波动和政策修订
2023-04-10	10	人工智能导致股市跌停
2023-05-15	10	人们恐惧人工智能的原因分析
2023-05-29	10	人工智能在数字经济领域的应用
2023-07-03	10	大批人工智能研究基地建立
2023-09-04	10	构建人工智能产业高地

　　根据内容创作者对人工智能技术的态度,上述 13 个子议题大致可以分为两大类:(1)对人工智能应用现状和发展前景持乐观态度,包括"人工智能加快'超级抗菌药'研发""基于人工智能的数字化智能制造""人工智能在数字经济领域的应用""大批人工智能研究基地建立""构建人工智能产业高地";(2)对人工智能应用后果表示警惕和担忧,如"人工智能产生的偏见""不同领域对 ChatGPT

---

　　① 研究问题编号示意:议题类型(Ⅱ代表人工智能议题)-(2 指热门子议题)-常用平台(a 表示微信)。

的机遇与挑战的看法""人工智能导致股市跌停"等。值得注意的是,在议题演化早期(2022 年 9 月中旬至 10 月中旬),热门子议题以支持人工智能发展为主;在议题演化中期(2022 年 10 月中下旬至 2023 年 5 月中旬),大多数热门子议题则转变态度立场,提醒人们警惕人工智能,尤其是以 ChatGPT 为代表的通用人工智能广泛应用后可能引发的风险隐患;而进入议题演化晚期(2023 年 5 月中下旬至 2023 年 9 月中旬),子议题反映的态度立场再次发生反转,重新强调人工智能应用的光明前景,尤其是人工智能如何助推数字经济发展与产业高地建设。概言之,通过追踪一年内人工智能议题先后衍生的 13 个热门子议题可以发现,议题系统的演化大致经历了"支持肯定人工智能—警惕反思人工智能—助推人工智能发展"三个阶段。除了这些质性变化,议题显著性演化还受到帖子生产力和算法推荐力度等量化因素的影响,后文将对此展开具体分析。

4.2.2　微信用户帖子生产力变大加以算法推荐促使议题显著性水平飙升

本目内容验证研究假设Ⅱ-1-a[①]是否成立。若成立,则在微信平台上,人工智能议题显著性水平上升期的帖子生产力要大于下降期的帖子生产力,而且帖子框架中符合微信算法推荐的比例高于不符合该算法推荐的比例。

4.2.2.1　议题显著性水平上升期的帖子生产力比下降期大

如图 4-1 所示,微信平台上人工智能议题显著性演化轨迹由 13 个倒 U 形构成,但由于第一个倒 U 形的左半段明显与右半段不对称,因此只纳入之后 12 个倒 U 形进行分析。一个倒 U 形表示

---

① 研究假设编号示意:议题类型(Ⅱ代表人工智能议题)-议题显著性水平演化原因(1 表示上升原因)-常用平台(a 表示微信)。

一个子议题的生命周期,根据 SocialX 数据库输出的数据①,针对 12 个子议题,依次比较其显著性水平上升期的帖子生产力是否都大于其下降期的帖子生产力(详见表 4-2)。

表 4-2　微信平台上人工智能议题显著性水平上升期和下降期帖子数比较

上升期	帖子数量/条	下降期	帖子数量/条
上升期 1(2022-10-04 至 2022-10-10)	49273	下降期 1(2022-10-11 至 2022-10-17)	36195
上升期 2(2022-10-18 至 2022-10-24)	211815	下降期 2(2022-10-25 至 2022-11-21)	44587
上升期 3(2022-11-22 至 2022-12-12)	145668	下降期 3(2022-12-13 至 2022-12-19)	55856
上升期 4(2022-12-20 至 2022-12-26)	43728	下降期 4(2022-12-27 至 2023-01-02)	43060
上升期 5(2023-01-03 至 2023-01-09)	48919	下降期 5(2023-01-10 至 2023-01-16)	48084
上升期 6(2023-01-17 至 2023-02-06)	301021	下降期 6(2023-02-07 至 2023-03-06)	130378
上升期 7(2023-03-07 至 2023-03-27)	204573	下降期 7(2023-03-28 至 2023-04-03)	74650
上升期 8(2023-04-04 至 2023-04-10)	236188	下降期 8(2023-04-11 至 2023-05-01)	67733
上升期 9(2023-05-02 至 2023-05-15)	149483	下降期 9(2023-05-16 至 2023-05-22)	74355
上升期 10(2023-05-23 至 2023-05-29)	240973	下降期 10(2023-05-30 至 2023-06-19)	85674

①　在 SocialX 数据库中输入关键词"人工智能",平台选择"微信",按照 12 个子议题显著性水平上升期和下降期依次设定时间范围,系统会自动输出某一时期内相关帖子的数量,以衡量帖子生产力大小。

续表

上升期	帖子数量/条	下降期	帖子数量/条
上升期 11(2023-06-20 至 2023-07-03)	521315	下降期 11(2023-07-04 至 2023-08-21)	148058
上升期 12(2023-08-22 至 2023-09-04)	151620	下降期 12(2023-09-05 至 2023-09-11)	78679

注:"上升期 n"表示微信平台上人工智能议题演化过程中出现的第 n 个子议题显著性水平上升期,"下降期 n"则表示该子议题显著性水平下降期,n 是 1 至 12 中的任何一个数字;帖子数＝原创帖数＋转发帖数＋评论帖数。

从表 4-2 可见,"上升期 1"的帖子数大于"下降期 1","上升期 2"的帖子数也大于"下降期 2",对于剩余 10 个子议题而言帖子数对比同样如此。因此,人工智能议题衍生的每个子议题显著性水平上升期的帖子生产力都要大于其下降期的帖子生产力。

4.2.2.2 帖子抽样与三级编码分析

在微信平台上,人工智能议题系统中所有子议题显著性水平上升期的相关帖子有 86455 条,下降期则有 51237 条,总体为137692 条。对此,本研究采取分层随机抽样法进行抽样[1],抽样步骤和结果详见表 4-3。

表 4-3　微信平台上人工智能议题显著性水平上升期分层随机抽样说明

上升期	分层帖子数量/条	分层帖子数量在总体中所占比例/%	分层所需样本量/条
2022-10-04 至 2022-10-10	2147	1.6	7
2022-10-18 至 2022-10-24	8753	6.4	25
2022-11-22 至 2022-12-12	1674	1.2	5
2022-12-20 至 2022-12-26	1180	0.9	4
2023-01-03 至 2023-01-09	1305	0.9	4

---

[1]　关于分层随机抽样的简介和步骤,详见第 3 章 3.2.2.2 中的相关说明。

续表

上升期	分层帖子数量/条	分层帖子数量在总体中所占比例/%	分层所需样本量/条
2023-01-17 至 2023-02-06	12074	8.8	34
2023-03-07 至 2023-03-27	4224	3.1	12
2023-04-04 至 2023-04-10	11399	8.3	32
2023-05-02 至 2023-05-15	3547	2.6	10
2023-05-23 至 2023-05-29	10416	7.6	30
2023-06-20 至 2023-07-03	25929	18.8	73
2023-08-22 至 2023-09-04	3807	2.8	11

注：为了确保分层所需样本量达到底线要求以上，所得数值若有小数点，统一向前进一位取整数。

在确保 95% 置信水平和 5% 误差范围的前提下，整个议题显著性演化周期需要抽取至少 384 条样本。针对子议题显著性水平上升期，通过分层随机抽样总共抽取 247 条帖子用于三级编码分析。编码分析分为三个步骤。

首先，对 247 条帖子进行一级编码分析，得到 17 个子范畴，表 4-4 呈现了每个子范畴的名称和文本示例。

表 4-4　微信平台上人工智能帖子一级编码结果及其文本示例
（议题显著性水平上升期）

17 个子范畴（涉及该子范畴的帖子数）	文本示例
提供多元观点（60）	人工智能如何与文艺复兴碰撞产生火花？一个代表过去，一个代表未来，看耐克如何巧妙展现！
提供最新资讯（57）	据《每日新闻》报道，日本近期开展了一项"对 ChatGPT 等对话式人工智能看法"的社会调查。
活动总结（30）	2023 年 2 月 13 日，首届北京人工智能产业创新发展大会在北京中关村展示中心举行。

续表

17 个子范畴 （涉及该子范 畴的帖子数）	文本示例
提供科普信息 （29）	"AI"一词是约翰·麦卡锡在 1956 年达特茅斯会议上提出的，用来描述"制造智能机器的科学和工程"。
活动宣传 （28）	名师讲坛：人工智能、大数据与司法决策。
广告宣传 （22）	Micro SaaS 人工智能驱动的电子邮件生成工具利用先进的人工智能和尖端的 GPT-3.5 Turbo 技术，将电子邮件撰写速度提高 10 倍。
政策宣介 （18）	发改委：推动区块链、人工智能等新一代信息技术的发展应用。
资源推荐 （14）	今天我们在网盘群为你精选了人工智能 PPT 模板。
彰显成就 （13）	在 2023 中关村论坛上发布的《中国人工智能大模型地图研究报告》显示，中国人工智能大模型正呈现蓬勃发展态势。
风险预警 （9）	人工智能确实会取代部分工作，这不是危言耸听，未来那些重复操作、没有创造力、可替代性强的工作都将被淘汰，大量一线员工可能面临失业。
战略部署 （8）	人工智能是新一轮科技革命和产业变革的重要驱动力量，加快发展新一代人工智能是事关我国能否抓住新一轮科技革命和产业变革机遇的战略问题。
介绍研究成果 （8）	2022 年 8 月 25 日上线论文《电力系统中的人工智能与数字孪生：趋势、协同和机遇》。
提供信息以 回应公众关切 （7）	智能家居让拥有个性化操作和多元化功能的智能音箱大火一把。相信许多小伙伴都曾对智能音箱动过心！
分享使用感受 （6）	上两期我测评了这几个辅助写作的机器人，先是下载 Visual Studio Code 的测试版，然后再下载 GitHub Copilot Nightly 版本。
预测未来发展 （6）	当前，通用语言大模型已进入急速升温期，下一个"核爆点"将是面向自动驾驶的通用视觉大模型。

续表

17 个子范畴（涉及该子范畴的帖子数）	文本示例
成果展示（5）	利物浦大学研究人员成功开发出一款人工智能机器人化学家。
整合多种知识（5）	人工智能是一种实实在在的技术，而不是概念；人工智能也是一种思想，而不仅仅是具体的工程问题。只有从思想体系的高度加以认识，才能谋全局；只有从实体技术的角度加以思考，才能更好地付诸实践。

注：由于 1 条帖子的子范畴往往不止 1 个，因此括号中数值总和会大于样本量（$n=247$）。

根据表 4-4，可以发现"提供多元观点""提供最新资讯"是出现频率最高的两个子范畴，"活动总结""提供科普信息""活动宣传"的出现频率次之。这些子范畴主要聚焦于人工智能的应用现状和发展前景，尤其凸显了各行各业为大力发展人工智能而举办的各种活动。它们共同反映了微信平台上帖子生产者对人工智能持有积极乐观的态度，通过提供多元观点和最新资讯以及相关活动的信息，试图让广大用户了解人工智能如何助推行业发展。与之相对的是，"风险预警"这一子范畴的出现频率并不高，而且，内容生产者主要关注人工智能对就业市场的威胁，较少论及人工智能广泛应用后产生的隐私泄露、内容侵权、人的主体性削弱等其他类型风险。总体而言，微信平台上人工智能议题的相关帖子呈现出一派技术乐观主义的景象，而对技术应用风险的隐忧则较少出现。

然后，对 17 个子范畴进行二级编码分析，归纳主范畴，即帖子内容背后的框架，得到 9 个框架。表 4-5 罗列了主范畴和子范畴之间的关系，并界定了框架内涵。

表 4-5　微信平台上人工智能帖子二级编码结果和框架界定(议题显著性水平上升期)

9 个主范畴 （或框架）	17 个子范畴	框架内涵说明
提供多元信息	提供多元观点 整合多种知识	提供有关人工智能及其应用的各种知识信息
提供重点信息	提供最新资讯 提供信息以回应公众关切	提供有关人工智能重要发展阶段或重大事件的信息
提供科学信息	介绍研究成果 提供科普信息	提供有关人工智能科学研究的相关信息
追踪发展现状	成果展示 活动总结 活动宣传 彰显成就	追踪人工智能发展现状和应用成果
分享使用体验	分享使用感受 资源推荐	分享人工智能产品使用经验和技巧
规划未来发展	预测未来发展 战略部署	基于对人工智能未来发展趋势的预测进行战略规划
政策宣介	政策宣介	宣传介绍人工智能治理和产业开发等方面的政策
助力产品营销	广告宣传	推销人工智能产品或服务
风险预警	风险预警	提醒人们警惕人工智能广泛应用后的潜在危害

接着,根据 9 个框架及其定义,采用人工智能辅助的方式对帖子进行三级编码分析,在 ChatGPT-3.5 对话框中输入以下指令:

请按照是否符合微信算法推荐的标准,将以下内容分为两类,一类符合微信算法推荐,另一类不符合微信算法推荐:

·提供多元信息(提供有关人工智能及其应用的各种知识信息)

• 提供重点信息(提供有关人工智能重要发展阶段或重大事件的信息)

• 提供科学信息(提供有关人工智能科学研究的相关信息)

• 追踪发展现状(追踪人工智能发展现状和应用成果)

• 分享使用体验(分享人工智能产品使用经验和技巧)

• 规划未来发展(基于对人工智能未来发展趋势的预测进行战略规划)

• 政策宣介(宣传介绍人工智能治理和产业开发等方面的政策)

• 助力产品营销(推销人工智能产品或服务)

• 风险预警(提醒人们警惕人工智能广泛应用后的潜在危害)

ChatGPT-3.5 的分类标准是:微信算法通常更加偏好多元内容、行业热点、发展现状、科普知识等,对具有明显营销倾向的帖子则有一定限制。据此,9 个框架被进一步分为两种情况,即符合微信算法推荐的框架和不符合微信算法推荐的框架(详见表4-6)。

表 4-6　微信平台上 ChatGPT-3.5 辅助的人工智能帖子三级编码结果
(议题显著性水平上升期)

符合微信算法推荐的框架	不符合微信算法推荐的框架
提供多元信息 提供重点信息 提供科学信息 追踪发展现状 分享使用体验 规划未来发展 政策宣介 风险预警	助力产品营销

　　最后,针对 247 条帖子的 323 个框架进行计算①,发现其中有 301 个框架符合微信算法推荐,占比 93.2%,剩余 22 个框架不符合微信算法推荐,占比 6.8%。

4.2.2.3　结论图示

　　上述研究发现证实了研究假设Ⅱ-1-a,即在人工智能议题显著性水平上升期,微信用户帖子生产力明显大于下降期,而且帖子框架中符合平台算法推荐的比例明显高于不符合的比例。换言之,微信用户帖子生产力变大,生产的大量帖子经由算法推荐后带来其浏览量飙升(如图 4-2 所示)。因此,在助推人工智能议题显著性水平上升过程中,微信用户的行动逻辑是基础,平台的技术逻辑则发挥了重要促进作用。

图 4-2　微信平台上两种逻辑提升人工智能议题显著性水平的方式

4.2.3　微信用户帖子生产力变小削弱算法推荐力度并最终导致议题显著性水平下降

　　针对微信平台上人工智能议题显著性水平下降期,研究假设Ⅱ-2-a②提出,用户帖子生产力要小于上升期,而且留存帖子的框架中不符合平台算法推荐的比例会高于符合的比例。下文对此进行检验。

4.2.3.1　议题显著性水平下降期的帖子生产力小于上升期

　　从表 4-2 中可见,人工智能议题在一年内先后衍生的 12 个子

---

①　1 条帖子背后的框架有时大于 1 个,所以框架总量会大于帖子总量。

②　研究假设编号示意:议题类型(Ⅱ代表人工智能议题)-议题显著性水平演化原因(2 表示下降原因)-常用平台(a 表示微信)。

议题,每个子议题显著性水平下降期的帖子数都明显小于其上升期的帖子数,由此证实了议题显著性水平下降期帖子生产力的确比上升期小。

4.2.3.2　样本来源与三级编码分析结果

以"人工智能"为议题关键词,将数据挖掘的时间范围设置为所有子议题显著性水平下降期,总共挖掘得到微信平台上相关帖子 51237 条。然后对 51237 条帖子进行分层随机抽样,得到 147 条帖子用于三级编码分析。抽样步骤及其结果如表 4-7 所示。

表 4-7　微信平台上人工智能议题显著性水平下降期分层随机抽样说明

下降期	分层帖子数量/条	分层帖子数量在总体中所占比例/%	分层所需样本量/条
2022-09-19 至 2022-10-03	1483	1	4
2022-10-11 至 2022-10-17	2183	1.6	7
2022-10-25 至 2022-11-21	5951	4.3	17
2022-12-13 至 2022-12-19	1358	1	4
2022-12-27 至 2023-01-02	1397	1	4
2023-01-10 至 2023-01-16	3110	2.3	9
2023-02-07 至 2023-03-06	8916	6.5	25
2023-03-28 至 2023-04-03	3519	2.6	10
2023-04-11 至 2023-05-01	5566	4	16
2023-05-16 至 2023-05-22	3608	2.6	10
2023-05-30 至 2023-06-19	6245	4.5	18
2023-07-04 至 2023-08-21	6010	4.4	17
2023-09-05 至 2023-09-11	1891	1.4	6

注:为了确保分层所需样本量达到底线要求以上,所得数值若有小数点,统一向前进一位取整数。

首先,对 147 条帖子进行一级编码分析,得到 15 个子范畴,每个子范畴的命名和文本示例详见表 4-8。

表 4-8　微信平台上人工智能帖子一级编码结果及其文本示例
（议题显著性水平下降期）

15 个子范畴 （涉及该子范 畴的帖子数）	文本示例
提供最新资讯 （30）	AI 赛道持续上演疯狂，剑桥科技 8 天 5 板，年内涨幅超 300%，三六零、寒武纪、海天瑞声、云从科技、昆仑万维、佰维存储等股年内涨幅超 200%。
广告宣传 （25）	新东方科技节、人工智能、名校规划和编程机器人学习，火速预约吧！
活动总结 （19）	科技周系列活动一|"热爱科学 崇尚科学"——人工智能科普宣传活动圆满结束。
介绍研究成果 （14）	李华教授：人工智能助力创新型光谱分析仪器研发与应用。
提供多元观点 （12）	近期，凯文·斯科特（Kevin Scott）就人工智能对知识工作者的影响以及人工智能下一步发展等话题分享了他的看法，核心观点包括……
提供科普信息 （12）	单纯建立在模拟仿真模型和战争推演数据基础上的人工智能系统，在过程处理和因果逻辑关系上存在薄弱环节，容易遭到伪数据诱骗，置信度不够高。
彰显成就 （11）	2022 年世界人工智能大会教育论坛介绍了涵盖幼、小、初、高 15 年一贯制的一所学校关于人工智能教育和人才培养的经验。
活动宣传 （11）	直播预告|人工智能与细胞遗传学——"因 AI 无陷"长三角生殖遗传高峰论坛。
整合多种知识 （9）	近日，由人工智能医疗器械创新合作平台与中国信息通信研究院牵头，多家医疗科技企业共同参与编制的《人工智能医疗器械产业发展白皮书（2023）》正式发布。
政策宣介 （5）	北京市科委、中关村管委会制定了《北京市促进通用人工智能创新发展的若干措施（2023—2025 年）（征求意见稿）》，现向社会公开征求意见。
资源推荐 （5）	"5600＋"个最佳人工智能公司和工具网站大全，ChatGPT每日自动更新。

续表

15 个子范畴 （涉及该子范 畴的帖子数）	文本示例
成果展示（4）	科技在进步，人工智能种出的超级巨型蔬菜瓜果，太牛了！
预测未来发展 （4）	物联网、云计算、大数据、人工智能正逐步从概念走向应用。越来越多传统产业也开始探索和创新，积极拥抱互联网和新技术。
风险预警（4）	普林斯顿大学教授因 AI"被失业"？人工智能真的要取代人类了吗……
战略部署 （1）	北京市数字经济规模持续攀升、发展活力不断显现、内生动力日益增强，正加快推进国家新一代人工智能创新发展试验区和国家人工智能创新应用先导区建设，打造具有全球影响力的人工智能创新策源地。

注：由于 1 条帖子的子范畴往往不止 1 个，因此括号中数值总和会大于样本量（$n＝147$）。

与议题显著性水平上升期帖子的子范畴相比，"提供信息以回应公众关切"和"分享使用感受"并未出现在下降期的帖子内容中。这与用户心理和需求有一定关系。在议题显著性水平上升期，新的子议题不断涌现，用户对人工智能议题的关注度较高，并且对新技术使用充满强烈的好奇心。为了迎合用户心理并满足其需求，内容生产者就频繁提供公众关切的资讯，并分享大量有关如何使用人工智能产品的教程资源等。然而，当议题显著性水平开始下降，意味着用户对话题的关注度逐渐降低，新鲜感也随之消失，内容生产者因此较少关注用户心理和需求，不再采用"提供信息以回应公众关切"和"分享使用感受"两个子范畴。此外，"广告宣传"是议题显著性水平下降期出现频率较高的子范畴，这可能是内容生产者通过营销策略重新吸引用户关注话题的一种尝试。

由于上述 15 个子范畴内含于议题显著性水平上升期的 17 个子范畴中，因此对于下降期帖子的二级编码和三级编码分析结果与上升期是一样的，详见表 4-5 和表 4-6。

下降期 147 条帖子总共包含 166 个框架,其中,符合微信算法推荐的框架有 141 个,占比 84.9%,不符合微信算法推荐的帖子只有 25 个,占比 15.1%。

4.2.3.3　研究结果解释与结论图示

上述研究结果证实了研究假设Ⅱ-2-a 的前半部分:在人工智能议题显著性水平下降期,微信用户帖子生产力变小了;然而,假设的后半部分却被证伪了,即留存帖子的框架中仍然有绝大部分符合微信算法推荐,而非假设所预测的有大部分框架不符合平台算法推荐。这一研究发现与上一章阿尔茨海默病议题显著性演化分析结果一致,其背后共同的原因可能是:在议题显著性水平下降期,平台算法推荐力度并不是独自起作用的,而是直接受制于帖子生产力。具体来说,正是因为微信用户的帖子生产力变小了,可供平台算法推荐的内容也减少了,此阶段的算法推荐如同“缺油的发动机”,已无力助推帖子浏览量飙升,议题显著性水平因此下降。所以,微信用户的行动逻辑减弱(表现为用户帖子生产力变小)导致平台的技术逻辑式微(表现为算法推荐力度变小),最终致使人工智能议题显著性水平下降。图 4-3 勾勒了这一作用机制。

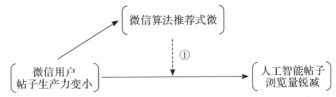

①虚线箭头表示微信算法推荐式微,即算法推荐不再调节帖子生产力与帖子浏览量之间的关系。

图 4-3　微信平台上用户的行动逻辑直接导致人工智能议题显著性水平下降

4.3　抖音平台上人工智能议题显著性演化分析

本节的论述思路和前一节相似,仍按照以下几个步骤展开:第一,描绘抖音平台上人工智能议题显著性演化轨迹;第二,追踪该议题衍生的热门子议题;第三,从用户的行动逻辑和平台的技术逻辑分析议题显著性水平上升和下降的原因。但分析时附加了与微信平台上情况的对比,以凸显抖音平台的差异性。因此,不妨将抖音视为微信的差异版本。

4.3.1　议题显著性演化轨迹与热点追踪

为了回答研究问题 Ⅱ-1-b[①],本研究将搜索时间范围也设置为 2022 年 9 月 14 日至 2023 年 9 月 14 日,在 SocialX 数据库中输入"人工智能"作为关键词,选择"抖音"平台,得到图 4-4,即抖音平台上人工智能议题显著性演化轨迹。

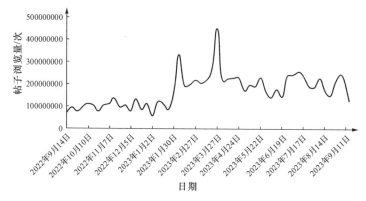

图 4-4　抖音平台上人工智能议题显著性演化轨迹

上述坐标系的纵轴是涉及"人工智能"的帖子浏览量,反映了议题显著性水平,横轴是议题演化时间,限定为一年。与微信平台上人工智能议题显著性演化轨迹相比,抖音平台上的演化轨迹波动幅度较小,除了 2023 年 2 月 6 日和 2023 年 3 月 27 日当天的帖子浏览量分别高至 3 亿多次和 4 亿余次(即两个突兀的峰值)之外,其余时期的帖子浏览量曲线起伏不大,基本在 1 亿次和 2 亿次之间浮动。但是,抖音平台上的帖子浏览量明显高于微信平台上的帖子浏览量,抖音上的变化区间为 1 亿～5 亿次,微信上的浮动范围

---

①　研究问题编号示意:议题类型(Ⅱ代表人工智能议题)-(1 指议题显著性演化轨迹)-常用平台(b 表示抖音)。

则是 0.2 亿～1 亿次。造成这种差距的原因可能有两个：其一，由于帖子数量是影响帖子浏览量的基础，因此抖音平台上用户生产的帖子数量将明显大于微信平台上的帖子数量；其二，由于平台算法推荐会助推帖子浏览量飙升，所以抖音平台的算法推荐力度应大于微信平台的算法推荐力度。

图 4-4 中的议题显著性演化轨迹出现了 16 个波峰，选取这 16 个波峰对应日期当天的热门帖子进行文本分析[①]，发现抖音平台上呈现的人工智能议题系统先后衍生了一系列相互关联的热门子议题（详见表 4-9），从而回答了研究问题 Ⅱ-2-b[②]。

表 4-9　抖音平台上人工智能议题演化热点追踪

日期	分析帖子数量/条	热门子议题
2022-09-19	10	人工智能促使人类反思什么是智能
2022-10-10	10	中国企业在世界人工智能大会上展示先进产品
2022-11-14	10	人工智能算法介绍
2022-11-28	10	如何使用人工智能绘画
2022-12-12	10	如何使用人工智能绘画
2022-12-26	10	就业市场缺乏人工智能人才
2023-01-09	10	人工智能如何助力程序员编程
2023-02-06	10	ChatGPT 生成的广告文案专业性堪比广告公司
2023-02-27	10	美国家庭拍摄上海酒店外卖机器人视频轰动外网
2023-03-27	10	人工智能在商业和设计领域的应用及其影响
2023-04-24	10	不法分子使用人工智能进行"深度伪造"（deep-fake）来拐骗儿童
2023-05-22	10	人工智能诈骗：公司老板 10 分钟被骗 430 万

[①]　由于抖音平台并没有帖子"浏览量"指标，因此"热门帖子"指当天点赞量排名前十的抖音原创短视频。

[②]　研究问题编号示意：议题类型（Ⅱ代表人工智能议题）-（2 指热门子议题）-常用平台（b 表示抖音）。

续表

日期	分析帖子数量/条	热门子议题
2023-06-12	10	人形机器人"索菲亚"的意识发展问题
2023-07-10	10	人工智能在图像生成、早教学习和客户管理等领域的应用
2023-08-07	10	人工智能可能取代传统职业
2023-09-04	10	通用人工智能高水平翻译能力给相关职业带来机遇与挑战

相形之下,如果说前一节微信平台上相关热门子议题主要采取宏观视角,聚焦人工智能行业发展、科研创新和政策制定等,那么与之不同的是,抖音平台上的热门子议题则以个人视角为主,即从用户体验和人们的日常生活展开探讨。譬如,"如何使用人工智能绘画""人工智能如何助力程序员编程""美国家庭拍摄上海酒店外卖机器人视频轰动外网"等热门子议题或聚焦于个人如何使用人工智能,或反映了个体对人工智能日常应用的看法评价。这与抖音平台的用户构成和内容特征直接相关。一方面,根据 2022 年第一季度用户画像报告,抖音用户以年轻人为主,其中,18～23 岁、24～30 岁、31～40 岁用户分别占比 22％、49％和 21％;在地域分布方面,超过 60％的用户居住在一、二线城市。[①] 这一用户群体普遍崇尚个人价值,喜欢从具体的个人故事而非抽象的宏大叙事中了解新事物。另一方面,与微信的长篇推文相比,抖音短视频更适合呈现轻松的、形象的、动态的个人经历,以便用户能够在不耗费认知力的情况下以碎片化时间消费内容。除了上述差异之外,抖音平台与微信平台上的热门子议题也有共性,它们都强调人工智能广泛应用带来的社会效益,而较少谈及其风险隐患。例如,在抖音平台上的 16 个热门子议题中,只有 2 个子议题明确提及人工智能使用不当导致的危害("不法分子使用人工智能进行'深度

---

① 张峻淇,李游 & 郭启晖. (2022 年 6 月 24 日). *抖音 2022 年第一季度用户画像分析*. 澎湃新闻. https://www.thepaper.cn/newsDetail_forward_18710654.

伪造'来拐骗儿童""人工智能诈骗:公司老板 10 分钟被骗 430
万"),另有 3 个子议题反思人工智能普及使用后可能造成的潜在
威胁("人工智能促使人类反思什么是智能""人形机器人'索菲
亚'的意识发展问题""人工智能可能取代传统职业"),其余 11 个
子议题都从不同方面介绍了人工智能应用的现实效益与诱人前景。

4.3.2 抖音用户帖子生产力变大和算法推荐助推共同提升议题显著性水平

本目内容通过大数据比较和相关帖子的三级编码分析,检验
研究假设Ⅱ-1-b[①]是否成立,即针对抖音平台上人工智能议题显著
性水平上升期,用户的帖子生产力是否大于下降期的帖子生产力,
以及帖子框架中符合抖音算法推荐的比例是否高于不符合该算法
推荐的比例。

4.3.2.1 用户的帖子生产力在议题显著性水平上升期变大了

表 4-10 呈现了抖音平台上人工智能系统议题中 15 个子议题
显著性水平上升期和下降期的帖子数量。需要说明的是,尽管议
题显著性演化轨迹出现了 16 个倒 U 形(见图 4-4),但第一个倒 U
形的升降起伏不够明显,因此仅采取后面 15 个倒 U 形,即 15 个
子议题演化周期进行分析。显然,就 15 个子议题而言,每个子议
题显著性水平上升期的帖子数都明显大于其下降期的帖子数,这
也意味着上升期用户的帖子生产力都大于下降期的帖子生产力。

表 4-10 抖音平台上人工智能议题显著性水平上升期和下降期帖子数比较

上升期	帖子数量/条	下降期	帖子数量/条
上升期 1(2022-09-27 至 2022-10-10)	21166	下降期 1(2022-10-11 至 2022-10-24)	9718
上升期 2(2022-10-25 至 2022-11-14)	15556	下降期 2(2022-11-15 至 2022-11-21)	6058

---

① 研究假设编号示意:议题类型(Ⅱ代表人工智能议题)-议题显著性水平演化原因(1 表示上升原因)-常用平台(b 表示抖音)。

上升期	帖子数量/条	下降期	帖子数量/条
上升期 3(2022-11-22 至 2022-11-28)	6459	下降期 3(2022-11-29 至 2022-12-05)	6054
上升期 4(2022-12-06 至 2022-12-12)	6660	下降期 4(2022-12-13 至 2022-12-19)	4605
上升期 5(2022-12-20 至 2022-12-26)	3763	下降期 5(2022-12-27 至 2023-01-02)	3544
上升期 6(2023-01-03 至 2023-01-09)	6817	下降期 6(2023-01-10 至 2023-01-23)	3656
上升期 7(2023-01-24 至 2023-02-06)	18621	下降期 7(2023-02-07 至 2023-02-13)	11764
上升期 8(2023-02-14 至 2023-02-27)	24261	下降期 8(2023-02-28 至 2023-03-06)	11457
上升期 9(2023-03-07 至 2023-03-27)	41339	下降期 9(2023-03-28 至 2023-04-03)	21533
上升期 10(2023-04-04 至 2023-04-24)	42641	下降期 10(2023-04-25 至 2023-05-01)	19175
上升期 11(2023-05-02 至 2023-05-22)	38322	下降期 11(2023-05-23 至 2023-06-05)	27434
上升期 12(2023-06-06 至 2023-06-12)	10228	下降期 12(2023-06-13 至 2023-06-19)	9121
上升期 13(2023-06-20 至 2023-07-10)	30044	下降期 13(2023-07-11 至 2023-07-31)	29195
上升期 14(2023-08-01 至 2023-08-07)	34373	下降期 14(2023-08-08 至 2023-08-21)	11854
上升期 15(2023-08-22 至 2023-09-04)	32411	下降期 15(2023-09-05 至 2023-09-11)	19138

　　注:"上升期 n"表示抖音平台上人工智能议题演化过程中出现的第 n 个子议题显著性水平上升期,"下降期 n"则表示该子议题显著性水平下降期,n 是 1 至 15 中的任何一个数字;帖子数＝原创帖数＋转发帖数＋评论帖数,SocialX 数据库自动导出这些数据。

4.3.2.2 样本来源与三级编码分析

在抖音平台上,综合一年内 15 个子议题显著性水平上升期,挖掘得到人工智能议题相关帖子 6758 条,加上所有子议题显著性水平下降期的 4668 条帖子,共计 11426 条帖子作为总体。接着,在确保 95% 置信水平和 5% 误差范围的前提下,整个议题显著性演化周期需要抽取 372 条帖子作为分析样本。然后,通过分层随机抽样的方法,抽取 226 条帖子用于三级编码分析。抽样步骤和结果如表 4-11 所示。

表 4-11　抖音平台上人工智能议题显著性水平上升期分层随机抽样说明

上升期	分层帖子数量/条	分层帖子数量在总体中所占比例/%	分层所需样本量/条
2022-09-27 至 2022-10-10	263	2.3	9
2022-10-25 至 2022-11-14	468	4.1	16
2022-11-22 至 2022-11-28	241	2.1	8
2022-12-06 至 2022-12-12	249	2.2	9
2022-12-20 至 2022-12-26	116	1.0	4
2023-01-03 至 2023-01-09	43	0.4	2
2023-01-24 至 2023-02-06	142	1.2	5
2023-02-14 至 2023-02-27	365	3.2	12
2023-03-07 至 2023-03-27	447	3.9	15
2023-04-04 至 2023-04-24	1008	8.8	33
2023-05-02 至 2023-05-22	825	7.2	27
2023-06-06 至 2023-06-12	252	2.2	9
2023-06-20 至 2023-07-10	1592	13.9	52
2023-08-01 至 2023-08-07	251	2.2	9
2023-08-22 至 2023-09-04	496	4.3	16

注:为了确保分层所需样本量达到底线要求以上,所得数值若有小数点,统一向前进一位取整数。

帖子的三级编码分析步骤如下：

首先，对 226 条帖子进行一级编码分析，得到 14 个子范畴，详见表 4-12。

表 4-12　抖音平台上人工智能帖子一级编码结果及其文本示例

（议题显著性水平上升期）

14 个子范畴 （涉及该子范畴的帖子数）	文本示例
成果展示 （82）	虚拟人主播挑战央视主播康辉说绕口令，你看算挑战成功了吗？
提供科普信息 （39）	人工智能是计算机科学的一个分支，研究如何使计算机模拟人类智能的行为和思维过程。
广告宣传 （36）	作为一款引领时代潮流的在线 AI 写作平台，万彩 VR 以及卓越的 AI 快速写作功能为写作的世界带来了一场革命。
提供最新资讯 （36）	原 Facebook 公司开发了一款名为 Meta AI 的智能生成视频系统，可以通过输入文字直接生成视频。
资源推荐 （19）	今天，我就来教大家一个简单又免费的方法，让你也能制作出属于自己的 AI 数字人视频。
风险预警 （17）	人工智能是否会进化出超越人类的智慧，并且反客为主？那时候机器反倒成了人类的主人，他们会对人类做出什么使我们感到毛骨悚然的事情？
分享使用感受 （14）	这个产品我替大家去试了一下，使用体验一般。
聚焦行业热点 （14）	近日，世界人工智能大会在上海举办。会上，华为盘古、科大讯飞星火、商汤日日新、网易伏羲等 30 余款国产人工智能大模型集中亮相。
整合多种知识 （12）	今天跟大家分享三大模块，第一是 AI 的历史回顾，第二是 AI 的发展趋势，第三是 AI 的战略布局。
预测未来发展 （10）	2023 年世界人工智能大会开幕式上，特斯拉创始人马斯克预测，今年年末将实现全面自动驾驶。

续表

14 个子范畴 （涉及该子范 畴的帖子数）	文本示例
推广引流 （8）	想要学习更多人工智能指令的技巧和方法？点赞、关注、收藏，我们下一个视频再见。
提供多元观点 （6）	这个话题引起了广泛的争议和讨论……
提供建议 （6）	以下是人工智能学习的一些建议步骤，可以通过阅读相关书籍、参加在线课程或观看教学视频来学习……
提供信息以 回应公众关切 （3）	人工智能的未来是充满希望的，但是必须具备以下条件……

注：由于 1 条帖子的子范畴往往不止 1 个，因此括号中数值总和大于样本量（$n=226$）。

在 226 条抖音帖子中，有 82 条帖子都使用了"成果展示"这一子范畴。而在微信平台上，"成果展示"的出现频次很低，上升期和下降期分别只有 5 条和 4 条帖子涉及该子范畴。平台的内容特征可能是造成这种差距的主要原因。抖音短视频形象生动，十分适合展示人工智能应用成果，如♯人机大战、♯人工智能歌手天花板、♯AI 驯化成果展示大会等话题都具有很强的展示性。此外，不少抖音帖子以动画的形式展现了人工智能绘图成果，吸引大量用户浏览观看。对比之下，微信平台，尤其是公众号的内容推送以静态图文为主，这种形式并不利于全面、形象、动态地呈现人工智能应用成果。除了上述差异性之外，两个平台上相关帖子的子范畴也有一些共通之处。比如，"提供科普信息"和"提供最新资讯"两个子范畴在抖音和微信平台上都频繁出现；然而，两个平台的帖子生产者都未频繁使用"风险预警"这一子范畴。可见，无论是抖音还是微信平台，帖子生产者总体上都对人工智能应用和发展持有乐观态度，而较少考虑其风险隐患。

接着，对 14 个子范畴进行二级编码分析，得到 9 个主范畴即帖子内容背后的框架。每个框架的命名及其内涵如表 4-13 所示。

表 4-13　抖音平台上人工智能帖子二级编码结果和框架界定

（议题显著性水平上升期）

9 个主范畴 （或框架）	14 个子范畴	框架内涵说明
成果展示	成果展示	展示人工智能在日常生活和专业领域的应用成果
提供多元信息	提供多元观点 整合多种知识	提供有关人工智能及其应用的各方面信息
提供重点信息	提供最新资讯 提供信息以回应公众关切	提供有关人工智能重要发展阶段或重大事件的信息
分享使用体验	分享使用感受 资源推荐	分享人工智能产品使用经验和技巧
助力产品营销	广告宣传 推广引流	推销人工智能产品或服务
规划未来发展	预测未来发展 提供建议	根据人工智能未来发展趋势预测并进行战略规划
聚焦行业热点	聚焦行业热点	聚焦人工智能行业发展热点事件
风险预警	风险预警	提醒人们警惕人工智能广泛应用带来的潜在危害
提供科学信息	提供科普信息	提供有关人工智能科学研究的相关信息

然后，在 ChatGPT-3.5 界面上输入以下指令，基于框架对帖子进行三级编码分析：

请按照是否符合抖音算法推荐的标准，将以下内容分为两类，一类符合抖音算法推荐，另一类不符合抖音算法推荐：

・成果展示（展示人工智能在日常生活和专业领域的应用成果）

・提供多元信息（提供有关人工智能及其应用的各方面信息）

· 提供重点信息(提供有关人工智能重要发展阶段或重大事件的信息)

· 分享使用体验(分享人工智能产品使用经验和技巧)

· 助力产品营销(推销人工智能产品或服务)

· 规划未来发展(根据人工智能未来发展趋势预测并进行战略规划)

· 聚焦行业热点(聚焦人工智能行业发展热点事件)

· 风险预警(提醒人们警惕人工智能广泛应用带来的潜在危害)

· 提供科学信息(提供有关人工智能科学研究的相关信息)

ChatGPT 的分类标准是:抖音算法偏向轻松、娱乐、多元的内容,而"科学信息"和"风险预警"因为具有较强的专业性和严肃性,所以与其他框架相比不太符合抖音帖子的主题旨趣。据此,表4-14将 9 个框架分为两种情况。

表 4-14　抖音平台上 ChatGPT 辅助的人工智能帖子三级编码结果
(议题显著性水平上升期)

符合抖音算法推荐的框架	不符合抖音算法推荐的框架
成果展示 提供多元信息 提供重点信息 分享使用体验 助力产品营销 规划未来发展 聚焦行业热点	风险预警 提供科学信息

最后,通过计算发现,在 226 条帖子的 297 个框架中,有 245 个框架符合抖音算法推荐,占比 82.5%,剩余 52 个框架不符合抖音算法推荐,占比 17.5%。

4.3.2.3　结论图示

综上所述,研究假设Ⅱ-1-b 得到了证实:在人工智能议题显著性水平上升期,抖音用户的帖子生产力大于议题显著性水平下降期的帖子生产力,而且,上升期帖子框架中符合抖音算法推荐的比例远远高于不符合该算法推荐的比例。因此,从用户的行动逻辑和平台的技术逻辑来看,用户帖子生产力变大和算法推荐助推共同促使帖子浏览量即议题显著性水平飙升。图 4-5 勾勒了这一作用机制。

图 4-5　抖音平台上两种逻辑提高人工智能议题显著性水平的方式

4.3.3 抖音用户帖子生产力变小导致算法推荐力度变弱最终致使议题显著性水平下降

针对抖音平台上人工智能议题显著性水平下降期,研究假设Ⅱ-2-b① 提出,用户帖子生产力要小于上升期,而且留存帖子的框架中不符合平台算法推荐的比例会高于符合的比例。下文对此进行检验。

4.3.3.1　议题显著性水平下降期的帖子生产力小于上升期

针对抖音平台上人工智能议题系统先后衍生的 15 个子议题而言,每个子议题显著性水平下降期的帖子数都小于其上升期的帖子数(详见表 4-10),这表明议题显著性水平下降期的帖子生产力确实小于其上升期的帖子生产力。

4.3.3.2　样本搜集与三级编码分析结果

选择抖音平台上一年中所有子议题显著性水平下降期作为数据挖掘时间,将"人工智能"作为关键词,共得到帖子 4668 条。对

———————

① 研究假设编号示意:议题类型(Ⅱ代表人工智能议题)-议题显著性水平演化原因(2 表示下降原因)-常用平台(b 表示抖音)。

此,进行分层随机抽样,抽样步骤和结果如表 4-15 所示,最后得到 157 条帖子用于三级编码分析。

表 4-15 抖音平台上人工智能议题显著性水平下降期分层随机抽样说明

下降期	分层帖子数量/条	分层帖子数量在总体中所占比例/%	分层所需样本量/条
2022-09-19 至 2022-09-26	95	0.8	3
2022-10-11 至 2022-10-24	357	3.1	12
2022-11-15 至 2022-11-21	176	1.5	6
2022-11-29 至 2022-12-05	241	2.1	8
2022-12-13 至 2022-12-19	204	1.8	7
2022-12-27 至 2023-01-02	96	0.8	3
2023-01-10 至 2023-01-23	83	0.7	3
2023-02-07 至 2023-02-13	154	1.3	5
2023-02-28 至 2023-03-06	124	1.1	5
2023-03-28 至 2023-04-03	333	2.9	11
2023-04-25 至 2023-05-01	293	2.6	10
2023-05-23 至 2023-06-05	576	5.0	19
2023-06-13 至 2023-06-19	267	2.3	9
2023-07-11 至 2023-07-31	897	7.9	30
2023-08-08 至 2023-08-21	513	4.5	17
2023-09-05 至 2023-09-11	259	2.3	9

注:为了确保分层所需样本量达到底线要求以上,所得数值若有小数点,统一向前进一位取整数。

首先,在一级编码层面,得到 12 个子范畴,表 4-16 罗列了这些子范畴的具体情况。

表 4-16　抖音平台上人工智能帖子一级编码结果及其文本示例

（议题显著性水平下降期）

12 个子范畴（涉及该子范畴的帖子数）	文本示例
提供最新资讯（45）	近日，由人工智能实验室 OpenAI 发布的 ChatGPT 以惊人速度走红，仅推出两个月，月活用户突破 1 亿，成为史上用户增长速度最快的应用程序。
风险预警（34）	目前，大规模歧视、黑箱问题、违反数据保护、大规模失业和环境危害，这些都是人工智能实际存在的风险。
提供科普信息（28）	人工智能三大定律是由美国科幻作家艾萨克·阿西莫夫在其科幻小说中提出的一组道德和行为规范，用于指导机器人的行为。
广告宣传（24）	你还在苦苦寻找机构降本增效的解决方案吗？Teacher GPT 的 AI 智能运营助手可以帮你轻松解决机构管理和运营难题。
提供建议（22）	未来给孩子选择什么专业？一定要选择人工智能不能够替代的岗位。
成果展示（17）	展示人工智能手势识别项目的操作过程。
预测未来发展（14）	可以预见，后续 AI 工具会集成到我们常用的各种软件里，帮助我们提高工作效率。
分享使用感受（5）	积压在心底无法排解的情绪，可能真的只有靠 AI 来消解，AI 24 小时在线秒回，永远不会有负面情绪，耐心体贴。
提供多元观点（4）	智能变革并不会取代人类，而是与人类合作共济。通过"创想共论"，我们可以探索人工智能如何成为人类的智能助手，帮助我们更高效地解决问题和创造价值。
资源推荐（3）	收好这个关键词，快去左下角生成你的专属漫画脸。
提供信息以回应公众关切（2）	ChatGPT 这两天可是太火了，每天都有人问我，到底会不会影响到你们律师的生态？今天我来说说……
推广引流（1）	各位棋迷朋友大家好，我是象棋大师时凤兰，今天晚上会有一场非常精彩的象棋人机大战，象棋特级大师柳大华将迎战由商汤科技最新推出的象棋机器人"元萝卜"。

注：由于 1 条帖子的子范畴往往不止 1 个，因此括号中数值总和大于样本量（$n=157$）。

与议题显著性水平上升期相比,下降期抖音帖子除了缺少"整合多种知识""聚焦行业热点"两个子范畴之外,其余子范畴的种类与上升期保持一致。值得注意的是,上升期出现频次最高的"成果展示"子范畴在下降期退居其次了,只有17条帖子涉及该子范畴,而上升期被边缘化的"风险预警"子范畴在下降期却被帖子生产者不断强调,出现频次位居排行榜第二位。背后的原因可能是,帖子生产者的关注点会随着议题热度自然盛衰而发生转移。当议题系统衍生出新的子议题时,帖子生产者会凸显其中具有较高展示度的内容以吸引用户关注,例如展示人工智能应用的最新成果。而当子议题逐渐衰落时,新现象或新事物一般较少出现,此时帖子生产者则有可能开始反思人工智能广泛应用引发的风险挑战。除了上述子范畴的差异以外,其余子范畴的数量分布则没有明显变化。

因为上述12个子范畴内含于上升期的14个子范畴中,所以下降期帖子的二级编码分析和三级编码分析结果与上升期是一致的,具体结果请参见表4-13和表4-14。

下降期157条帖子总共含有189个框架,根据三级编码分析的结果进行计算,发现其中仍有137个框架符合抖音算法推荐,占比72.5%,而其余52个框架则不符合抖音算法推荐,占比27.5%。

4.3.3.3　研究结果解释和结论图示

以上研究发现证实了研究假设Ⅱ-2-b的前半部分,即针对抖音平台上人工智能议题显著性水平下降期而言,用户的帖子生产力的确变小了。但是,三级编码的实证分析结果却有悖于该研究假设的后半部分:下降期留存帖子的框架中仍有大部分符合抖音算法推荐,而非假设预期的会有大部分框架不符合抖音算法推荐。这一研究发现与微信平台上人工智能议题显著性水平下降期的情况十分类似,其背后的原因也是相同的,即抖音用户的帖子生产力变小是算法推荐式微的直接原因,而当算法推荐不再起作用时,帖子浏览量便会锐减(如图4-6所示)。可见,在此过程中,抖音用户的行动逻辑抑制平台的技术逻辑,最终致使人工智能议题显著性水平下降。

①虚线箭头表示抖音算法推荐式微,即算法推荐不再调节帖子生产力与帖子浏览量之间的关系。

图 4-6　抖音平台上用户的行动逻辑直接导致人工智能议题显著性水平下降

4.4　今日头条平台上人工智能议题显著性演化分析

与前两节的论述思路一致,本节内容依旧从议题显著性演化轨迹呈现、热门子议题追踪、议题显著性水平上升和下降的原因这三方面来分析今日头条平台上人工智能议题显著性演化。由于今日头条平台上人工智能议题显著性演化轨迹十分简单,而且有待分析的帖子数量也很少,因此,与微信和抖音相比,不妨将本节内容视为移动平台上人工智能议题显著性演化分析的一个简化版本。

4.4.1　议题显著性演化轨迹与热点追踪

针对研究问题 Ⅱ-1-c①,在 SocialX 数据库界面输入"人工智能"作为帖子搜索关键词,搜索时间范围设置为 2022 年 9 月 14 日至 2023 年 9 月 14 日,选择"今日头条"平台,得到图 4-7,作为今日头条平台上人工智能议题显著性演化轨迹。

由图 4-7 可见,今日头条上人工智能议题显著性演化轨迹与微信或抖音平台上的演化轨迹明显不同:今日头条的演化轨迹仅呈现为一个倒 U 形,表示人工智能议题在一年内只衍生了一个尤为

---

①　研究问题编号示意:议题类型(Ⅱ代表人工智能议题)-(1 指议题显著性演化轨迹)-常用平台(c 表示今日头条)。

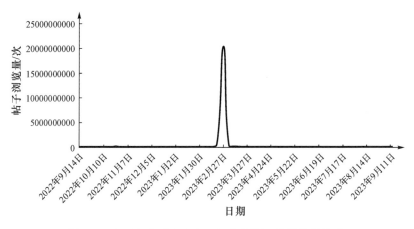

图 4-7　今日头条平台上人工智能议题显著性演化轨迹

显著的子议题;而微信和抖音上的演化轨迹都包括十多个接续而
成的倒 U 形,代表这两个平台上人工智能议题在一年内衍生了诸
多显著性水平较高的子议题。在上述坐标系中,纵轴是帖子浏览
量,表示议题显著性水平,而三个平台上演化轨迹图的纵坐标数量
差距很大,或许是议题显著性演化轨迹图形不同的主要原因。[①]在
今日头条平台上,帖子浏览量的变化范围是 50 亿~250 亿次。换
言之,若子议题的帖子浏览量低于 50 亿次,那么该子议题的演化
周期在上述坐标系中就会变成一条靠近横轴的近似水平线,其起
伏几乎难以被观察到。这也解释了图 4-7 中为何只能呈现出一个
帖子浏览量高达 200 亿次的"超级子议题"。不同的是,在微信和
抖音平台上,帖子浏览量的变化区间分别是 1 亿~5 亿次和 0.2
亿~1 亿次。与今日头条的 50 亿次相比,1 亿次和 0.2 亿次的基准
线能够使更多浏览量较高但还未达到超高水平的子议题演化得以
呈现。

　　根据图 4-7,2023 年 2 月 13 日至 2023 年 3 月 6 日是此"超级
子议题"的演化周期。由于该子议题的显著性水平在其生命周期

---

　　①　SocialX 数据库会根据帖子浏览量大小自动调整输出曲线的纵坐标数值范围,
对此无法进行人为调整。

内的任何时刻都是非常高的,所以本研究挖掘了该时间段内今日头条平台上与人工智能相关的 26 条帖子进行文本分析[①],以回答研究问题Ⅱ-2-c[②]。值得注意的是,这些帖子全部围绕 ChatGPT 展开,话题涉及"ChatGPT 的技术详解与应用""发展 ChatGPT 的经济成本""ChatGPT 相比其他大语言模型的优势""ChatGPT 的商业化发展""ChatGPT 与人类智慧较量""ChatGPT 用户体验""ChatGPT 的法律风险"。可见,在今日头条平台上,有关 ChatGPT 的技术、经济、社会和法律等效应的探讨成为一个现象级的超级热门子议题,在用户群体中引发了轰动效应。在相近时期内,ChatGPT 也一度成为微信(如"不同领域对 ChatGPT 的机遇与挑战的看法")和抖音(如"ChatGPT 生成的广告文案专业性堪比广告公司")平台上的热门子议题,只不过议题显著性水平不如今日头条如此之高。

4.4.2　今日头条用户帖子生产力变大和算法推荐助推共同提升议题显著性水平

由于今日头条平台上人工智能议题显著性演化轨迹只出现了一个倒 U 形,因此选择倒 U 形左半段对应的时间范围作为议题显著性水平上升期(2023 年 2 月 13 日至 2023 年 2 月 27 日),右半段对应的时间范围作为议题显著性水平下降期(2023 年 2 月 28 日至 2023 年 3 月 6 日)。通过比较上升期(68822 条)和下降期(26462 条)的帖子数量[③]可以发现,上升期用户的帖子生产力明显大于下降期用户的帖子生产力。

接着,挖掘议题显著性水平上升期内涉及"人工智能"的今日头条帖子,得到 22 条帖子用于三级编码分析。与微信(247 条)或

---

① 由于本研究挖掘的帖子是原创帖,所以与 SocialX 数据库导出的帖子数量(原创帖数量＋评论帖数量＋转发帖数量)和帖子浏览量(1 条热门帖子可能获得以万为计数单位的浏览量)存在较大差距。

② 研究问题编号示意:议题类型(Ⅱ代表人工智能议题)-(2 指热门子议题)-常用平台(c 表示今日头条)。

③ SocialX 数据库自动导出帖子数量,帖子数量＝原创帖数＋转发帖数＋评论帖数。

抖音（226 条）相比，今日头条上的帖子数（22 条）明显减少了，这是因为今日头条上的议题系统只凸显 1 个显著的子议题，而微信和抖音平台上则分别衍生了 12 个和 15 个子议题。子议题越少，意味着挖掘数据时所设置的时间范围越小，挖掘所得的帖子数相应也越少。22 条帖子的三级编码分析步骤如下：

在一级编码层面，得到 6 个子范畴，如表 4-17 所示。

表 4-17　今日头条平台上人工智能帖子一级编码结果及其文本示例（议题显著性水平上升期）

6 个子范畴（涉及该子范畴的帖子数）	文本示例
提供多元观点（15）	本文作者从 ChatGPT 的相关概念、背后的技术、商业前景等方面对 ChatGPT 进行了分析，并分享了自己的一些观点。
提供科普信息（7）	NLP，即自然语言处理，是人工智能的一个领域，专注于让计算机能够理解、解释和生成人类语言。
风险预警（5）	《法治日报》记者近日采访发现，ChatGPT 的火爆背后暗藏法律风险隐患：人工智能在给人们的生活增添乐趣、提供便利的同时，其信息真伪、知识产权等法律风险也愈发受到关注。
分享使用感受（4）	小木是道家哲学爱好者，经常与 ChatGPT 讨论道家相关的问题，他认为，ChatGPT 的学习能力非常惊人，但偶尔也会出现一些啼笑皆非的对话。
提供最新资讯（3）	ChatGPT 还轻松通过了一些对人类难度较高的专业级测试：它新近通过了谷歌编码 L3 级（入门级）工程师测试；分别以 B 和 C+ 的成绩通过了美国宾夕法尼亚大学沃顿商学院 MBA（工商管理硕士）的期末考试和明尼苏达大学四门课程的研究生考试；通过了美国执业医师资格考试……
资源推荐（1）	这篇教程的重点在于提供了一个简单且易于破解的完整技术介绍，这对还不理解 ChatGPT 背后概念的朋友，算是非常友好了。

注：由于 1 条帖子的子范畴往往不止 1 个，因此括号中数值总和大于样本量（$n=22$）。

　　"提供多元观点"和"提供科普信息"是今日头条平台上出现频次最高的两个子范畴。这与今日头条的内容生产者类型直接有关：在 22 条帖子中，有 13 条帖子是由新闻媒体生产的，既包括新闻网站（光明网、环球网、新华社、澎湃新闻、每日经济新闻），也有传统报刊（《新京报》《南方都市报》《中国新闻周刊》）；另外 9 条帖子则是由 IT 技术或产品经营领域的专业机构生产的，如"IT 之家""量子位""人人都是产品经理"。新闻媒体生产内容注重的是呈现多元观点，通过平衡各方意见以实现客观性，因此"提供多元观点"便成为最常使用的子范畴。而专业机构的职责在于向普通用户普及人工智能的技术原理及其最新应用，所以"提供科普信息"成为出现频次第二高的子范畴。与之相关，无论是新闻媒体还是专业机构，他们主要关注人工智能的新闻价值和社会经济效益等宏观影响，所以"分享使用感受"和"资源推荐"这些偏向个人视角的子范畴较少出现于今日头条帖子中。此外，从"风险预警"的使用频次中可以发现，今日头条平台的内容生产者与微信和抖音平台的内容生产者不一样，前者在颂扬人工智能社会效益的同时也会提醒人们警惕其风险隐患，而后两者总体上都是技术乐观主义者。

　　在二级编码层面，6 个子范畴可以进一步归纳为 5 个主范畴，即帖子背后的框架（详见表 4-18）。

表 4-18　今日头条平台上人工智能帖子二级编码结果和框架界定
（议题显著性水平上升期）

5 个主范畴（或框架）	6 个子范畴	框架内涵说明
提供多元信息	提供多元观点	提供有关人工智能及其应用的各方面信息
提供科学信息	提供科普信息	提供有关人工智能科学研究的相关信息
风险预警	风险预警	提醒人们警惕人工智能广泛应用带来的潜在危害
提供重点信息	提供最新资讯	提供有关人工智能发展重大事件的最新信息
分享使用体验	分享使用感受资源推荐	分享人工智能产品使用经验和技巧

在三级编码层面,将以下指令输入 ChatGPT-3.5 的对话框:

请按照是否符合今日头条算法推荐的标准,将以下内容分为两类,一类符合今日头条算法推荐,另一类不符合今日头条算法推荐:

· 提供多元信息(提供有关人工智能及其应用的各方面信息)

· 提供科学信息(提供有关人工智能科学研究的相关信息)

· 提供重点信息(提供有关人工智能发展重大事件的最新信息)

· 风险预警(提醒人们警惕人工智能广泛应用带来的潜在危害)

· 分享使用体验(分享人工智能产品使用经验和技巧)

根据 ChatGPT 的输出结果,今日头条算法更倾向于向用户推荐富有启发性的、多元的、专业化的资讯,而不太推荐具有明显主观倾向的内容。因此,上述 5 个框架都符合今日头条的算法推荐,如表 4-19 所示。

表 4-19　今日头条平台上 ChatGPT 辅助的人工智能帖子三级编码结果
(议题显著性水平上升期)

符合今日头条算法推荐的框架	不符合今日头条算法推荐的框架
提供多元信息 提供科学信息 提供重点信息 分享使用体验 风险预警	无

根据表 4-19 的分类结果,22 条帖子背后的 35 个框架全部符合今日头条算法推荐,即符合率为 100%。

最后,从用户的行动逻辑和平台的技术逻辑来分析以上结果,可以发现促使今日头条平台上人工智能议题显著性水平上升的原因是：一方面，用户的帖子生产力变大了；另一方面，用户生产的帖子框架全部符合今日头条算法推荐，这直接增强了平台算法推荐力度。因此，用户帖子生产力变大和算法推荐共同助推帖子浏览量飙升。这一结论证实了研究假设Ⅱ-1-c[①]。图 4-8 勾勒了上述作用机制。

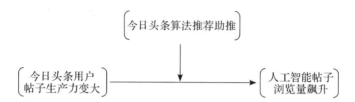

图 4-8　今日头条平台上两种逻辑提高人工智能议题显著性水平的方式

4.4.3　今日头条用户帖子生产力变小导致算法推荐式微最终致使议题显著性水平下降

针对今日头条平台上人工智能议题显著性水平下降期，研究假设Ⅱ-2-c[②] 提出，用户帖子生产力要小于上升期，而且留存帖子的框架中不符合平台算法推荐的比例会高于符合的比例。下文对此进行检验。

首先，根据今日头条平台上人工智能议题显著性水平下降期的帖子数（26462 条）少于其上升期的帖子数（68822 条）[③]，证明下降期用户的帖子生产力相比上升期而言明显变小了。

然后，挖掘议题显著性水平下降期（2023 年 2 月 28 日至 2023 年 3 月 6 日）今日头条平台上涉及"人工智能"的帖子，得到相关帖子仅 4 条。需要说明的是，这里挖掘的帖子是原创帖，而上述提及的 26462 条帖子包括原创帖、评论帖和转发帖。通常情况下，原创

---

① 研究假设编号示意：议题类型（Ⅱ代表人工智能议题）-议题显著性水平演化原因（1 表示上升原因）-常用平台（c 表示今日头条）。

② 研究假设编号示意：议题类型（Ⅱ代表人工智能议题）-议题显著性水平演化原因（2 表示下降原因）-常用平台（c 表示今日头条）。

③ SocialX 数据库自动导出帖子数量，帖子数量＝原创帖数＋转发帖数＋评论帖数。

帖占少数,在原创帖基础上产生的转发帖和评论帖才是构成主体。因此,在同一时期内,挖掘所得的原创帖数与 SocialX 数据输出的帖子总数将会存在很大的差距。对 4 条帖子进行三级编码分析,得到以下结果:

在一级编码层面,得到 4 个子范畴,具体情况如表 4-20 所示。

表 4-20　今日头条平台上人工智能帖子一级编码结果及其文本示例
(议题显著性水平下降期)

4 个子范畴 (涉及该子范畴的帖子数)	文本示例
提供多元观点 (3)	有专家建议,亟须发挥中国政策、资金等优势,持续加强顶层规划设计,重视人工智能基础技术和创新研究,加快核心人才培养。
风险预警 (2)	在数据隐私和安全问题方面,人工智能需要大量数据进行训练和学习,但这些数据往往包含了用户的个人信息、隐私或受版权保护的内容,如果这些数据被未经授权的人或组织访问,可能导致隐私泄露和安全问题。
提供最新资讯 (1)	中国信通院数据显示,2022 年我国人工智能核心产业规模(增加值)达 5080 亿元,同比增长 18%。
提供科普信息 (1)	ChatGPT 是利用人工智能来生成内容的模型,堪称 AIGC(人工智能生成内容)最新进展的代表。

与议题显著性水平上升期相比,下降期的帖子少了"分享使用感受""资源推荐"两个子范畴,其余子范畴则基本保持不变。与表 4-20 中呈现的 4 个子范畴不一样,"分享使用感受"和"资源推荐"反映了内容生产者关注用户个体需求,向他们提供一些切实可行的人工智能使用技巧。而当内容生产者不再采用这些子范畴时,就意味着帖子内容与用户的切身相关性不大了,用户对帖子的关注度随之下降。因此,从帖子的内容特征来看,缺乏与用户需求直接相关的子范畴可能是帖子浏览量即议题显著性水平下降的一个原因。

与议题显著性水平上升期帖子的二级编码相比,下降期只少了"分享使用体验"这一框架,其余 4 个框架仍保持一致(详见表 4-18)。与之相关,下降期帖子三级编码的分析结果也可以参照上升期的结果(详见表 4-19)。最后,下降期 4 条帖子的 7 个框架全部符合今日头条算法推荐。

概言之,上述研究发现证实了研究假设Ⅱ-2-c 的前半部分,即在人工智能议题显著性水平下降期,今日头条用户的帖子生产力确实变小了。然而,实证结果与研究假设Ⅱ-2-c 的后半部分是相悖的,即下降期留存帖子的框架竟然全部符合今日头条算法推荐,而非假设所预期的将有大部分框架不符合平台算法推荐。这一研究发现与微信和抖音平台上人工智能议题显著性水平下降期的发现是一致的,因此,可以参照这两个平台上用户的行动逻辑和平台的技术逻辑相互作用的机制,来解释今日头条平台上人工智能议题显著性水平下降的原因:今日头条用户帖子生产力变小直接削弱平台算法推荐力度,当算法推荐式微后,帖子浏览量就会锐减(如图 4-9 所示)。由此可见,在议题显著性水平下降期,用户的行动逻辑直接降低议题显著性水平。

①虚线箭头表示今日头条算法推荐式微,即算法推荐不再调节帖子生产力与帖子浏览量之间的关系。

图 4-9　今日头条平台上用户的行动逻辑直接导致人工智能议题显著性水平下降

4.5　小　结

作为小结,本章将人工智能议题视为当下新兴技术风险议题的典型案例,通过分析归纳微信、抖音和今日头条三个平台上该议题显著性演化情况,揭示其规律。对于每个移动平台,具体分析有:第一,勾勒该平台上人工智能议题显著性演化轨迹;第二,追踪人工智能议题系统衍生的热门子议题;第三,从用户的行动逻辑和平台的技术逻辑探究促使该议题显著性水平上升和下降的原因。此谓"规律",即同一议题在不同平台上显示出来的上述三个方面的共同性。因此,下文就从"议题系统""演化轨迹""两种逻辑"三个方面归纳微信、抖音和今日头条平台上人工智能议题显著性演化的共同性。然后,简要阐释这一规律的实践意义,并提出若干实操建议,以促进公众对人工智能等新兴技术应用形成合理的风险意识。

4.5.1　议题系统:既有差异又相互关联的子议题构成议题系统发展

在微信、抖音和今日头条三个常用平台上,人工智能议题系统都先后衍生了一系列相互关联但又有差异的子议题。通过追踪三个平台上的热门子议题,可以从两大方面对这些子议题进行分类。一方面,就用户对技术应用的态度而言,三个平台上的热门子议题大致分为三类:其一,对人工智能应用持乐观态度,例如"人工智能加快'超级抗菌药'研发"(微信)、"中国企业在世界人工智能大会上展示先进产品"(抖音)、"ChatGPT 相比其他大语言模型的优势"(今日头条)等子议题;其二,以客观中立的态度介绍人工智能发展现状及应用前景,如"基于人工智能的数字化智能制造"(微信)、"人工智能算法介绍"(抖音)、"ChatGPT 的技术详解与应用"(今日头条);其三,提醒人们警惕人工智能应用的风险隐患,如"人工智能导致股市跌停"(微信)、"人工智能可能取代传统职业"(抖音)、"ChatGPT 的法律风险"(今日头条)。另一方面,从帖子生产者的叙事视角来看,三个平台上的热门子议题可以分为两类:一是采取宏观视角,重点阐释有关人工智能应用的政策制定、行业发展和科研创新,譬如"大批人工智能研究基地建立"(微信)、"人工智能在商业和设计领域的应用及其影响"(抖音)、"发展 ChatGPT 的经济成本"(今日头条);二是着眼于微观视角,介绍日常生活中人工智能的使用情境,并分享人工智能用户体验,比如"人们恐惧人工智

能的原因分析"(微信)、"如何使用人工智能绘画"(抖音)、
"ChatGPT 用户体验"(今日头条)。

尽管上述子议题反映了人们对人工智能应用后果的不同态度,也折射出理解人工智能的不同视角,但它们都紧密围绕"人工智能"这一主题,构成了一个相对稳定的议题系统。人工智能是当下最热门而且是未来最有发展潜力的一项新兴前沿技术,其应用会产生诸多相互关联且复杂的问题,因而它是典型的系统性技术风险。与之相关,在此基础之上被建构起来的风险议题不是单个的,而是由多个既有区别又有联系的子议题构成的议题系统,每个子议题从不同角度反映了人工智能发展过程中遇到的机遇和挑战。本章的研究发现揭示了议题系统的这一特征。

4.5.2　演化轨迹:议题显著性水平呈现上升下降的周期性演化特点

微信、抖音和今日头条平台上人工智能议题显著性演化轨迹都呈现为一条周期性起伏的曲线。该曲线由十多个倒 U 形构成①,每个倒 U 形代表人工智能议题系统中一个子议题的显著性演化,倒 U 形的左半段表示议题显著性水平上升,右半段表示议题显著性水平下降。多个倒 U 形如此接续,呈现周期性升降的演化轨迹。

三个平台上之所以出现上述演化轨迹,不外乎有两大原因。首先,从事件本身来看,有关人工智能发展和应用的重要事件触发了新的子议题不断涌现。其中最为显著的事件是 2022 年 11 月 OpenAI 公司发布了 ChatGPT,标志着通用人工智能产品开始普及,非专业用户可以通过自然语言而非专业代码使用人工智能执行各种任务、开展多项工作。从此以后,微信、抖音和今日头条平台上开始大量涌现有关 ChatGPT 的帖子,与之相关的议论形成了

---

① 今日头条平台上人工智能议题显著性演化轨迹是一个例外,该曲线仅呈现为一个倒 U 形,具体原因详见 4.4.1 的相关说明。尽管如此,今日头条平台上轨迹呈现的原理与微信和抖音平台是一致的。

一个又一个热门子议题。其次,从平台用户来看,随着事件本身的兴起与淡出,用户注意力变化也呈现出盛衰的过程,这是一种自然的心理变化。当热点事件刚刚兴起时,用户的好奇心与关注度是最强烈的,相关帖子的浏览量随之飙升。然而,在资讯超载、热点不断、新议题层出不穷的信息碎片化的当代,人们对某个话题的关注度不会持续太久,对旧话题的新鲜感将会很快消失,随即将注意力迅速转向新话题,由此导致旧话题帖子的浏览量锐减。可见,外部的热点事件迁移与用户注意力的自然兴衰使得三个平台上人工智能议题显著性演化呈现出周期性上升和下降的特点。

4.5.3 两种逻辑:平台的技术逻辑基于用户的行动逻辑而发挥作用

用户的行动逻辑对议题显著性水平的直接影响表现为"帖子生产力大小决定帖子浏览量高低",平台的技术逻辑则遵循"算法推荐力度大小影响帖子浏览量高低"。根据这两种逻辑的作用来解释微信、抖音与今日头条平台上人工智能议题显著性水平上升和下降的原因,发现以下共同性。

在议题显著性水平上升期,用户的帖子生产力是基础变量,而帖子框架符合平台算法的较大比例决定算法推荐大力发挥作用,两者共同助推议题显著性水平上升。也就是说,用户帖子生产力变大意味着总体上有越来越多帖子可供平台算法推荐,而且,绝大多数帖子的框架是符合平台算法模式的,算法推荐力度因此显著增强,助推帖子浏览量飙升。

在议题显著性水平下降期,用户的帖子生产力明显变小,虽然现存帖子的框架中有大多数仍然符合平台算法模式,但是帖子数量锐减使得平台算法推荐难以再发挥作用,从而帖子生产力通过抑制平台算法推荐力度直接降低了议题显著性水平。通俗地说,随着用户的帖子生产力变小,可供平台算法推荐的帖子越来越少,直到"无料可推"时,算法推荐陷入"巧妇难为无米之炊"的境地。简言之,帖子生产力变小导致算法推荐式微,最终致使帖子浏览量锐减。

总之,无论是议题显著性水平上升期还是下降期,行动逻辑先于技术逻辑,即平台的技术逻辑必须基于用户的行动逻辑才能发挥作用。因此,与平台的技术逻辑相比,用户的行动逻辑才是最终决定人工智能议题显著性水平上升或下降的根本力量。

4.5.4　实践决策:选择抖音平台增强议题显著性、培养公众风险意识

根据微信、抖音和今日头条平台上人工智能议题相关帖子的三级编码分析,可以发现大多数帖子对人工智能的发展趋势和应用前景持积极乐观的态度,只有一小部分帖子提醒人们警惕人工智能应用可能带来的各种威胁。无疑,任何一项新技术的推广应用在创造社会效益的同时也会引发诸多风险隐患,因此有必要通过广泛的移动传播并利用具有高显示度的在线平台来增强该议题的显著性,形成公众对人工智能应用不当的风险意识。实现这一目标的决策是:选择放大人工智能议题显著性效果最明显的平台,并采用符合该平台算法推荐的框架来凸显人工智能应用的风险隐患。具体分为两大步骤:

第一,比较微信、抖音和今日头条三个平台放大人工智能议题显著性效果的差异。可用放大系数 A(帖子浏览量÷帖子数)来衡量每个平台对议题显著性的放大效果:A=含有"人工智能"关键词的帖子浏览量÷含有"人工智能"关键词的帖子数。[①] 据此计算三个平台对人工智能议题显著性的放大系数:

$A_{微信}$=2834000000(帖子浏览量)÷3363275(帖子数)≈843

$A_{抖音}$=9105000000(帖子浏览量)÷519760(帖子数)≈17518

$A_{今日头条}$=22131000000(帖子浏览量)÷1359986(帖子数)≈16273

由计算可见,在三个平台中,抖音的放大系数最大,即对人工

---

① 　A 表示某一平台的算法推荐对人工智能议题显著性的放大效果(A 取自"amplification"的首字母)。某一平台在一年内(2022 年 9 月 14 日至 2023 年 9 月 14 日)涉及"人工智能"关键词的帖子浏览量和帖子数均由 SocialX 数据库自动导出。

智能议题显著性的放大效果最明显。

第二,采用符合抖音算法推荐的框架生产帖子,向公众强调人工智能应用可能引发的各类风险隐患。值得注意的是,抖音算法总体上倾向于向用户推荐轻松娱乐的内容,而比较专业或严肃的内容则不太容易被抖音算法推荐。因此,帖子生产者不宜直接采用"风险预警"框架生产帖子,而是要通过"寓风险于娱乐"的策略来生产内容,充分利用短视频"短小精悍""平易近人""快速传播"的特点来巧妙呈现人工智能应用的风险隐患,从而让这类内容得到抖音算法的大力推荐,最终让更多用户接触到这些内容以形成其防范风险的自我意识。

由于人工智能是当下最典型的新兴技术,因此人工智能议题在上述三个平台上的显著性演化规律在某种程度上也适用于考察其他新兴技术风险议题的显著性演化情况。人工智能等前沿科技的迅速发展与广泛应用是当今时代的大势所趋,我们既要顺势而为,学会巧用这些技术方便生活、提高工作效率,同时也不能盲目跟风,需要培养对其应有的风险意识。只有这样,人类才能与技术和谐共生,最大限度地发挥科技向善的社会效益。

第5章　环境风险议题显著性演化案例分析

5.1　案例简介:气候变暖议题作为日益凸显的环境风险议题

自 20 世纪 60 年代起,工业化发展不断加速,尽管这一过程创造了巨大的经济效益,但也导致了诸多环境问题,包括气候变暖、大气污染、水污染、土壤污染、自然资源短缺等。其中,气候变暖已从整体上成为威胁人类世代生存和社会可持续发展的一大系统性风险,正在全球范围内以不同的灾害形式日益凸显出其严重后果。[①] 若缺乏及时有效的治理措施,气候变暖将给人类社会带来严峻挑战。因此,从后果影响的广泛性来看,气候变暖议题是一个典型的环境风险议题。下文首先从气候变暖的负面效应、全球气候治理发展历程、中国参与气候治理的举措等简要回顾气候变暖议题的起源与发展,然后概览该议题在常用移动平台上的热议情况。

5.1.1　全球范围内气候变暖导致严重的生态环境危害

世界气象组织(World Meteorological Organization)发布的《2022 年全球气候状况》报告显示,2022 年全球平均气温比 1850 年至 1900 年的平均值高出约 1.15℃,2015 年至 2022 年是自 1850

---

① World Economic Forum. (2024). *Global Risks Report 2024*. https://www3. weforum. org/docs/WEF_The_Global_Risks_Report_2024. pdf.

年有记录以来最热的 8 年。① 导致全球气候变暖的三种主要温室气体是二氧化碳、甲烷和一氧化二氮,这三种气体的浓度于 2021 年达到史上最高值,2022 年,其浓度还在继续上升。② 气候变暖已在全球范围内造成诸多危害,如导致冰川消融、海平面上升、生物多样性减少、极端天气事件频发、粮食安全受威胁等。

数据显示,2000 年至 2004 年,全球海洋冰川和陆地冰川每年损失约 2270 亿吨,2015 年至 2019 年,冰川消融速度加快,以每年 2980 亿吨的速度消失。③ 冰川融化将导致海平面上升而吞噬大量陆地生物,导致生物多样性锐减。自 1993 年以来,全球平均海平面持续升高,1993 年至 2002 年和 2013 年至 2021 年海平面升高的速度分别为 2.27 毫米/年和 4.62 毫米/年,可见升高速度正在迅速加快。④ 海平面上升对生物世界造成的严重后果是淹没大量低海拔陆地、毁坏原始森林,这使北极熊、企鹅等生物失去栖居地。⑤ 长此以往,物种存活率降低,生物多样性减少,最终影响人类社会的生产、生活和生态。

气候变暖加剧还将导致极端天气事件频繁发生。例如,2019 年至 2020 年,澳大利亚出现极端高温天气,持续干旱高温引起多次森林大火。⑥ 在此期间,东非则遭遇了 40 年来持续时间最久的

---

① 参考消息. (2023 年 5 月 20 日). 世界气象组织:今起五年全球气温将创新高. 百度. https://baijiahao.baidu.com/s? id=1766373416709072083&wfr=spider&for=pc.

② 尚凯元. (2023 年 5 月 9 日). 以更有力行动应对全球气候变化(国际视点). 人民日报. https://www.peopleapp.com/column/30035348853-500000401502.

③ 文乐乐. (2021 年 5 月 6 日). 最新研究显示全球冰川正加速消退. 中国科学报, 001.

④ 联合国. (2023 年 4 月 25 日). 全球气候仍在持续变化. 联合国微信公众号. https://mp.weixin.qq.com/s/-Jq6PBTgt01ahtdGV6Jz2w.

⑤ 谭老师地理工作室. (2022 年 6 月 16 日). 全球气候变暖对世界的影响! 雪崩的发生和气候变暖有直接关系? . 新浪网. http://k.sina.com.cn/article_1865551664_v6f320f3001900whkq.html.

⑥ 科普地球. (2022 年 4 月 24 日). 全球气候变暖及其危害. 经纬研学工作室微信公众号. https://mp.weixin.qq.com/s/lRRA9cNli5O1Et5v0mXVTw.

干旱,连续五个雨季的降雨量都低于平均水平。① 2022 年,我国也发生了多次极端天气事件,如"松辽流域遭遇极端降雨,盘锦绕阳河段堤坝溃口""中央气象台首次发布高温红色预警,预示 1961 年以来最强高温'炙烤'我国""夏季局部地区短时强降雨致重大人员伤亡"。② 这些极端天气事件对人民的生命和财产安全构成严重威胁。

同时,气候变暖将导致粮食产量急剧下降,在未来 20 年至 50 年,世界和中国粮食生产可能面临巨大的气候威胁。2030 年,我国种植业生产能力总体上可能下降 5% 到 10%;到 21 世纪后半叶,小麦、水稻和玉米等主要粮食作物的产量甚至会下降 37%。③

可见,气候变暖是一个重大的生态环境风险事件,其潜在危害对于世界和中国都形成了前所未有的巨大挑战。人类必须提前充分预备并积极采取应对措施,以防范和化解这一重大风险造成的各种威胁和危害。

5.1.2　20 世纪以来全球气候治理重大议程

今天,气候变暖已成为一起全球性的重大环境风险事件。由于它对人类赖以生存的自然环境与各种资源构成直接威胁,所以各国都已意识到抑制或减缓气候变暖的迫切性与重要性。对此,气候治理议程和举措在全球不断兴起。

20 世纪 70 年代,"气候变暖"作为全球现象被正式提出。1972 年 2 月,联合国在日内瓦举办第一次世界气候大会,会议指出,大气中不断增长的二氧化碳含量将导致显著的气候变暖现象,并提

---

① 联合国.(2023 年 4 月 25 日).全球气候仍在持续变化. 联合国微信公众号. https://mp.weixin.qq.com/s/-Jq6PBTgt01ahtdGV6Jz2w.

② 骆倩雯.(2023 年 1 月 9 日).2022 年国内外十大天气气候事件评选揭晓. 北京日报客户端. https://baijiahao.baidu.com/s? id=1754510942148509534&wfr=spider&for=pc.

③ 央视新闻.(2020 年 11 月 5 日).全球变暖对中国的影响. 中国气象局. https://www.cma.gov.cn/2011xzt/2012zhuant/20121119/2012111913/201211/t20121 123_3105487.html.

醒各国政府要注意那些可能带来气候风险的活动。①

20 世纪 80 年代末至 90 年代初，国际组织的成立与相关法规政策的制定标志着全球气候治理时代正式来临。1988 年 11 月，联合国环境规划署和世界气象组织联合成立了"政府间气候变化专门委员会"（Intergovernmental Panel on Climate Change，简称 IPCC），专门负责气候变化的科学评估并提供决策依据。1990 年 12 月，在第 45 届联合国大会上，"政府间谈判委员会"（Intergovernmental Negotiating Committee，简称 INC）正式成立，INC 的目标在于促成一项在全球范围内有效的气候变化框架公约。1992 年 5 月，经过多轮谈判，IPCC 和 INC 通过了《联合国气候变化框架公约》，公约成为全球气候治理的基石，为多国政府之间的谈判合作奠定了坚实的法律基础②。

从 20 世纪末至今，在《联合国气候变化框架公约》的基础上，国际社会先后制定了若干份协议公约，进一步明确全球气候治理的多方职责。1997 年，各国政府经谈判达成《京都议定书》。该议定书规定了 2008 年至 2012 年发达国家的温室气体减排义务，要求发达国家为发展中国家提供减排的资金和技术支持。该议定书从 2005 年 2 月开始正式生效。③ 2009 年，哥本哈根世界气候大会召开，但会议结束后仅达成由部分国家参与的《哥本哈根协议》。该协议赞同继续执行《京都议定书》，以"基础四国"（中国、印度、巴西、南非）为代表的发展中国家在这次会议中成为气候谈判的中坚力量。④ 2015 年，各国政府在巴黎气候变化大会上达成了《巴黎协定》，其目标在于将全球气温升幅控制在 2℃以内，最好是 1.5℃之

---

① 张海滨.（2022）. 全球气候治理的历程与可持续发展的路径. *当代世界*（06），15-20.

② 张海滨.（2022）. 全球气候治理的历程与可持续发展的路径. *当代世界*（06），15-20.

③ 李慧明.（2016）.《巴黎协定》与全球气候治理体系的转型. *国际展望*（02），1-20+151-152.

④ 许琳 & 陈迎.（2013）. 全球气候治理与中国的战略选择. *世界经济与政治*（01），116-134+159.

内。该协议首次要求所有国家参与温室气体减排,成为全球气候
治理的一个里程碑。[①] 2021 年,格拉斯哥气候变化大会通过《格拉
斯哥气候公约》,该公约是对《巴黎协定》的进一步完善与落实,一
致通过以下目标:加快碳减排行动,淘汰化石燃料,兑现气候融资,
加大对发展中国家适应气候变化的资金支持,等等。[②]

综上所述,气候变暖作为人类社会遇到的重大环境风险,其治
理并不是单一性的、局地性的、短期性的,而是复杂性的、全球性
的、长远性的。这需要不同国家和地区、各种组织机构和不同制度
体系的协同合作。

5.1.3　中国参与全球气候治理的主要议程

作为一个负责任的大国,中国在推进全球气候治理中一直发
挥着积极重要的作用。自党的十八大以来,中国将应对气候变化
视为国家治理的一项重要议程[③]:十九大报告提出,我国要成为全
球生态文明建设的重要参与者、贡献者、引领者[④];二十大报告强
调,要积极稳妥推进碳达峰碳中和,将"降碳"作为应对气候变化的
一项核心举措[⑤]。在上述目标指引下,中国参与全球治理的主要行
动包括以下三大方面。

其一,积极推动国际合作,主动承担治理责任。中国是发展中
国家里第一个提出节能减排目标的国家:早在 1996 年制定的"九

---

①　联合国气候变化.《巴黎协定》. https://unfccc. int/zh/guojiazizhugongx ian-ndc-zixun/balixieding.

②　苑杰.（2022）.《联合国气候变化框架公约》第 26 届缔约方大会成果. 国际社会科学杂志(中文版)(02),159-172.

③　中华人民共和国国务院新闻办公室.（2021 年 10 月 28 日）. 中国应对气候变化的政策与行动. 人民日报,014.

④　汪晓东,刘毅 & 林小溪.（2021 年 6 月 3 日）. 让绿水青山造福人民泽被子孙——习近平总书记关于生态文明建设重要论述综述. 人民日报,01.

⑤　新华社.（2022 年 10 月 25 日）. 习近平:高举中国特色社会主义伟大旗帜 为全面建设社会主义现代化国家而团结奋斗——在中国共产党第二十次全国代表大会上的报告. 中国政府网. https://www.gov.cn/xinwen/2022-10/25/content_5721685.htm.

五"计划就规划了实现平均每年 5‰ 节能率的目标。[①] 在《巴黎协定》的商议过程中,中国积极参加二十国集团、金砖国家会议等框架下气候议题谈判,主动建立了"基础四国"部长级会议和气候行动部长级会议等多边协商机制,并协调立场相近的发展中国家在全球气候谈判中捍卫共同利益。此外,中国积极开展"南南合作",尽己所能帮助其他发展中国家应对气候变暖问题。2011 年以来,中国累计投入约 12 亿元人民币开展"南南合作",与 35 个国家签署 40 份合作文件来共同应对气候变化。[②]

其二,将应对气候变化纳入国家发展战略,出台相关政策与专项规划保障战略实施。1994 年,国务院批准成立了国家气候中心,并于 1995 年 1 月正式运行。该中心成为国内最早从事气候变化研究的专业机构。[③] 1995 年,应对气候变化被列入国务院制定的可持续发展战略之中[④]。2007 年,《中国应对气候变化国家方案》正式颁布实施,中国成为第一个制定应对气候变化国家方案的发展中国家。[⑤] 之后,自"十二五"开始,中国将单位 GDP 二氧化碳排放下降幅度作为约束性指标纳入国民经济和社会发展规划纲要。[⑥] 2020 年,《国家适应气候变化战略 2035》启动编制,该战略提出"碳达峰碳中和"的目标,即 2030 年之前力争实现二氧化碳排放达到

[①] 胡鞍钢. (2012). 中国如何应对全球气候变暖挑战. 胡鞍钢. (主编). *国情报告[第十卷 2007 年(下)]*(第 493—511 页). 北京:党建读物出版社、社会科学文献出版社.

[②] 中华人民共和国国务院新闻办公室. (2021 年 10 月 28 日). 中国应对气候变化的政策与行动. *人民日报*,014.

[③] 国家气候中心. *国家气候中心历史沿革*. http://www.ncc-cma.net/channel/index/wid/14.

[④] 吕学都. (2022). 中国参与保护全球气候的行动与成就. *可持续发展经济导刊*(Z2), 58-67.

[⑤] 新华社. (2007 年 12 月 3 日).《*中国应对气候变化国家方案*》历时两年研究制定. 中国政府网. https://www.gov.cn/jrzg/2007-12/03/content_823902.htm.

[⑥] 新华社. (2021 年 10 月 27 日). *中国应对气候变化的政策与行动*. 中国政府网. https://www.gov.cn/zhengce/2021-10/27/content_5646697.htm.

峰值,2060 年前努力争取实现碳中和。[①]

其三,制定多项政策促进经济产业低碳转型。例如,2015 年,工业和信息化部、国家发展和改革委员会批准了 51 家低碳工业化园区试点实施方案。该方案旨在推进"产业低碳化""企业低碳化""产品低碳化""基础设施及服务低碳化"等一系列绿色低碳目标。[②]此外,除了促进产业转型之外,中国还大力发展"碳市场"[③],利用市场机制促进温室气体减排。截至 2021 年 9 月 30 日,国内 7 个试点碳市场累计二氧化碳配额成交量达到 4.95 亿吨,成交额约为119.78 亿元人民币。[④]

由上可见,我国应对全球气候变暖的治理议程既离不开国际合作,又要依靠国家大政方针,还得采取必要的经济措施。这是应对复杂性、全球性和长远性的重大风险的一般通则。只有全方位布局治理议程,才能构建有效的风险治理体系。

5.1.4　三个常用移动平台上气候变暖议题的热议概况

无论是在国内还是国外,全球气候变暖趋势均已成为亟待解决的重大环境风险隐患,与之相关的气候治理也已进入全球治理议程榜单之首。在移动传播和在线平台广为兴盛的今天,每当一起热点风险事件引起人们广泛关注时,总是会引发网民的热烈探讨。人们对于气候变暖这类环境风险事件同样如此感知。2022 年至 2023 年,气候变暖是移动平台上的一个热门议题。例如,在微信平台上,与气候变暖相关的帖子总计 77505 条,累计浏览量达到0.78 亿次;抖音平台上有相关帖子 6963 条,累计浏览量高达 3.27

---

① 新华社.(2021 年 10 月 27 日). *中国应对气候变化的政策与行动*. 中国政府网. https://www.gov.cn/zhengce/2021-10/27/content_5646697.htm.

② 翁智雄 & 马忠玉.(2017). 全球气候治理的国际合作进程、挑战与中国行动. *环境保护*(15), 61-67.

③ "碳市场"的实质是把碳排放权作为商品在市场上交易买卖,其目标是控制二氧化碳等温室气体的排放。

④ 新华社.(2021 年 10 月 27 日). *中国应对气候变化的政策与行动*. 中国政府网. https://www.gov.cn/zhengce/2021-10/27/content_5646697.htm.

亿次;今日头条平台上有帖子 28064 条,累计浏览量约为 0.46 亿次。[①] 帖子数和浏览量直接反映了议题的热议度或其显著性。三个平台上如此之多的帖子和如此之高的帖子浏览量意味着气候变暖已成为一个备受社会大众关注的显著议题。据此,本章将气候变暖议题作为环境风险议题的典型案例,分别考察微信、抖音和今日头条平台上该议题显著性如何演化,并基于三个平台上研究发现的共同特征来揭示移动传播中环境风险议题显著性演化的一般规律。

5.2　微信平台上气候变暖议题显著性演化分析

　　本节的论述思路是:首先描绘微信平台上气候变暖议题显著性演化轨迹,接着追踪该议题先后衍生了哪些备受关注的子议题,然后从帖子生产力大小和帖子框架符合微信算法推荐的比例两方面来分析气候变暖议题显著性水平上升和下降的原因,最后根据研究发现总结用户的行动逻辑与平台的技术逻辑在影响该议题显著性水平升降过程中发挥的作用。

5.2.1　议题显著性演化轨迹与热点追踪

　　研究问题Ⅲ-1-a[②] 探究微信平台上气候变暖议题显著性演化轨迹如何呈现。为了回答该问题,在 SocialX 数据库中输入"气候变暖"作为关键词,搜索时间设置为 2022 年 9 月 14 日至 2023 年 9月 14 日,平台选择"微信",得到以下曲线图(见图 5-1),作为微信平台上气候变暖议题显著性演化轨迹。图中坐标系的纵轴是帖子浏览量,表示气候变暖议题显著性水平,横轴代表议题演化时间。总体而言,微信平台上气候变暖议题显著性演化轨迹波动较为明显。其中,2023 年 2 月末至 3 月初以及 2023 年 4 月中上旬议题显

---

　　① 以上数据来自 SocialX 数据库,数据搜索时间范围为 2022 年 9 月 14 日至 2023年 9 月 14 日,搜索关键词为"气候变暖"。

　　② 研究问题编号示意:议题类型(Ⅲ表示气候变暖议题)-(1 指议题显著性演化轨迹)-常用平台(a 代表微信)。

著性水平达到峰值,相关帖子浏览量高达 400 万余次;此外,2023
年 6 月下旬与 7 月中旬议题显著性水平也出现明显增幅,帖子浏览
量约为 350 万次。相形之下,2023 年 9 月中上旬,帖子浏览量跌至
50 万次以下。可见,在一年内,微信平台上气候变暖议题显著性水
平最高值(400 万余次)约是最低值(不足 50 万次)的 8 倍。

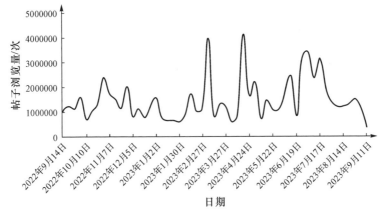

图 5-1 微信平台上气候变暖议题显著性演化轨迹

如图 5-1 所示,气候变暖议题显著性演化轨迹大约由 16 个倒
U 形构成,意味着该议题系统先后衍生了 16 个子议题。每个倒 U
形顶端意味着该子议题显著性水平达到峰值,通过分析当天浏览
量排名前十的热门帖子[①],可以追踪气候变暖议题系统先后衍生了
哪些热门子议题,以回答研究问题Ⅲ-2-a[②]。表 5-1 呈现了一年内
16 个热门子议题概况。

表 5-1 微信平台上气候变暖议题演化热点追踪

日期	分析帖子数量/条	热门子议题
2022-09-19	8	碳中和以及其他减缓全球气候变暖的应对措施

---

① 当天帖子不足 10 条的则分析全部帖子。

② 研究问题编号示意:议题类型(Ⅲ表示气候变暖议题)-(2 指热门子议题)-常用
平台(a 代表微信)。

续表

日期	分析帖子数量/条	热门子议题
2022-10-03	2	气候变暖对土壤损失的影响
2022-10-31	4	气候变暖对人类健康和粮食安全的威胁
2022-11-28	2	海洋具有高效的"吸碳"能力
2022-12-12	3	气候变暖导致极端降水天气
2023-01-02	3	气候变暖对植物栽培的影响
2023-02-13	9	通过调控土壤碳循环、增强海洋储碳能力等方案应对气候变暖
2023-03-06	3	气候变暖影响物种间相互作用
2023-03-20	6	有关气候变暖的生物物理和生物化学反馈机制
2023-04-17	6	气候变暖导致高寒地区生态系统紊乱
2023-05-01	3	气候变暖对青藏高原的影响
2023-05-15	2	气候变暖的科普教育
2023-06-12	7	气候变暖加剧及其对欧亚大陆寒温带松林的影响
2023-07-03	6	厄尔尼诺现象与气候变暖的叠加效应及其后果
2023-07-17	2	气候变暖与北极海洋冰川变化
2023-08-28	8	国家气候中心专家预计全球气候变暖至少持续到2040年

总体而言,微信上有关气候变暖的16个热门子议题都较为专业和严谨,其中有不少帖子源自《自然-通讯》(*Nature Communications*)和《自然-气候变化》(*Nature Climate Change*)等专业顶刊,并对最新研究进行了科普介绍与详细解读。从内容来看,16个热门子议题大致可以分为三类:其一,气候变暖的科普介绍("有关气候变暖的生物物理和生物化学反馈机制");其二,气候变暖的严重后果("气候变暖对人类健康和粮食安全的威胁""厄尔尼诺现象与气候变暖的叠加效应及其后果");其三,气候变暖的应对措施("碳中和以及其他减缓全球气候变暖的应对措施""通过调

控土壤碳循环、增强海洋储碳能力等方案应对气候变暖")。三类内容中,有关气候变暖的危害及其应对的热门子议题占据多数,而只有 2 个热门子议题专门对气候变暖做了科普介绍。因此,微信平台上气候变暖议题系统着重阐释了相关风险后果及其应对,但科普教育并非其重点。

5.2.2 微信用户帖子生产力变大与算法推荐力度增强共同促进议题显著性水平升高

5.2.2.1 议题显著性水平上升期的帖子生产力比下降期大

由于微信上气候变暖议题显著性演化轨迹的第 1 个倒 U 形起伏不够明显,因此,本研究只关注第 2 个至第 16 个倒 U 形,分析 15 个倒 U 形对应的 15 个子议题显著性水平上升期和下降期的帖子生产力大小。如表 5-2 所示,15 个子议题显著性水平上升期的帖子数都大于其下降期的帖子数,意味着上升期的帖子生产力要大于下降期的帖子生产力。

表 5-2 微信平台上气候变暖议题显著性水平上升期和下降期帖子数比较

上升期	帖子数量/条	下降期	帖子数量/条
上升期 1(2022-09-27 至 2022-10-03)	1023	下降期 1(2022-10-04 至 2022-10-10)	969
上升期 2(2022-10-11 至 2022-10-31)	4382	下降期 2(2022-11-01 至 2022-11-21)	3587
上升期 3(2022-11-22 至 2022-11-28)	1393	下降期 3(2022-11-29 至 2022-12-05)	1295
上升期 4(2022-12-06 至 2022-12-12)	1311	下降期 4(2022-12-13 至 2022-12-19)	1079
上升期 5(2022-12-20 至 2023-01-02)	4482	下降期 5(2023-01-03 至 2023-01-30)	1986
上升期 6(2023-01-31 至 2023-02-13)	2330	下降期 6(2023-02-14 至 2023-02-20)	1420

续表

上升期	帖子数量/条	下降期	帖子数量/条
上升期 7(2023-02-21 至 2023-03-06)	3008	下降期 7(2023-03-07 至 2023-03-13)	2228
上升期 8(2023-03-14 至 2023-03-20)	3851	下降期 8(2023-03-21 至 2023-04-03)	1198
上升期 9(2023-04-04 至 2023-04-17)	4102	下降期 9(2023-04-18 至 2023-04-24)	2557
上升期 10(2023-04-25 至 2023-05-01)	2326	下降期 10(2023-05-02 至 2023-05-08)	1545
上升期 11(2023-05-09 至 2023-05-15)	2958	下降期 11(2023-05-16 至 2023-05-29)	1253
上升期 12(2023-05-30 至 2023-06-12)	3869	下降期 12(2023-06-13 至 2023-06-19)	1667
上升期 13(2023-06-20 至 2023-07-03)	3767	下降期 13(2023-07-04 至 2023-07-10)	2102
上升期 14(2023-07-11 至 2023-07-17)	4458	下降期 14(2023-07-18 至 2023-08-07)	2161
上升期 15(2023-08-08 至 2023-08-28)	3699	下降期 15(2023-08-29 至 2023-09-11)	2451

注:"上升期 n"表示微信平台上气候变暖议题演化过程中出现的第 n 个子议题显著性水平上升期,"下降期 n"则表示该子议题显著性水平下降期,n 是 1 至 15 中的任何一个数字;帖子数＝原创帖数＋转发帖数＋评论帖数。

5.2.2.2　上升期帖子抽样与三级编码分析

选择所有子议题显著性水平上升期作为时间范围,从微信平台上挖掘到 469 条与气候变暖相关的帖子。此外,所有子议题显著性水平下降期的相关帖子有 430 条,共计 899 条帖子作为总体。为了确保 95％置信水平和 5％误差范围,需要从议题显著性演化整个周期中抽取 270 条帖子。按照分层随机抽样的方法,共抽取 149 条帖子用于上升期的三级编码分析。抽样步骤及其结果详见表 5-3 说明。

表 5-3 微信平台上气候变暖议题显著性水平上升期分层随机抽样说明

上升期	分层帖子数量/条	分层帖子数量在总体中所占比例/%	分层所需样本量/条
2022-09-27 至 2022-10-03	16	1.8	5
2022-10-11 至 2022-10-31	88	9.8	27
2022-11-22 至 2022-11-28	11	1.2	4
2022-12-06 至 2022-12-12	14	1.6	5
2022-12-20 至 2023-01-02	16	1.8	5
2023-01-31 至 2023-02-13	33	3.7	10
2023-02-21 至 2023-03-06	28	3.1	9
2023-03-14 至 2023-03-20	12	1.3	4
2023-04-04 至 2023-04-17	18	2.0	6
2023-04-25 至 2023-05-01	7	0.8	3
2023-05-09 至 2023-05-15	16	1.8	5
2023-05-30 至 2023-06-12	28	3.1	9
2023-06-20 至 2023-07-03	17	1.9	6
2023-07-11 至 2023-07-17	34	3.8	11
2023-08-08 至 2023-08-28	131	14.6	40

注:为了确保分层所需样本量达到底线要求以上,所得数值若有小数点,统一向前进一位取整数。

三级编码分析包括以下三个步骤。

首先,悬置既有观念,以开放的心态阅读 149 条帖子,将其内容打散,得到 18 个子范畴。表 5-4 呈现了每个子范畴的命名及其文本示例。

表 5-4　微信平台上气候变暖帖子一级编码结果及其文本示例

（议题显著性水平上升期）

18 个子范畴（涉及该子范畴的帖子数）	文本示例
提供事实信息（72）	在刚刚过去的夏季,全球多地报告了超过 40（摄氏）度的高温,"热浪攻击"造成了大范围的人员和经济损失。
提供科普信息（67）	研究结果证明,气候变暖重塑温带草地土壤微生物群落的季节性动态变化,导致冬季土壤微生物群落结构和网络结构对增温产生更大反应。
风险预警（40）	世界气象组织警告称,全球气温可能在未来 5 年内升至历史新高并突破《巴黎协定》规定的 1.5℃升温阈值。
整合多种知识（25）	本期节目中,江桂斌院士继续解析碳中和实现路径,探索碳中和与海洋生态经济相互包容、协调发展之路。
提供应对策略（7）	围绕提高适应气候变化的能力,气象部门将开展以下方面的工作……
动员公众（7）	也许我们没有办法说服所有人,但至少我们自己可以在力所能及的范围内做一点小事。
提供信息以回应公众关切（6）	今年 8、9 月份我国部分地区发生多起雷击致人伤亡事件,引发公众关注。对此,记者采访了中科院大气物理所副研究员张鸿波、袁善锋。
情感动员（5）	防患于未然,为的是在若干年以后,我们和子孙后代还有馒头吃。
经验式推理（4）	一旦气候环境不合适,人类就会和恐龙一样灭绝。
直觉式认知（3）	气候变化导致海温升高,导致肉食性鱼类在炎热的环境中迷失方向,甚至变得具有攻击性。
追求科学（3）	我们将对这些样品和数据展开分析,加强全球气候变化下长江源区水环境、水生态变化规律研究,为保护长江提供更多数据和科技支撑。
悲观偏差（2）	我们离人类文明灭亡的距离只有不到 1.5℃。

18 个子范畴 （涉及该子范 畴的帖子数）	文本示例
广告宣传 （2）	江苏碳排放管理研修班就等你啦。
提出疑问 （2）	谁能决定如何使用太阳地球工程？这样的决定怎样才算公平？目前全球缺乏有效监管太阳地球工程部署所需的合法性。
推广引流 （2）	*Permafrost and Periglacial Processes*（《永久冻土和冰缘过程》）是一本致力于快速发表与北极、南极和高山环境中的地表低温过程、地貌和沉积物有关的科技论文的国际期刊。
追求民主 （2）	在加州，近一半裂谷热病例发生在西语裔人群中，他们中的许多人从事低收入农业工作，经常接触粉尘，而获得医疗保健的机会却很少。
话题讨论 （1）	并非所有专家都同意温度升高会导致哺乳动物体型缩小的观点。
呼吁政府行动 （1）	地方政府可以通过减少风险敞口和脆弱性来防范日益严重的洪水灾害。

注：由于 1 条帖子的子范畴往往不止 1 个，因此括号中数值总和大于样本量（$n=149$）。

　　从表 5-4 中可见，"提供事实信息""提供科普信息""风险预警""整合多种知识"是出现频率最高的 4 个子范畴，它们共同勾勒了微信平台上气候变暖议题显著性水平上升期的帖子概貌。其中，"提供事实信息"向用户呈现了气候变暖的现状及其发展趋势，"提供科普信息"和"整合多种知识"则从科学普及和多学科视角两方面解释了气候变暖的成因、影响和后果。因此，这 3 个子范畴都是描述性的。相形之下，"风险预警"含有特定的价值预判，预设气候变暖是一起将引发严重负面后果的系统性风险事件，并提醒人们警惕气候变暖导致的各种威胁。此外，与上述 4 个子范畴相比，"提供应对策略""动员公众""提供信息以回应公众关切""情感动员"的出现频次尽管不高,但它们共同呼吁大家参与气候治理,具有较强的动员属性。综上可见,该时期内微信帖子总体上较为客观,主要向用户描述气候变暖的现状、趋势和后果,与此同时,通过风险预警和动员公众,呼吁社会各界关注气候变暖问题并积极参与其治理。

接着,对 18 个子范畴进行二级编码,通过归纳得到 8 个主范畴即框架。框架命名、内涵及其与子范畴之间的关系详见表 5-5。

表 5-5　微信平台上气候变暖帖子二级编码结果和框架界定

(议题显著性水平上升期)

8 个主范畴 (或框架)	18 个子范畴	框架内涵说明
提供科学事实信息	提供科普信息 提供事实信息 追求科学 整合多种知识	介绍气候变暖现状、发展趋势,并从不同角度解释其成因。
风险预警	风险预警	提醒人们警惕气候变暖可能引发的诸多危害。
呼吁治理	动员公众 呼吁政府行动 情感动员 追求民主	呼吁社会各界积极参与气候治理。
回应公众关切	提供信息以 回应公众关切 提供应对策略	回应公众关切的气候变暖问题并告知其如何应对。
经验式判断	经验式推理 直觉式认知	根据主观经验而非科学数据对气候变暖后果做出判断。
打造企业形象	推广引流 广告宣传	对气候变暖相关的科研、科普活动以及产品进行广告宣传。
反思质疑	提出疑问 话题讨论	反思质疑有关气候变暖的论断与应对措施。
悲观偏差	悲观偏差	对气候变暖引发的负面后果过度悲观。

然后,采用人工智能辅助的方式对上述 8 个框架进行三级编码分析,在 ChatGPT-3.5 界面上输入以下指令:

> 请按照是否符合微信算法推荐的标准,将以下内容分为两类,一类符合微信算法推荐,另一类不符合微信算法推荐:
>
> • 提供科学事实信息(介绍气候变暖现状、发展趋势,并从不同角度解释其成因)
>
> • 风险预警(提醒人们警惕气候变暖可能引发的诸多危害)
>
> • 呼吁治理(呼吁社会各界积极参与气候治理)
>
> • 回应公众关切(回应公众关切的气候变暖问题并告知其如何应对)
>
> • 经验式判断(根据主观经验而非科学数据对气候变暖后果做出判断)
>
> • 打造企业形象(对气候变暖相关的科研、科普活动以及产品进行广告宣传)
>
> • 反思质疑(反思质疑有关气候变暖的论断与应对措施)
>
> • 悲观偏差(对气候变暖引发的负面后果过度悲观)

根据 ChatGPT 的分类依据,微信算法倾向于向用户推荐正面、客观和科学的内容,尤其是与公共利益和社会问题相关的帖子,而不太推荐夸张、具有明显主观判断和宣传导向的内容。据此,8 个框架可以分为以下两种情况(详见表 5-6)。

表 5-6　微信平台上 ChatGPT-3.5 辅助的气候变暖帖子三级编码结果
(议题显著性水平上升期)

符合微信算法推荐的框架	不符合微信算法推荐的框架
提供科学事实信息 风险预警 呼吁治理 回应公众关切 反思质疑	经验式判断 打造企业形象 悲观偏差

最后,按照上表计算 149 条帖子的 219 个框架中符合微信算法推荐的比例。[①] 其中,有 206 个框架符合微信算法推荐,占比94.1%,剩余 13 个框架则不符合该算法推荐,占比 5.9%。

5.2.2.3　结论图示

以上结果证明了研究假设Ⅲ-1-a[②]是成立的,即随着微信用户帖子生产力变大,气候变暖帖子的浏览量随之提升;而且,帖子框架中有大部分是符合微信算法的,这直接促使算法大力推荐帖子,最终使得帖子浏览量即议题显著性水平飙升。图 5-2 勾勒了这一作用机制。换言之,在气候变暖议题显著性水平上升期,微信用户的行动逻辑是"原动力",平台的技术逻辑是"助推力",两者共同提升议题显著性水平。

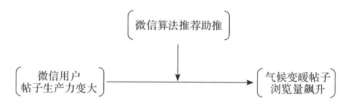

图 5-2　微信平台上两种逻辑提升气候变暖议题显著性水平的方式

5.2.3　微信用户帖子生产力变小导致算法推荐式微最终致使议题显著性水平下降

针对微信平台上气候变暖议题显著性水平下降期,研究假设Ⅲ-2-a[③]提出,用户帖子生产力要小于上升期,而且留存帖子的框架中不符合平台算法推荐的比例会高于符合的比例。下文对此进行检验。

---

① 1 条帖子内含的框架有时大于 1 个,所以框架总量 219 个大于帖子总量 149条。

② 研究假设编号示意:议题类型(Ⅲ表示气候变暖议题)-议题显著性水平演化原因(1 表示上升原因)-常用平台(a 代表微信)。

③ 研究假设编号示意:议题类型(Ⅲ表示气候变暖议题)-议题显著性水平演化原因(2 表示下降原因)-常用平台(a 表示微信)。

5.2.3.1　议题显著性水平下降期的帖子生产力比上升期小

根据表 5-2 中的数据,可以发现 15 个子议题显著性水平下降期的帖子数都小于其上升期的帖子数。例如,"下降期 1"的帖子数是 969 条,"上升期 1"的帖子数是 1023 条,"下降期 2"的帖子数是 3587 条,"上升期 2"的帖子数是 4382 条,剩余 13 个子议题的帖子数分布也是如此。由于特定时期内帖子数高低直接反映用户的帖子生产力大小,因此气候变暖议题显著性水平下降期微信用户的帖子生产力小于上升期的帖子生产力。

5.2.3.2　下降期帖子来源与三级编码分析

将微信平台上一年内气候变暖所有子议题显著性水平下降期设为时间范围,挖掘相关帖子 430 条,然后通过分层随机抽样(见表 5-7)获得 136 条帖子用于三级编码分析。

表 5-7　微信平台上气候变暖议题显著性水平下降期分层随机抽样说明

下降期	分层帖子数量/条	分层帖子数量在总体中所占比例/%	分层所需样本量/条
2022-09-19 至 2022-09-26	43	4.8	13
2022-10-04 至 2022-10-10	12	1.3	4
2022-11-01 至 2022-11-21	54	6.0	17
2022-11-29 至 2022-12-05	11	1.2	4
2022-12-13 至 2022-12-19	20	2.2	6
2023-01-03 至 2023-01-30	29	3.2	9
2023-02-14 至 2023-02-20	18	2.0	6
2023-03-07 至 2023-03-13	13	1.4	4
2023-03-21 至 2023-04-03	12	1.3	4
2023-04-18 至 2023-04-24	10	1.1	3
2023-05-02 至 2023-05-08	10	1.1	3
2023-05-16 至 2023-05-29	24	2.7	8
2023-06-13 至 2023-06-19	18	2.0	6

续表

下降期	分层帖子数量/条	分层帖子数量在总体中所占比例/%	分层所需样本量/条
2023-07-04 至 2023-07-10	47	5.2	15
2023-07-18 至 2023-08-07	55	6.1	17
2023-08-29 至 2023-09-11	54	6.0	17

注:为了确保分层所需样本量达到底线要求以上,所得数值若有小数点,统一向前进一位取整数。

针对 136 条帖子的三级编码分析过程如下。

首先,在一级编码层面,共得到 16 个子范畴,具体情况如表5-8所示。

表 5-8 微信平台上气候变暖帖子一级编码结果及其文本示例
(议题显著性水平下降期)

16 个子范畴 (涉及该子范畴的帖子数)	文本示例
提供事实信息 (57)	在全球气候变化背景下我国鳗草栖息地已发生北移。
提供科普信息 (41)	实际上,这是一种适应当地寒冷环境的特殊生存机制,苞片可以形成一个小的局部温室。
风险预警 (34)	气候变暖导致的种种地质灾害,是大自然为人类敲响的警钟。
整合多种知识 (22)	该研究通过整合和梳理多方面观测事实,集中阐明了物理—化学—生物过程的耦合在中国近海长期演变中的关键作用。
提供信息以回应公众关切 (16)	上周我们报道了未来 40℃ 天气可能在英国成为常态的消息,结果招来了许多读者的质疑:明明最近几周以来英国一直有大范围降雨,气温很低。
直觉式认知 (10)	昆(士兰)州要变"烤箱"。

16 个子范畴 （涉及该子范畴的帖子数）	文本示例
追求科学 （8）	著名气候活动家格蕾塔·桑伯格（Greta Thunberg）多次强调，当涉及气候变化时，政治家们应该"听从科学家"的建议。
动员公众 （5）	我们每个人都有责任采取行动，以确保我们的行为对环境产生积极影响。
情感动员（5）	让我们每个人都和可爱的海獭一起守护这颗美丽星球吧！
追求民主 （5）	发达国家有责任和义务向发展中国家提供气候变化融资和援助。
提供应对策略 （4）	通过降碳、减污、扩绿、增长协同推进，从根源上缓解气候变暖问题。
促进多元主体参与（3）	全球各国和全人类都应该加强合作，共同应对气候变化，保护我们共同的家园。
广告宣传 （2）	我们将带你"云体验"为期七周的线上科研项目，跟随"大牛"教授学习。
经验式推理 （2）	雪崩是瞬间发生的事件，而全球气候变暖是一个长期过程，雪崩和全球变暖并不一定直接相关。
推广引流 （1）	加入我们的"零皮草体验日"，推动人、动物、环境友好型消费，助力"双碳"目标与全球可持续发展。
话题讨论 （1）	此举提供了一个警示：国际联合行动面对气候变化挑战存在局限性。

注：由于 1 条帖子的子范畴往往不止 1 个，因此括号中数值总和大于样本量（$n=136$）。

与议题显著性水平上升期相比，除了缺少"悲观偏差"和"呼吁政府行动"2 个子范畴以外，下降期帖子的子范畴种类与上升期基本保持一致。而且，与上升期一样，"提供事实信息""提供科普信息""风险预警""整合多种知识"也是下降期出现频次最高的 4 个子范畴。因此，下降期帖子的内容特征总体上与上升期并无明显差别。

接着,对 16 个子范畴进行二级编码分析。由于 16 个子范畴内含于上升期 18 个子范畴里,因此二级编码的分析结果与上升期的结果是基本一致的,只是从表 5-5 中移除了"悲观偏差"这一框架。

然后,采用人工智能辅助的三级编码分析,把 7 个框架分为两种情况:"提供科学事实信息""风险预警""呼吁治理""回应公众关切""反思质疑"符合微信算法推荐,而"经验式判断""打造企业形象"不符合该算法推荐。

最后,通过计算发现,136 条帖子总共含有 189 个框架,其中,有 175 个框架符合微信算法推荐,占比 92.6%,而其余 14 个框架则不符合该算法推荐,占比 7.4%。

5.2.3.3　研究发现阐释与结论图示

综上所述,研究假设Ⅲ-2-a[①] 的前半部分得到了证实,即议题显著性水平下降期微信用户的帖子生产力比上升期小。然而,该假设的后半部分却被证伪了:下降期留存帖子的框架中仍有超过 90% 的比例符合平台算法推荐,而非假设所预期的那样将有大部分框架不符合平台算法推荐。与前述两章阿尔茨海默病议题和人工智能议题显著性水平下降期的分析结果一样:用户帖子生产力,而非帖子框架符合平台算法推荐的比例,直接决定算法推荐是否起作用。具体来说,随着微信用户帖子生产力变小,可供微信算法推荐的气候变暖议题帖子越来越少,算法推荐因此式微,这导致帖子浏览量即议题显著性水平下降(如图 5-3 所示)。因此,用户的行动逻辑这一"原动力"一旦衰弱(表现为帖子生产力变小),将直接抑制平台的技术逻辑这一"助推力"发挥作用(表现为算法推荐力度变小),由此导致议题显著性水平下降。

---

① 研究假设编号示意:议题类型(Ⅲ表示气候变暖议题)-议题显著性水平演化原因(2 表示下降原因)-常用平台(a 代表微信)。

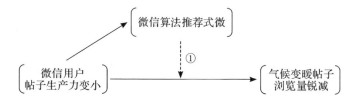

　　①虚线箭头表示微信算法推荐式微,即算法推荐不再调节帖子
生产力与帖子浏览量之间的关系。

图 5-3　微信平台上用户的行动逻辑直接导致气候变暖议题显著性水平下降

5.3　抖音平台上气候变暖议题显著性演化分析

　　抖音帖子与微信帖子在表现形式、内容特征和用户消费等方面具有明显差异:抖音短视频贴近生活且具有较强的娱乐性,普通用户可以随时随地以很低的认知水平"刷"个够来满足其视听需求;微信推文则以图文为主,较为适合呈现具有一定专业性的内容,因此用户需要花费一定认知力"读"推文。下文按照演化轨迹、热门子议题内容、用户的行动逻辑和平台的技术逻辑依次分析抖音平台上气候变暖议题显著性如何演化,并与微信平台上的情况进行比较,由此凸显抖音平台上气候变暖议题显著性演化的特点。

5.3.1　议题显著性演化轨迹与热点追踪

　　本研究在 SocialX 数据库中输入"气候变暖"作为议题关键词,将搜索时间范围设置为 2022 年 9 月 14 日至 2023 年 9 月 14 日,选择"抖音"平台,得到以下曲线图(见图 5-4),作为抖音平台上气候变暖议题显著性演化轨迹呈现,以回答研究问题Ⅲ-1-b①。抖音平台上议题显著性水平(500 万～2500 万次帖子浏览量)是微信平台上议题显著性水平(100 万～500 万次帖子浏览量)的近 5 倍。可见,同是气候变暖议题,形象生动的抖音短视频要比抽象静止的微

---

　　①　研究问题编号示意:议题类型(Ⅲ代表气候变暖议题)-(1 指议题显著性演化轨迹)-常用平台(b 表示抖音)。

信推文更能吸引用户关注,从而获得更多浏览量。然而,两个平台上议题显著性演化轨迹却较为相似,一般都表现出明显的起伏升降。具体来看,抖音上气候变暖议题显著性水平于 2022 年 11 月中下旬和 2023 年 3 月初出现了明显增幅,相关帖子浏览量分别高达2000 万余次与近 2500 万次;此外,演化轨迹中大约有 16 个波谷点对应的帖子浏览量跌至 500 万次以下。帖子最高浏览量约是最低浏览量的 5 倍,如此大起大落的演化轨迹意味着气候变暖议题系统可能衍生了一系列差异较大的子议题。

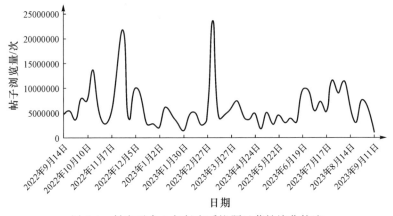

图 5-4 抖音平台上气候变暖议题显著性演化轨迹

为了追踪抖音平台上气候变暖议题系统在一年内先后衍生了哪些热门子议题,本研究选取 18 个倒 U 形波峰对应日期当天的热门帖子进行文本分析,以回答研究问题Ⅲ-2-b[①],具体结果详见表5-9。与微信上热门子议题的内容分布(同时关注气候变暖后果及其应对措施)不同,抖音上 18 个热门子议题较少涉及相关应对措施,主要围绕气候变暖的影响和后果展开;而且,不同子议题涉及的话题差异较大,例如有气候变暖对生态环境造成的后果("格陵兰岛冰川断裂视觉震撼")、对特定物种生存构成的威胁("北极熊

---

① 研究问题编号示意:议题类型(Ⅲ代表气候变暖议题)-(2 指热门子议题)-常用平台(b 表示抖音)。

'一路向南',生存环境遭到破坏""解释海象'集体跳崖'现象""南极海冰融化导致大量帝企鹅幼鸟被淹死")以及对人们日常生活产生的影响("沈阳气温升高,出现了罕见的知了鸣蝉""三伏天南方电网负荷达2.22亿千瓦")。此外,两个平台的帖子在消息来源方面也存在较大差异:大多数微信推文源自专业期刊或科研团队的最新研究成果,而抖音短视频则基本由普通用户生产。这一差异导致两个平台的帖子呈现出不同的视角和内容特征:微信推文以相对客观和专业的视角介绍气候变暖的成因、后果及其应对方案(详见表5-1),而抖音短视频则通过个人视角并采用富有视觉震撼力的影像来呈现气候变暖的后果,同时还善于制造诸如气候变暖阴谋论之类的争议性话题来引发用户关注。总之,抖音帖子生产者善于利用短视频的短小形式和震撼效果来创作引人入胜的内容,从而吸引大量用户浏览并关注气候变暖议题。

表 5-9 抖音平台上气候变暖议题演化热点追踪

日期	分析帖子数量/条	热门子议题
2022-09-19	6	格陵兰岛冰川断裂视觉震撼
2022-10-03	4	气候反常、河床干涸以及气候变暖的阴谋论
2022-10-17	1	冰川融化对地球的影响
2022-11-21	1	冰川可能释放数十万吨细菌
2022-12-05	3	北京天气反常变热
2023-01-09	2	探讨人类是否能够影响极端天气
2023-02-13	2	北极熊"一路向南",生存环境遭到破坏
2023-03-06	1	解释海象"集体跳崖"现象
2023-04-03	2	气候变暖对环境和经济的影响
2023-04-24	2	沈阳气温升高,出现了罕见的蝉鸣
2023-05-08	3	高温、洪水、干旱、森林大火、海平面上升等严重危害源自全球气候变暖
2023-05-22	1	全球气温平均升幅与法国气温升幅

续表

日期	分析帖子数量/条	热门子议题
2023-06-05	2	全球冰川融化给人类带来的后果
2023-06-19	6	北半球热浪来袭
2023-07-10	5	三伏天南方电网负荷达 2.22 亿千瓦
2023-07-24	2	火星气候转变
2023-08-07	5	争议全球气候变暖是否为骗局
2023-08-28	2	南极海冰融化导致大量帝企鹅幼鸟被淹死

5.3.2 抖音用户较大的帖子生产力与平台算法推荐助推共同提升议题显著性水平

研究假设Ⅲ-1-b① 推测:针对抖音平台,在气候变暖议题显著性水平上升期,用户帖子生产力要大于下降期的帖子生产力,而且帖子框架中符合抖音算法推荐的比例将高于不符合该算法推荐的比例。下文通过 SocialX 数据库输出的数值和帖子的三级编码分析来验证假设Ⅲ-1-b 是否成立。

5.3.2.1 议题显著性水平上升期的帖子生产力大于下降期的帖子生产力

在图 5-4 中,议题显著性演化轨迹的第 1 个倒 U 形不对称,即左半部分明显比右半部分短,因此去除第 1 个倒 U 形,针对后面 17 个倒 U 形对应的 17 个子议题,分别比较每个子议题显著性水平上升期和下降期的帖子生产力大小。如表 5-10 所示,特定时期内帖子数量多少直接反映帖子生产力大小,因此,通过比较所有子议题的情况,得出以下规律:议题显著性水平上升期的帖子生产力大于下降期的帖子生产力。

---

① 研究假设编号示意:议题类型(Ⅲ代表气候变暖议题)-议题显著性水平演化原因(1 表示上升原因)-常用平台(b 表示抖音)。

表 5-10　抖音平台上气候变暖议题显著性水平上升期和下降期帖子数比较

上升期	帖子数量/条	下降期	帖子数量/条
上升期 1(2022-09-27 至 2022-10-03)	151	下降期 1(2022-10-04 至 2022-10-10)	147
上升期 2(2022-10-11 至 2022-10-17)	308	下降期 2(2022-10-18 至 2022-10-31)	105
上升期 3(2022-11-01 至 2022-11-21)	446	下降期 3(2022-11-22 至 2022-11-28)	232
上升期 4(2022-11-29 至 2022-12-05)	200	下降期 4(2022-12-06 至 2022-12-19)	147
上升期 5(2022-12-20 至 2023-01-09)	451	下降期 5(2023-01-10 至 2023-01-30)	304
上升期 6(2023-01-31 至 2023-02-13)	207	下降期 6(2023-02-14 至 2023-02-20)	132
上升期 7(2023-02-21 至 2023-03-06)	190	下降期 7(2023-03-07 至 2023-03-13)	128
上升期 8(2023-03-14 至 2023-04-03)	434	下降期 8(2023-04-04 至 2023-04-17)	164
上升期 9(2023-04-18 至 2023-04-24)	143	下降期 9(2023-04-25 至 2023-05-01)	63
上升期 10(2023-05-02 至 2023-05-08)	103	下降期 10(2023-05-09 至 2023-05-15)	73
上升期 11(2023-05-16 至 2023-05-22)	148	下降期 11(2023-05-23 至 2023-05-29)	58
上升期 12(2023-05-30 至 2023-06-05)	82	下降期 12(2023-06-06 至 2023-06-12)	70
上升期 13(2023-06-13 至 2023-06-19)	164	下降期 13(2023-06-20 至 2023-07-03)	81
上升期 14(2023-07-04 至 2023-07-10)	207	下降期 14(2023-07-11 至 2023-07-17)	147

续表

上升期	帖子数量/条	下降期	帖子数量/条
上升期 15(2023-07-18 至 2023-07-24)	160	下降期 15(2023-07-25 至 2023-07-31)	112
上升期 16(2023-08-01 至 2023-08-07)	604	下降期 16(2023-08-08 至 2023-08-21)	167
上升期 17(2023-08-22 至 2023-08-28)	844	下降期 17(2023-08-29 至 2023-09-11)	218

注:"上升期 n"表示抖音平台上气候变暖议题演化过程中出现的第 n 个子议题显著性水平上升期,"下降期 n"则表示该子议题显著性水平下降期,n 是 1 至 17 中的任何一个数字;帖子数=原创帖数+转发帖数+评论帖数。

5.3.2.2　上升期样本来源与帖子的三级编码分析

将 17 个子议题显著性水平上升期设置为时间范围,在抖音平台上挖掘到与气候变暖相关的帖子 469 条,相应子议题显著性水平下降期挖掘得到相关帖子 453 条,共计 922 条作为总体。在确保 95% 置信水平和 5% 误差范围的前提下,议题显著性演化整个周期需要获取 272 条帖子。根据分层随机抽样法,抽取 146 条帖子用于上升期的三级编码分析。表 5-11 呈现了分层随机抽样的步骤及其结果。

表 5-11　抖音平台上气候变暖议题显著性水平上升期分层随机抽样说明

上升期	分层帖子数量/条	分层帖子数量在总体中所占比例/%	分层所需样本量/条
2022-09-27 至 2022-10-03	2	0.2	1
2022-10-11 至 2022-10-17	12	1.3	4
2022-11-01 至 2022-11-21	28	3.0	9
2022-11-29 至 2022-12-05	11	1.2	4
2022-12-20 至 2023-01-09	26	2.8	8
2023-01-31 至 2023-02-13	46	5.0	14
2023-02-21 至 2023-03-06	13	1.4	4
2023-03-14 至 2023-04-03	8	0.9	3

上升期	分层帖子数量/条	分层帖子数量在总体中所占比例/%	分层所需样本量/条
2023-04-18 至 2023-04-24	26	2.8	8
2023-05-02 至 2023-05-08	22	2.4	7
2023-05-16 至 2023-05-22	24	2.6	8
2023-05-30 至 2023-06-05	12	1.3	4
2023-06-13 至 2023-06-19	13	1.4	4
2023-07-04 至 2023-07-10	61	6.6	18
2023-07-18 至 2023-07-24	79	8.6	24
2023-08-01 至 2023-08-07	22	2.4	7
2023-08-22 至 2023-08-28	64	6.9	19

注:为了确保分层所需样本量达到底线要求以上,所得数值若有小数点,统一向前进一位取整数。

帖子三级编码分析的步骤如下。

首先,从 146 条帖子中提炼出 18 个子范畴(详见表 5-12)。

表 5-12　抖音平台上气候变暖帖子一级编码结果及其文本示例
(议题显著性水平上升期)

18 个子范畴(涉及该子范畴的帖子数)	文本示例
提供事实信息(67)	21 世纪初格陵兰岛最大的冰川融化速度增加了四倍。
风险预警(49)	联合国秘书长警告:失去冰川的世界会面临灾难性后果。
提供科普信息(46)	牛在消化过程中会产生大量甲烷。
直觉式认知(27)	全球高温预警,骆驼都热晕在路边。
动员公众(25)	我们每个人都应该为保护地球作出贡献。

续表

18 个子范畴 （涉及该子范 畴的帖子数）	文本示例
整合多种知识 （13）	首先，大陆板块的碰撞形成了山脉，这极大地影响了气流；其次，对化石的分析表明，植物进化出了一种更高效的光合作用，二氧化碳大幅度下降，温室效应减弱。
提供应对策略 （12）	可以通过立法和规定要求企业减少碳排放。
经验式推理 （10）	今年是有史以来最热的一年，却也可能是未来十年最凉快的一年。
促进多元主体 参与（9）	同时，我们还要呼吁政府、企业和国际社会合作。
信任机构（7）	我国的水源保障还是相对不错的，三峡水库的功劳非常大。
情感动员（6）	《流浪地球》中有一句话，起初没人在意这一场灾难……极端天气跟我们每一个人都息息相关。
提供信息以 回应公众关切 （6）	地球气候今后将面临怎样的变化？为了回答这个问题，我们需要回顾历史。
提出疑问 （6）	所谓气候变暖预测，不过是西方国家主导的理论，实际上理论本身也经不起推敲。
追求公正（6）	这种不平等让我们陷入了当前的气候危机。
悲观偏差（5）	全球气候变化已失控，世界将陷入灾难中。
推广引流 （5）	如果大家在街上热得实在不行，到宇航的店里吹吹空调。（该帖子带有标签♯气候变暖）
话题讨论（4）	难道真的是全球变热了的原因吗？可以在我评论区留言。
呼吁政府行动 （2）	古特雷斯呼吁各国加快净零排放日程。

注：由于 1 条帖子的子范畴往往不止 1 个，因此括号中数值总和大于样本量（n＝146）。

与微信平台上议题显著性水平上升期帖子的情况相似,"提供事实信息""风险预警""提供科普信息"是抖音帖子中出现频率最高的 3 个子范畴。因此,无论是抖音还是微信帖子生产者,都关注气候变暖的现状和发展趋势,并向公众提供了大量有关气候变暖的科普知识,同时也提醒社会各界应充分警惕气候变暖引发的诸多风险挑战。另外,紧随上述出现频率最高的 3 个子范畴之后,"直觉式认知"和"动员公众"也频繁出现于抖音帖子中,而这 2 个子范畴在微信帖子中并不十分常见。帖子生产者类型和内容的呈现形式可能是造成这种差异的一大原因。抖音用户可以分为两大类,普通用户和认证用户,前者无须通过真实身份认证,而后者需要认证,可以进一步细分为实名认证、个人认证、企业认证和机构认证用户。[①] 与企业和机构账号相比,普通用户、实名认证用户和个人认证用户是抖音用户的主体,这一结构直接形成以个体为主的用户生态。和政府、科研机构以及专业媒体等微信推文的常见信源不同,抖音平台的个体用户更加倾向于从直觉式认知来谈论气候变暖议题,并号召公众从小事做起一起应对气候变化。此外,抖音用户可以借助形象生动的短视频来表现其直觉判断,并利用影像的情感渲染功能来调动公众情绪以促使其参与气候治理。

然后,对 18 个子范畴进行二级编码分析,得到 8 个主范畴即帖子背后的框架(详见表 5-13)。

表 5-13　抖音平台上气候变暖帖子二级编码结果和框架界定
(议题显著性水平上升期)

8 个主范畴 (或框架)	18 个子范畴	框架内涵说明
提供科学事实信息	提供科普信息 提供事实信息 整合多种知识	介绍气候变暖现状、发展趋势,并从不同角度解释其成因。

---

① 实名认证指用户用身份证认证;个人认证指当用户粉丝达到了 1 万以后并持有国家级别的职业证书,便可以向平台申请个人认证;企业认证针对营利性企业用户;机构认证专门针对政府、媒体和公益组织等机构用户。

续表

8个主范畴 （或框架）	18个子范畴	框架内涵说明
风险预警	风险预警	提醒公众警惕气候变暖可能引发的各种危害。
呼吁治理	促进多元主体参与 呼吁政府行动 动员公众 情感动员 信任机构 追求公正	呼吁社会各界以公平正义的方式积极参与气候治理。
回应公众关切	提供信息以回应公众关切 提供应对策略	回应公众关切的气候变暖问题并为他们提供相关的应对策略。
悲观偏差	悲观偏差	对气候变暖的负面后果过度悲观。
经验式判断	经验式推理 直觉式认知	根据个人主观经验而非科学数据对气候变暖后果做出判断。
反思质疑	话题讨论 提出疑问	反思质疑有关气候变暖的论断与应对措施。
推广引流	推广引流	利用气候变暖话题推广商业活动。

接着,在 ChatGPT-3.5 界面输入以下指令:

请按照是否符合抖音算法推荐的标准,将以下内容分为两类,一类符合抖音算法推荐,另一类不符合抖音算法推荐:

·提供科学事实信息(介绍气候变暖现状、发展趋势,并从不同角度解释其成因)

·风险预警(提醒公众警惕气候变暖可能引发的各种危害)

·呼吁治理(呼吁社会各界以公平正义的方式积极参与

气候治理)

　　· 回应公众关切(回应公众关切的气候变暖问题并为他们提供相关的应对策略)

　　· 悲观偏差(对气候变暖的负面后果过度悲观)

　　· 经验式判断(根据个人主观经验而非科学数据对气候变暖后果做出判断)

　　· 反思质疑(反思质疑有关气候变暖的论断与应对措施)

　　· 推广引流(利用气候变暖话题推广商业活动)

　　根据 ChatGPT 的分类标准,抖音算法经常向用户推荐轻松、有趣、互动性较强,或具有一定科普功能的短视频,而过于复杂、一味强调负面后果或带有明显宣传导向的内容则不太容易被抖音算法推荐。据此,将上述 8 个框架分为以下两种情况(详见表 5-14)。

表 5-14　抖音平台上 ChatGPT-3.5 辅助的气候变暖帖子三级编码结果
(议题显著性水平上升期)

符合抖音算法推荐的框架	不符合抖音算法推荐的框架
提供科学事实信息 呼吁治理 回应公众关切 悲观偏差 经验式判断	风险预警 反思质疑 推广引流

　　最后,针对上升期 146 条帖子的 248 个框架,根据上表分类结果进行计算,发现有 185 个框架符合抖音算法推荐,占比 74.6%,剩余 63 个框架则不符合该算法推荐,占比 25.4%。

5.3.2.3　结论图示

　　上述研究发现验证了研究假设Ⅲ-1-b,即抖音用户帖子生产力变大是提升气候变暖议题显著性水平的"原动力",而且,这一时期帖子框架中有超过 70% 是符合抖音算法推荐的,较高的符合率直接增强算法推荐力度,由此助推帖子浏览量飙升(如图 5-5 所示)。综上所述,抖音平台的技术逻辑在用户的行动逻辑基础上发挥作用,两者共同促进气候变暖议题显著性水平上升。

图 5-5　抖音平台上两种逻辑提升气候变暖议题显著性水平的方式

5.3.3 抖音用户帖子生产力变小削弱算法推荐力度最终导致议题显著性水平下降

针对抖音平台上气候变暖议题显著性水平下降期,研究假设Ⅲ-2-b[①]提出,用户帖子生产力要小于上升期,而且留存帖子的框架中不符合平台算法推荐的比例会高于符合的比例。下文对此进行检验。

5.3.3.1 下降期帖子生产力小于上升期帖子生产力

如表 5-10 所示,气候变暖议题系统衍生的 17 个子议题显著性水平下降期的帖子数都小于其上升期的帖子数。比如,"下降期 1"有 147 条帖子,"上升期 1"有 151 条帖子,"下降期 2"有 105 条帖子,"上升期 2"有 308 条帖子,剩余 15 个子议题的情况也是如此。尽管每个子议题显著性水平下降期和上升期帖子数量差距并不是很大,但贯穿 17 个子议题的这种差距表明:下降期的帖子生产力的确小于上升期的帖子生产力。

5.3.3.2 下降期帖子抽样及其三级编码分析

统计上述 17 个子议题显著性水平下降期作为抽样时间范围,挖掘相关帖子 453 条,接着通过分层随机抽样抽取 140 条帖子作为样本,详见表 5-15。

---

① 研究假设编号示意:议题类型(Ⅲ表示气候变暖议题)-议题显著性水平演化原因(2 表示下降原因)-常用平台(b 表示抖音)。

表 5-15　抖音平台上气候变暖议题显著性水平下降期分层随机抽样说明

下降期	分层帖子数量/条	分层帖子数量在总体中所占比例/%	分层所需样本量/条
2022-09-19 至 2022-09-26	13	1.4	4
2022-10-04 至 2022-10-10	12	1.3	4
2022-10-18 至 2022-10-31	71	7.7	21
2022-11-22 至 2022-11-28	8	0.9	3
2022-12-06 至 2022-12-19	25	2.7	8
2023-01-10 至 2023-01-30	22	2.4	7
2023-02-14 至 2023-02-20	22	2.4	7
2023-03-07 至 2023-03-13	46	5.0	14
2023-04-04 至 2023-04-17	27	2.9	8
2023-04-25 至 2023-05-01	20	2.2	6
2023-05-09 至 2023-05-15	12	1.3	4
2023-05-23 至 2023-05-29	20	2.2	6
2023-06-06 至 2023-06-12	20	2.2	6
2023-06-20 至 2023-07-03	63	6.8	19
2023-07-11 至 2023-07-17	48	5.2	15
2023-07-25 至 2023-07-31	12	1.3	4
2023-08-08 至 2023-08-21	6	0.7	2
2023-08-29 至 2023-09-11	6	0.7	2

注:为了确保分层所需样本量达到底线要求以上,所得数值若有小数点,统一向前进一位取整数。

140 条帖子的三级编码分析结果如下。

首先,在一级编码层次,获得 18 个子范畴(详见表 5-16)。具体来看,议题显著性水平下降期帖子涉及的子范畴种类与上升期完全一致,而且子范畴的数量分布也与上升期较为类似,"提供事实信息""风险预警""提供科普信息"仍然是使用最频繁的 3 个子范畴。据此可以大致断定，下降期气候变暖议题的内容特征与上升期并无明显差异。

表 5-16　抖音平台上气候变暖帖子一级编码结果及其文本示例

（议题显著性水平下降期）

18 个子范畴 （涉及该子范畴的帖子数）	文本示例
提供事实信息 （60）	干旱导致西班牙水库干涸，沉睡水底的巨石阵重见天日。欧洲遭遇 500 年来最大旱灾，二战沉船露出水面。
风险预警 （40）	世界气象组织警告：未来五年全球气温将创新高。
提供科普信息 （29）	1896 年，瑞典化学家斯凡特·奥古斯特·阿伦尼乌斯计算了大气中二氧化碳对温度的影响，大概是二氧化碳含量增加一倍，全球平均气温会升高五摄氏度。
直觉式认知 （23）	今年的天好像变了，十一月都没有降温，家里的花都开得特好。
整合多种知识 （18）	你可能也或多或少听过一些不同的观点，比如：与自然增加的温室气体相比，人类排放的二氧化碳微不足道；历史上曾经有过更热的时期，所以现在的变暖也不算什么……
动员公众 （14）	我们必须付诸行动！种一棵树，省一点电，少用一次性用品。
经验式推理 （11）	你如果去看中医，大多数情况下中医会告诉你，你身体上有湿热或者湿寒，其中很重要的一个原因就是全球气候变暖。
悲观偏差 （7）	这所有的一切都会让高温彻底失控，陷入一个不可逆的恶性循环。
提供应对策略 （6）	人类可以通过减少化石燃料使用等方式来减少温室气体排放。
呼吁政府行动 （5）	首先，政府应该加强对城市排水系统的管理和维护。
推广引流 （5）	同款生姜粉就在视频的左下角。（该帖子带有♯气候变暖标签）

续表

18 个子范畴 (涉及该子范 畴的帖子数)	文本示例
促进多元主体 参与(4)	只有全球各方共同努力,才能有效应对冰川融化问题。
情感动员 (4)	墨西哥沿海小镇逐渐被吞没,居民痛哭:家没了,我失去了一切。
提出疑问 (4)	天气变暖变热原来是牛放屁,专家的话可信吗?
话题讨论 (3)	随着全球气候变暖,北极航道越来越有可能替代传统航道,相比传统航道有何利弊? 假如你做外贸,你会选择哪条航道?
提供信息以 回应公众关切 (1)	并不是说科学共识就不会出错,只是在人类面对气候变化带来的不确定未来时,科学研究方法所得出的被绝大多数科学研究者认可的共识,是我们人类有限能力所获得的认知中,犯错概率最小的一种。
信任机构 (1)	相信中国会继续努力实现碳中和目标,为全球气候变化应对作出更大贡献。
追求公正 (1)	全球变暖,到底是谁该负起真正的责任?

　　注:由于 1 条帖子往往包含不止 1 个子范畴,因此括号中数值总和大于样本量($n=140$)。

　　接着,对上述 18 个子范畴进行二级编码。由于下降期的子范畴种类与上升期的子范畴情况完全相同,因此二级编码所得的主范畴或框架也是 8 个,具体情况可参照表 5-13。然后,在三级编码层面,采用人工智能辅助的方法进一步将 8 个框架分为两种情况:一种符合抖音算法推荐("提供科学事实信息""呼吁治理""回应公众关切""悲观偏差""经验式判断"),另一种则不符合该算法推荐("风险预警""反思质疑""推广引流")。最后,针对 140 条帖子内含的 203 个框架进行计算,发现只有 52 个框架不符合抖音算法推荐,占比 25.6%,而仍有 151 个框架符合该算法推荐,占比 74.4%。

5.3.3.3　结果解读与结论图示

由上述结果可见,在气候变暖议题显著性水平下降期,抖音用户的帖子生产力确实比上升期小了,而且,留存帖子的框架中只有约四分之一不符合抖音算法推荐,而非假设所预期的那样将有大部分框架不符合算法推荐。因此,研究假设Ⅲ-2-b 的前半部分得到了证实,而后半部分却被证伪了。这一研究发现与微信平台上气候变暖议题显著性水平下降的情况类似,所以再度验证了帖子生产力大小而非帖子框架符合平台算法的比例是议题显著性水平下降的直接原因。图 5-6 总结了抖音平台上气候变暖议题显著性水平降低的主要原因:用户的行动逻辑一旦减弱(表现为帖子生产力变小),就会抑制平台的技术逻辑发挥作用(表现为算法推荐式微),最终致使议题显著性水平(反映为帖子浏览量)锐减。

①虚线箭头表示抖音算法推荐式微,即算法推荐不再调节帖子生产力与帖子浏览量之间的关系。

图 5-6　抖音平台上用户的行动逻辑直接导致气候变暖议题显著性水平下降

5.4　今日头条平台上气候变暖议题显著性演化分析

在前两章论述中,无论是阿尔茨海默病议题还是人工智能议题,它们在今日头条平台上的演化情况都要比微信和抖音上的简单。气候变暖议题也是如此。因此,本节内容是移动平台上气候变暖议题显著性演化分析的一个简化版。按照"演化轨迹—子议题集合—解释逻辑"的思路,写作内容如下:首先呈现今日头条上气候变暖议题显著性演化轨迹,接着分析该议题系统先后衍生了哪些热门子议题,然后从用户的行动逻辑与平台的技术逻辑的关联来解释议题显著性水平上升和下降的原因。

5.4.1　议题显著性演化轨迹和热点追踪

为了回答研究问题 Ⅲ-1-c[①],本研究利用 SocialX 数据库自动输出今日头条平台上气候变暖议题显著性演化轨迹(如图 5-7 所示)[②]。图中坐标系的纵轴是帖子浏览量,反映议题显著性水平,横轴是一年内议题演化时间。总体上,今日头条上议题显著性演化轨迹较为平坦,除了 2023 年 5 月下旬至 6 月上旬出现了一个升降突兀的子议题演化周期之外,其余子议题的演化都显得比较平缓,帖子浏览量大多在 200 万次以内浮动。这与微信和抖音上气候变暖议题显著性演化轨迹出现明显波动的情况形成了鲜明对比。平台内容生产者类型可能是造成这种差异的主要原因。科学家、新闻媒体和政府等是微信帖子的主要生产者,抖音帖子的生产者主要由个性千差万别的普通公众构成。相形之下,今日头条帖子生产者的类型较为单一,大多集中于新闻媒体。显然,不同的内容生产者具有各自的立场,因而生产的内容也会随着其视角不同而多样纷呈。一般来说,平台内容生产者的类型越多元,帖子内容差异性也越大,更容易引起用户的兴趣和关注而带来更高数量级别的浏览量;反之,内容生产者类型越单一,帖子内容差异性就可能越小,浏览量变化也不会太明显。

根据图 5-7,可以大致判断气候变暖议题系统在一年内先后衍生了大约 15 个子议题,选取相应 15 个倒 U 形顶端对应日期当天的热门帖子进行文本分析,以追踪热门子议题演化,从而回答研究

---

①　研究问题编号示意:议题类型(Ⅲ代表气候变暖议题)-(1 指议题显著性演化轨迹)-常用平台(c 表示今日头条)。

②　SocialX 数据库的具体操作如下:"气候变暖"作为关键词,搜索时间范围设置为 2022 年 9 月 14 日至 2023 年 9 月 14 日,选择"今日头条"平台。

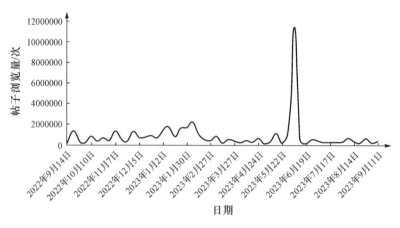

图 5-7　今日头条平台上气候变暖议题显著性演化轨迹

问题Ⅲ-2-c[①]。如表 5-17 所示,大部分热门子议题都围绕气候变暖的当下影响和长远后果展开,具体涉及气候变暖对生态环境、天气条件、粮食生产、能源供给和公共健康等领域产生的实际危害以及构成的潜在威胁。可见,今日头条上气候变暖议题系统的内容特征较为一致,这在一定程度上解释了为何议题显著性演化轨迹总体较为平坦。

表 5-17　今日头条平台上气候变暖议题演化热点追踪

日期	分析帖子 数量/条	热门子议题
2022-09-19	2	气候变暖对粮食生产和海底沉积盐分的影响
2022-10-10	1	气候变暖对粮食生产的影响
2022-10-24	1	气候变暖导致沉积盐显露并影响周围生态环境
2022-11-07	3	美国变暖速度比全球快 68%
2022-11-28	2	全球气候变暖的阴谋论

---

① 研究问题编号示意:议题类型(Ⅲ代表气候变暖议题)-(2 指热门子议题)-常用平台(c 表示今日头条)。

续表

日期	分析帖子数量/条	热门子议题
2023-01-09	1	人工智能预测全球变暖将更快跨越临界点
2023-02-06	1	全球气候变暖导致美国华盛顿州一座千年冰川消失
2023-03-06	2	气候变暖可能释放冻土中的病毒
2023-03-20	2	全球气候变暖速度远远快于预期
2023-04-24	1	世界地球日关注气候变化
2023-05-15	1	全球变暖叠加气候现象考验能源供应
2023-06-05	2	厄尔尼诺现象对气候变暖的影响
2023-06-26	1	气候变暖将增加极端降水风险
2023-08-07	10	全球气候从"变暖"到"沸腾"
2023-08-28	1	气候变暖对长江源区生态环境的影响

5.4.2　今日头条用户帖子生产力变大与算法推荐助推一起提升议题显著性水平

一定时期内平台上帖子数量大小直接反映了用户的帖子生产力大小。针对一年内今日头条上气候变暖议题系统衍生的 14 个子议题[①]，通过比较发现，每个子议题显著性水平上升期的帖子数都要大于其下降期的帖子数（详见表 5-18），这意味着上升期的帖子生产力大于下降期的帖子生产力。

---

① 由于 2022 年 9 月 14—18 日（对应第 1 个子议题上升期）有关帖子数量的数据缺失，所以去除第 1 个子议题，只考察后面 14 个子议题。

表 5-18　今日头条平台上气候变暖议题显著性
水平上升期和下降期帖子数比较

上升期	帖子数量/条	下降期	帖子数量/条
上升期 1(2022-10-04 至 2022-10-10)	403	下降期 1(2022-10-11 至 2022-10-17)	347
上升期 2(2022-10-18 至 2022-10-24)	501	下降期 2(2022-10-25 至 2022-10-31)	479
上升期 3(2022-11-01 至 2022-11-07)	1348	下降期 3(2022-11-08 至 2022-11-21)	638
上升期 4(2022-11-22 至 2022-11-28)	561	下降期 4(2022-11-29 至 2022-12-06)	514
上升期 5(2022-12-27 至 2023-01-09)	1016	下降期 5(2023-01-10 至 2023-01-16)	542
上升期 6(2023-01-17 至 2023-02-06)	1467	下降期 6(2023-02-07 至 2023-02-27)	1096
上升期 7(2023-02-28 至 2023-03-06)	662	下降期 7(2023-03-07 至 2023-03-13)	464
上升期 8(2023-03-14 至 2023-03-20)	1329	下降期 8(2023-03-21 至 2023-04-03)	612
上升期 9(2023-04-04 至 2023-04-24)	1490	下降期 9(2023-04-25 至 2023-05-01)	282
上升期 10(2023-05-02 至 2023-05-15)	751	下降期 10(2023-05-16 至 2023-05-22)	425
上升期 11(2023-05-23 至 2023-06-05)	1252	下降期 11(2023-06-06 至 2023-06-19)	1078
上升期 12(2023-06-20 至 2023-06-26)	3590	下降期 12(2023-06-27 至 2023-07-31)	443
上升期 13(2023-08-01 至 2023-08-07)	1280	下降期 13(2023-08-08 至 2023-08-21)	803

上升期	帖子数量/条	下降期	帖子数量/条
上升期 14(2023-08-22 至 2023-08-28)	572	下降期 14(2023-08-29 至 2023-09-04)	500

注:"上升期 n"表示今日头条平台上气候变暖议题演化过程中出现的第 n 个子议题显著性水平上升期,"下降期 n"则表示该子议题显著性水平下降期, n 是 1 至 14 中的任何一个数字;帖子数＝原创帖数＋转发帖数＋评论帖数; 数据由 SocialX 数据库导出。其中 2022-12-07 至 2022-12-26 没有相关帖子, 故不列入表中时间范围。

然后,把所有子议题显著性水平上升期设置为时间范围,挖掘 今日头条平台上与气候变暖相关的帖子共 40 条,对其进行三级编 码分析。

在一级编码层面,提炼出 11 个子范畴,详见表 5-19。

表 5-19　今日头条平台上气候变暖帖子一级编码结果及其文本示例
(议题显著性水平上升期)

11 个子范畴 (涉及该子范畴的帖子数)	文本示例
风险预警 (31)	科学家警告称气候变暖有"自我推进"的危险。
提供事实信息 (21)	自 1970 年以来,美国大陆的气温变暖了 1.39 摄氏度(34.5 华氏度)。
提供科普信息 (14)	厄尔尼诺,指的是赤道附近太平洋东部和中部表层海水每隔几年出现异常升温的周期性气候现象。
动员公众 (9)	我们必须认识到冰川消失的危害,采取积极的行动来减缓和应对气候变化。
促进多元主体参与(8)	这需要全球范围内的合作和努力,包括政府、企业和公众的共同参与。
直觉式认知 (6)	气候变暖导致树叶晚落一个月。

续表

11个子范畴 （涉及该子范 畴的帖子数）	文本示例
提供应对策略 （3）	我们应本着"灵活运用，扬长避短"的原则，尽量利用有利的方面适应气候变化，同时努力减小并尽可能避免不利影响。
呼吁政府行动 （2）	中国常驻联合国代表张军在发言中呼吁国际社会抓紧采取一切必要行动。
提出疑问 （2）	气候变化、全球变暖是真的吗？会不会是某些国家的阴谋？
整合多种知识 （1）	是什么导致海洋温度升高呢？第一，过度捕捞、城市垃圾和化学品污染等人类活动对海洋生态系统的破坏。第二，大量使用矿物燃料（煤、石油、天然气）排放出多种温室气体，产生温室效应。
提供信息以 回应公众关切 （1）	中国科学院大气物理研究所季风系统研究中心副主任说："今年目前我国热的地方主要是京津冀地区，南方长江流域反而没有那么热。京津冀这么热，原因比较复杂，主要还是因为全球变暖。"

注：由于1条帖子的子范畴往往不止1个，因此括号中数值总和大于样本量（$n=40$）。

与微信和抖音帖子的情况类似，"风险预警""提供事实信息""提供科普信息"仍然是今日头条帖子中出现频次最高的3个子范畴，这种一致性意味着三大常用平台的内容生产者总体上都采取一种较为科学严谨的态度探讨气候变暖议题。和微信或抖音不同的是，就上述3个子范畴的排序而言，"风险预警"位居今日头条帖子中子范畴出现频次的首位，而在微信（详见表5-4）和抖音（详见表5-12）帖子的子范畴排序中分别位于第三和第二。换言之，今日头条的内容生产者尤为关注气候变暖给自然环境和人类社会可持续发展带来的诸多风险挑战，表现出较强的风险意识。这可能与内容生产者类型有关。在40条与气候变暖相关的今日头条帖子中，有25条来自新闻媒体，另有4条来自专业科普机构。新闻媒体承担社会预警的职能，通过及时报道与气候变化有关的现象和问题,提醒社会各界应充分重视并警惕其中潜藏的危害。专业科普机构的一项重要职责是向社会公众普及气候变暖的潜在后果,从而增强公众的风险防范意识。

在二级编码层面,进一步归纳上述 11 个子范畴,得到 6 个主范畴或框架(详见表 5-20)。

表 5-20　今日头条平台上气候变暖帖子二级编码结果和框架界定
(议题显著性水平上升期)

6 个主范畴 (或框架)	11 个子范畴	框架内涵说明
提供科学 事实信息	提供科普信息 提供事实信息 整合多种知识	从不同角度解释气候变暖的成因、现状和趋势。
风险预警	风险预警	提醒公众警惕气候变暖对生态环境、公共健康、气候条件、粮食生产等诸多方面造成的潜在危害。
呼吁治理	促进多元主体参与 呼吁政府行动 动员公众	呼吁公众、政府机构、NGO 等各类行动主体积极参与气候治理。
回应公众关切	提供信息以回应公众关切 提供应对策略	为公众关心的气候变暖问题提供解答,并告知他们相关的应对策略。
经验式判断	直觉式认知	根据个人直觉而非科学知识判断气候变暖相关问题。
反思质疑	提出疑问	质疑气候变暖是否真的如声称的那样严重。

在三级编码层面,采用 ChatGPT-3.5 辅助的编码分析,输入以下指令:

请按照是否符合今日头条算法推荐的标准,将以下内容分为两类,一类符合今日头条算法推荐,另一类不符合今日头条算法推荐:

· 提供科学事实信息（从不同角度解释气候变暖的成因、现状和趋势）

· 风险预警（提醒公众警惕气候变暖对生态环境、公共健康、气候条件、粮食生产等诸多方面造成的潜在危害）

· 呼吁治理（呼吁公众、政府机构、NGO 等各类行动主体积极参与气候治理）

· 回应公众关切（为公众关心的气候变暖问题提供解答，并告知他们相关的应对策略）

· 经验式判断（根据个人直觉而非科学知识判断气候变暖相关问题）

· 反思质疑（质疑气候变暖是否真的如声称的那样严重）

根据 ChatGPT-3.5 提供的分类标准，今日头条算法总体上更偏向于向用户推荐客观的、正面的、具有新闻价值的内容，而不太推荐过于主观的内容。据此，上述 6 个框架可以分为两种情况（详见表 5-21）。

表 5-21　今日头条平台上 ChatGPT-3.5 辅助的气候变暖帖子三级编码结果
（议题显著性水平上升期）

符合今日头条算法推荐的框架	不符合今日头条算法推荐的框架
提供科学事实信息	经验式判断
风险预警	
呼吁治理	
回应公众关切	
反思质疑	

最后，根据表 5-21 的分类情况对上升期 40 条帖子的 90 个框架进行计算，发现其中 84 个框架符合今日头条算法推荐，占比 93.3%，而剩余 6 个框架则不符合该算法推荐，占比 6.7%。

综上所述，研究假设Ⅲ-1-c① 得到了证实：在今日头条用户帖

---

① 研究假设编号示意：议题类型（Ⅲ表示气候变暖议题）-议题显著性水平演化原因（1 表示上升原因）-常用平台（c 表示今日头条）。

子生产力变大的基础上,有大量帖子框架符合平台算法推荐,这直接增强了算法推荐力度,从而助推帖子浏览量飙升。因此,用户的行动逻辑与平台的技术逻辑共同促使气候变暖议题显著性水平提升。图 5-8 描绘了这一作用机制。

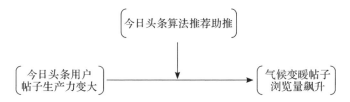

图 5-8　今日头条平台上两种逻辑提升气候变暖议题显著性水平的方式

5.4.3　今日头条用户帖子生产力变小削弱算法推荐力度最终致使议题显著性水平下降

　　针对今日头条平台上气候变暖议题显著性水平下降期,研究假设Ⅲ-2-c[①] 提出,用户帖子生产力要小于上升期,而且留存帖子的框架中不符合平台算法推荐的比例会高于符合的比例。下文对此进行检验。

　　如表 5-18 所示,针对气候变暖议题系统一年内衍生的 14 个子议题,可以发现每个子议题显著性水平下降期的帖子数都要小于其上升期的帖子数,即议题显著性水平下降期的帖子生产力要小于上升期的帖子生产力。

　　将 14 个子议题显著性水平下降期设置为数据挖掘的时间范围,得到气候变暖相关的今日头条帖子(原创帖)10 条,对其进行如下三级编码分析。

　　首先,得到 5 个子范畴,详见表 5-22。

---

　　① 研究假设编号示意:议题类型(Ⅲ表示气候变暖议题)-议题显著性水平演化原因(2 表示下降原因)-常用平台(c 表示今日头条)。

表 5-22　今日头条平台上气候变暖帖子一级编码结果及其文本示例
(议题显著性水平下降期)

5 个子范畴 (涉及该子范畴的帖子数)	文本示例
提供事实信息 (8)	据美国《华盛顿邮报》17 日报道,自 1916 年建立以来,美国冰川国家公园已失去 85％的冰层。
提供科普信息 (8)	中国学者开展的一项全国性病例交叉研究结果表明,温度升高与自杀死亡风险增加相关。
风险预警 (7)	科学家警告,由于全球水资源进一步减少,动物之间因资源产生的冲突可能会加剧。
促进多元主体参与(2)	无论是大型还是微型农场的作物种植者、园丁、政策倡导者、厨师、植物学家、工程师或是有责任感的消费者,都应该共同参与,想方设法保障粮食供应,共同应对气候变化和城市人口增长带来的压力。
提供应对策略 (1)	睡眠专家建议,除了使用空调降低室内温度,可以通过让房间空气流动、及时补充水分、选用轻质床品、睡前避免冷水淋浴等方式来帮助入睡,提高睡眠质量。

注:1 条帖子往往包含不止 1 个子范畴,所以括号中数值总和大于样本量 ($n=10$)。

接着,进行二级编码分析。由于上述 5 个子范畴内含于上升期 11 个子范畴,因此可以参考上升期二级编码的结果。具体来看,下降期 5 个子范畴被进一步归纳为 4 个框架:(1)提供科学事实信息(包含"提供事实信息""提供科普信息"子范畴);(2)风险预警(只含有"风险预警"子范畴);(3)呼吁治理(只含有"促进多元主体参与"子范畴);(4)回应公众关切(只含有"提供应对策略"子范畴)。然后,按照表 5-21 的分类标准,可以发现,下降期帖子的所有框架全部符合今日头条算法推荐。

综上可见,在气候变暖议题显著性水平下降期,今日头条用户的帖子生产力确实变小了,这一结果支持了研究假设Ⅲ-2-c 的前半部分。然而,与该假设后半部分相违背的是,下降期留存帖子的所有框架居然全部符合今日头条算法推荐,而非假设预期的将有大部分框架不符合平台算法推荐。这些结果再次验证了以下机制:用户帖子生产力变小直接导致平台算法推荐式微,帖子浏览量因此锐减(如图 5-9 所示)。更一般地说,用户行动逻辑的削弱会直接抑制平台的技术逻辑发挥作用,由此导致议题显著性水平下降。

①虚线箭头表示今日头条算法推荐式微,即算法推荐不再调节帖子生产力与帖子浏览量之间的关系。

图 5-9 今日头条平台上用户的行动逻辑直接导致气候变暖议题显著性水平下降

5.5 小 结

本章主体内容包括三节,分别聚焦于微信、抖音和今日头条三个常用平台上气候变暖议题显著性如何演化的问题。针对每个平台,按照描述与解释两大方面分析气候变暖议题显著性演化的具体情况:其一,在描述方面,勾勒议题显著性演化轨迹如何呈现,并追踪议题系统先后衍生了哪些热门子议题;其二,在解释方面,根据用户的行动逻辑与平台的技术逻辑说明议题显著性水平上升与下降的原因。气候变暖议题在上述三个平台上的演化显示出一些共同性,也具有各自的差异性,但属于共同性中的差异性。因此,作为本章小结,下文从"演化轨迹与热门子议题"(描述方面)和"两种逻辑的作用"(解释方面)归纳微信、抖音和今日头条三个平台上气候变暖议题显著性演化差异性中的共同性,将此作为三个常用平台上环境风险议题显著性演化的一般规律。最后,根据这一规律提出相关决策建议,用以增强公众对气候变暖等环境问题的风险意识。

5.5.1　演化轨迹与热门子议题：气候变暖议题系统的多维棱镜

在微信、抖音和今日头条三个常用移动平台上，气候变暖议题显著性演化轨迹都呈现为周期性升降的曲线。每一平台上的曲线都由若干个倒 U 形构成，每个倒 U 形代表气候变暖议题系统中的一个子议题，其左半段表示子议题显著性水平上升，其右半段则代表子议题显著性水平下降，由此形成一个演化周期。

根据周期性升降的议题显著性演化轨迹追踪三个平台上先后出现的热门子议题，大致可将其分为三类：第一，涉及气候变暖的成因与现状，例如"有关气候变暖的生物物理和生物化学反馈机制"（微信）、"格陵兰岛冰川断裂视觉震撼"（抖音）、"厄尔尼诺现象对气候变暖的影响"（今日头条）；第二，讨论气候变暖造成的严重危害及其风险隐患，比如"气候变暖对人类健康和粮食安全的威胁"（微信）、"南极海冰融化导致大量帝企鹅幼鸟被淹死"（抖音）、"气候变暖将增加极端降水风险"（今日头条）；第三，建议气候变暖的应对措施，譬如"通过调控土壤碳循环、增强海洋储碳能力等方案应对气候变暖"（微信）、"探讨人类是否能够影响极端天气"（抖音）、"世界地球日关注气候变化"（今日头条）。

上述三类热门子议题犹如气候变暖议题系统的多维棱镜，从成因现状、风险后果和治理方案三个维度折射出当代应对全球气候变暖的复杂性、迫切性与长远性。

5.5.2　两种逻辑的作用：作为"原动力"的用户行动逻辑与作为"助推力"的平台技术逻辑

用户的行动逻辑与平台的技术逻辑一起解释了三个移动平台上气候变暖议题显著性水平上升和下降的原因。用户的行动逻辑对议题显著性水平的影响表现为"帖子生产力大小决定帖子浏览量"，而平台的技术逻辑按照"平台算法推荐力度影响帖子浏览量"发挥作用。根据微信、抖音和今日头条的相关研究，发现以下共同性。

在议题显著性水平上升期,微信、抖音和今日头条用户的帖子生产力都变大了,随之产生大量可供平台算法推荐的内容。与此同时,帖子框架中有大部分符合平台算法推荐,算法推荐力度增强,助推帖子浏览量飙升。

在议题显著性水平下降期,微信、抖音和今日头条用户的帖子生产力都变小了,这意味着可供平台算法推荐的帖子越来越少。尽管留存帖子的框架中仍然有大部分符合平台算法推荐,但帖子数的急剧下降导致平台算法"无料可推",算法推荐因此式微,最终致使帖子浏览量锐减。

可见,在影响帖子浏览量的过程中,用户的帖子生产力是基础,平台的算法推荐需要在此基础上才能发挥作用。或者说,对于议题显著性水平而言,用户的行动逻辑是促使其上升或导致其下降的"原动力",而平台的技术逻辑只在议题显著性水平上升过程中发挥"助推力",在下降期则几乎不起作用。

5.5.3 传播建议:选择抖音作为主要传播平台来凸显气候变暖议题显著性

气候变暖目前已对生态环境、物种多样性、气候条件等造成严重危害,若公众缺乏明确的风险意识、社会没有采取长远有效的应对措施,愈演愈烈的气候变暖将对全人类社会的可持续发展构成重大威胁。从传播的视角来看,利用移动平台凸显气候变暖议题显著性,从而增强公众的风险防范意识并促使社会采取风险治理举措至关重要,这也是动员公众积极参与和组织社会治理的前提条件。具体而言,通过比较三个移动平台对气候变暖议题显著性的放大效果,选择放大效果最明显的平台,并采用符合该平台算法推荐的框架来生产帖子。

"放大系数 A"①是衡量平台对议题显著性放大效果的重要指

---

① A 表示某一平台的算法推荐对气候变暖议题显著性的放大效果(A 取自 amplification 的首字母)。

标。这里，$A=$ 涉及"气候变暖"关键词的帖子浏览量÷涉及"气候变暖"关键词的帖子数。[①] 据此计算三个平台对气候变暖议题显著性的放大系数：

$$A_{微信}=78000000（帖子浏览量）÷77505（帖子数）≈1006$$

$$A_{抖音}=327000000（帖子浏览量）÷6963（帖子数）≈46963$$

$$A_{今日头条}=46000000（帖子浏览量）÷28064（帖子数）≈1639$$

显然，在三个平台中，抖音对气候变暖议题显著性的放大效果最明显。因此，选择抖音作为面向公众的主要传播平台，在上面投放大量有关气候变暖的帖子。因为抖音算法经常向用户推荐轻松、有趣、互动性较强的短视频，而过于复杂或一味强调负面后果的内容则不太容易被推荐，因此，建议有关部门在生产抖音帖子时应注意以下两点：第一，在内容方面，应尽量多采用"提供科学事实信息""呼吁治理""回应公众关切"这些框架来生产短视频，从而让普通用户了解气候变暖的现状与后果并意识到采取应对措施的重要性；第二，就呈现形式而言，内容生产者应充分利用短视频形象生动的视听语言来向用户讲述上述内容，此外，尽管"风险预警"框架并不太符合抖音的算法推荐，但内容生产者仍然可以借助通俗易懂的影像并以科普的方式提醒人们气候变暖带来的诸多风险挑战。

辩证地看，尽管抖音可以从浏览量上迅速提升气候变暖议题的显著性，但由于其重"量"轻"质"的传播特点，还得辅以其他平台补充注重"质"的内容。例如，不妨将微信和今日头条作为传播气候变暖议题的辅助平台，由此向公众普及有关全球气候变化的科学知识与发展趋势，并告知他们减缓气候变暖的迫切性，以凸显该议题的质性维度。此外，还可以对抖音短视频进行"质"的调整。譬如，建立抖音与微信以及今日头条的联动机制：微信和今日头条提供气候变暖的高质量内容，抖音则负责将这些内容落地化、形象化和普及化，从而以质、量兼顾的方式提升气候变暖议题显著性。

---

① 某一平台在一年内（2022 年 9 月 14 日至 2023 年 9 月 14 日）包含"气候变暖"关键词的帖子浏览量和帖子数均由 SocialX 数据库自动导出。

　　通过上述举措,气候变暖议题一方面可以借抖音算法推荐之力在平台上广泛传播、迅速提升其浏览量,另一方面也能通过微信和今日头条的辅助内容凸显其重要性。随着议题显著性水平不断提升,用户在常用移动平台上会经常接触到有关气候变暖的内容,久而久之便会产生一定的风险意识。长远来看,只有当社会各界充分意识到气候变暖的风险后果,才有可能联动多方主体共同参与气候变化治理。由于气候变暖议题是一个典型的环境风险议题,其显著性演化规律在一定程度上也适用于探究其他环境风险议题在移动平台上的显著性演化情况。

第6章 常用平台上三类风险议题显著性演化总结

6.1 多议题与跨平台的双重比较

本节内容综合第3章至第5章的研究发现，对其进行多议题与跨平台的双重比较。"多议题"具体指阿尔茨海默病议题、人工智能议题和气候变暖议题，"跨平台"则指微信、抖音和今日头条三个常用平台。从议题来看，每个议题在微信、抖音和今日头条平台上显著性演化的相似性构成同一议题在不同平台上显著性演化的规律。从平台来看，每个平台上阿尔茨海默病议题、人工智能议题和气候变暖议题显著性演化的差异性则拓展丰富了这一规律。透过上述规律的双重表现，可窥探移动传播中风险议题显著性演化的新机理。

6.1.1 同一议题在不同平台上显著性演化的相似性

根据阿尔茨海默病议题、人工智能议题和气候变暖议题各自在微信、抖音和今日头条三个常用平台上的显著性演化情况，可以发现同一议题显著性演化在不同平台上具有以下几点相似性。

第一，演化轨迹。议题显著性演化轨迹都呈现为周期性升降的曲线。根据 SocialX 数据库自动生成的图形，三个议题在三个平台上的显著性演化轨迹共计九张图，每张图置于一个坐标系中，纵轴是帖子浏览量，表示议题显著性水平高低，横轴则是议题显著性演化时间，而议题显著性演化轨迹在坐标系中呈现为一条周期性上升和下降的曲线，它由若干个倒 U 形构成。每个倒 U 形表示一个子议题的生命周期，而周期性升降的演化轨迹意味着一系列先后出现的子议题，由此组成一个动态的议题系统。

第二,议题系统。议题系统在一定时期内都会先后衍生出诸多相互关联但又有差异的子议题,这些子议题均围绕着原议题核心并凸显其方方面面,故而一个议题其实是一个议题系统。阿尔茨海默病、人工智能应用风险和气候变暖作为当代典型的系统性风险,由于它们的形成原因十分复杂、演化趋势难以预测而且潜在后果十分严重,因此产生的风险议题往往涉及多个方面,比如风险起因、现状、趋势、后果和治理等,不同方面的议论形成一个个既有差别但又相互关联的子议题,构成一个议题系统。需要说明的是,导致同个议题系统内不同子议题先涌现和后淡出的外部原因主要有:其一,相关的自然灾害或社会事件是点燃新的子议题的导火索,加之名人、机构和普通用户的热烈议论,一系列子议题迅速涌现并获得广泛关注;其二,从用户自身来看,在信息量超载的平台环境中,用户往往"顾此失彼",当他们的注意力转向层出不穷的新议题时,对现有子议题的兴趣便很快会消失,由于不再受公众关注,该子议题逐渐消亡。

第三,上升规律。用户帖子生产力变大和平台算法推荐助推共同提升议题显著性水平。平台帖子数量越大,表示用户帖子生产力越大,加上帖子框架中符合平台算法推荐的比例越高,即平台算法推荐力度越强,两者叠加共同助推帖子浏览量飙升。对于三个风险议题中任一议题的显著性水平上升期而言,这一规律在三个平台上都得到了表现。

第四,下降规律。用户帖子生产力变小导致平台算法推荐式微最终降低议题显著性水平。当平台上帖子数量减少时,一方面反映了用户的帖子生产力变小了,另一方面意味着可供平台算法推荐的内容也变少了,无论此时留存帖子的框架中符合平台算法推荐的比例有多高,算法都会由于"无料可推"而逐渐式微,最终造成帖子浏览量锐减。无论在哪个平台,这一规律都表现于任一议题显著性水平下降期。

第五,抖音最大。无论对于阿尔茨海默病议题、人工智能议题还是气候变暖议题,抖音是三个常用平台中对这些议题显著性放大效果最明显的平台。由于平台算法推荐在提升议题显著性水平过程中发挥重要的助推作用,因此可以推断,与微信和今日头条相比,抖音算法总体上发挥更强的推荐作用。这一结果回应了学界和业界对三个常用平台算法的评价:抖音推崇流量至上的价值观,因而算法推荐是其平台运行的基础与核心[①];微信尽管在 2019 年前后开始采用算法推荐,但其天然的社交属性使得社交推荐依旧是内容推送的一个重要机制[②];而今日头条在 2018 年宣布从"算法为王"向"人机结合"转变,意味着专业媒体人、学者和公职人员将更多参与平台的内容生产、监督与推荐[③]。换言之,算法推荐对于微信和今日头条平台固然重要,但并未成为其内容推荐机制的全部。

综上所述,五点相似性构成了同一风险议题在不同平台上显著性演化的规律。相似性中无疑亦蕴含着差异性,为了进一步拓展和完善这一规律的内涵,接下来将转换比较思路,控制常用平台,即限定为同一平台,再把议题类型作为变量,归纳同一平台上不同议题显著性演化的差异性。

6.1.2 同一平台上不同议题显著性演化的差异性

之前虽已比较了同一议题在微信、抖音和今日头条三个平台上传播时其显著性演化的具体情况,但不同议题在同一平台传播时其显著性演化又有什么差异性仍是有待回答的一个问题。事实上,前述研究已经表明阿尔茨海默病议题、人工智能议题和气候变暖议题的显著性演化在三个平台上会呈现出一些差异性,主要表现为平台算法推荐对不同议题显著性的放大效果不一样。根据第 3 章至第 5 章小结部分的放大系数 A 值大小,现通过集中列表(详见表 6-1)的方式比较这种差异性。

---

① 温凤鸣 & 解学芳. (2022). 短视频推荐算法的运行逻辑与伦理隐忧——基于行动者网络理论视角. 西南民族大学学报(人文社会科学版)(02), 160-169.

② 卫夕. (2020 年 9 月 15 日). 为什么微信终于开始拥抱算法分发了?. 虎嗅. https://www.huxiu.com/article/382245.html.

③ 喻国明 & 杜楠楠. (2019). 智能型算法分发的价值迭代:"边界调适"与合法性的提升——以"今日头条"的四次升级迭代为例. 新闻记者(11), 15-20.

表 6-1　同一平台对不同议题显著性的放大效果比较

平台	阿尔茨海默病议题	人工智能议题	气候变暖议题
微信	$A=1319$	$A=843$	$A=1006$
抖音	$A=14460$	$A=17518$	$A=46962$
今日头条	$A=907$	$A=16273$	$A=1639$

从表 6-1 可见,在微信平台上,相比人工智能议题和气候变暖议题,阿尔茨海默病议题显著性的放大系数最大,意味着微信的算法推荐对阿尔茨海默病议题显著性的放大效果最明显。同样可见,针对同一平台上这三个议题,抖音的算法推荐对气候变暖议题显著性的放大效果最明显,而今日头条的算法推荐则对人工智能议题显著性产生了最为明显的放大效果。对此,平台算法推荐的总体特征与特定议题内容属性的匹配程度可能是造成上述差异的一大原因。

首先,微信算法总体上更加偏向于向用户推荐实用的、多元的、科普的尤其是与公共利益相关而且具有社会正能量的内容。根据微信平台上阿尔茨海默病议题、人工智能议题和气候变暖议题相关帖子的三级编码分析结果可以发现,阿尔茨海默病议题的帖子中经常出现"记录患者日常""调控个人情绪""纠正社会偏见""动员公众"等框架,而这些框架在人工智能议题或气候变暖议题的帖子中都很少出现。显然,上述框架不仅与患者及其家属以及老年群体的身心健康直接相关,而且传递了全社会助力阿尔茨海默病防治和关爱患者的正能量。因此,微信算法推荐对阿尔茨海默病议题显著性的放大效果最明显。

其次,抖音算法总体上倾向于向用户推荐娱乐的、轻松的、互动性较强而且能够调动个人情绪的内容。一般而言,阿尔茨海默病议题、人工智能议题和气候变暖议题都是较为严肃的风险议题,因为它们分别对人类身体健康、人与技术和谐共生以及人与环境可持续发展构成了潜在威胁。但是,借助抖音短视频形象生动的表现形式,可以把严肃的议题转化成男女老少皆宜、精英平民共赏的画面。在抖音平台上,"记录患者日常""动员公众""疾病科普"

是阿尔茨海默病议题帖子中最常见的三个框架,"成果展示""提供多元信息""提供重点信息"是人工智能议题帖子中最常见的框架,而"提供事实信息""风险预警""提供科普信息"则是气候变暖议题帖子中最常见的框架。值得注意的是,同样是短视频,在上述不同框架下呈现出的画面刺激将明显不同:阿尔茨海默病议题的画面只是反映了普通百姓的日常生活而给人一种平凡的感觉,人工智能议题的画面会营造酷炫的科技场景而给人一种虚拟的感觉,而气候变暖议题的画面往往令人震撼而给人一种警示的感觉。所以,相形之下,气候变暖议题的抖音短视频更加容易激发用户的风险感知及其情绪体验,因而更容易被抖音算法推荐。

最后,今日头条算法总体上更偏向于向用户推荐具有新闻价值、专业性和实用性的内容。与阿尔茨海默病议题或气候变暖议题相比,人工智能是一个相对新近出现的热门议题,而且,自从2022年11月OpenAI公司发布ChatGPT之后,有关生成式人工智能的探讨接连不断地成为热议话题,因此具有较强的新闻价值。尽管阿尔茨海默病议题在演化过程中出现过有关疾病防治最新进展的子议题,气候变暖议题也衍生出关于天气反常的最新子议题,但这两个议题更新迭代的速度都赶不上人工智能议题。因此,从事件新近性这一重要的新闻价值来看,人工智能议题的确更容易得到今日头条平台的算法推荐。

综上所述,由于三个议题的内容特点与特定平台算法推荐的匹配程度不同,因此同一平台对不同议题显著性的放大效果产生了明显差异。这种差异性也提醒我们超越技术决定论的观点:平台的算法推荐并不是一成不变、客观独立的技术法则,相反,在技术社会学视角下,算法推荐其实是由不同主体共同参与建构的"转义"过程。[①] 比如,算法工程师首先把算法打造成一套技术流程,然后平台管理者和有关监管部门会根据议题的舆论走向调控算法,最终广大用户通过"点赞""转发""评论"等行为"喂养"算法。质言

---

① 徐笛. (2019). 算法实践中的多义与转义:以新闻推荐算法为例. 新闻大学 (12), 39-49+120.

之,平台算法其实是多元主体相互作用之后的建构之物。

6.2　从"两逻辑"看"新机理"

上一节内容通过多议题与跨平台的双重比较,归纳了同一议题在不同平台上显著性演化的相似性,以及同一平台上不同议题显著性演化的差异性,由此揭示出风险议题显著性演化的一般规律。但呈现出来的规律只是议题显著性演化的表象,为了深入其本质,本节将从前述的"两逻辑"(用户的行动逻辑与平台的技术逻辑)来进一步说明移动传播中风险议题显著性演化规律的内在机理,即作为本书研究目标的"新机理"。

6.2.1　"两逻辑"的作用与倚重

本书考察的三类风险议题源自系统性风险,因而在此基础上形成的议题其实是一个议题系统。议题系统由一系列相互关联但又各不相同的子议题构成,每个子议题反映了人们看待相关风险的一个角度或一个焦点。总体而言,议题系统的外部因素和内部因素都会影响议题显著性演化。这些因素包括事件本身、时间推移、网民注意力等,比如:新的社会事件层出不穷,其中的风险事件引发网民热议,由此催生新的子议题;随着时间推移,网民注意力的自然兴衰使其不再关注该子议题,而且,其他新近发生的社会事件会转移网民注意力,最终导致子议题逐渐隐退并淡出公众视野。而这些影响因素落在平台用户上,最终可概括为"两逻辑"的作用,即用户的行动逻辑和平台的技术逻辑共同决定一个风险议题系统的显著性水平周期性演化,由此形成移动传播中风险议题显著性演化的内在机理。

首先,用户的行动逻辑对风险议题显著性水平的作用表现为:帖子生产力决定帖子浏览量。用户"原创""转发""评论"帖子这些行为构成了其在平台上的主要行动,即内容生产,与之相关的原创帖、转发帖和评论帖数量总和可反映用户的帖子生产力,而帖子浏览量大小则是测量议题显著性水平高低的显性指标。通过考察阿尔茨海默病议题、人工智能议题和气候变暖议题在微信、抖音和今日头条三个常用平台上的显著性演化情况,得到以下共同发现,即相比平台算法推荐,用户的行动逻辑在议题显著性水平上升期和下降期都发挥"原动力"的作用:在上升期,当用户帖子生产力变大时,才有足够多的内容"喂养"平台算法,算法推荐从而助推帖子浏览量飙升;在下降期,用户帖子生产力变小意味着平台算法"无料可推",因此导致帖子浏览量锐减。

其次,平台的技术逻辑对风险议题显著性水平的作用表现为:唯有大量帖子及其背后的大部分框架符合平台算法,才能令算法推荐发挥作用以提升帖子浏览量,而算法推荐力度大小取决于帖子数量以及帖子框架符合平台算法的比例。算法推荐是移动平台的技术核心,根据三个议题在三个常用平台上显著性演化的分析结果,发现平台的技术逻辑即算法推荐只有在议题显著性水平上升期(生产力大、帖子数多、框架符合率高)才发挥"助推力"作用,而在下降期(生产力小、帖子数少)却不起作用。具体来说,在上升期,用户生产的帖子越来越多,而且这些帖子背后的框架中有绝大部分符合平台算法,算法推荐力度因此增强,助推帖子浏览量飙升。但在下降期,尽管留存帖子的框架中仍有大部分符合平台算法,但由于帖子生产力这一"原动力"减弱了,可供算法推荐的内容减少了,算法推荐因而逐渐式微,最终致使帖子浏览量锐减。

可见,在影响风险议题显著性水平上升和下降的过程中,平台的技术逻辑只有在用户的行动逻辑基础上才发挥作用,换言之,用户的行动逻辑在其中起决定性作用。如今,移动平台的广泛使用正在重塑人们的感知结构、行为模式和社会的生产方式。由此可见,平台的算法推荐对于议题建构和网络舆论也在发挥越来越重要的作用。然而,从上述"两逻辑"的倚重性中可以发现,尽管移动设备和在线平台这种新型的传播技术在很大程度上发挥了不可小觑的作用,但普通公众、专业人员和监管机构等主体的传播行动才是决定议题显著性演化的根本性力量。这种倚重性驳斥了"技术决定论",凸显了"人"(包括普通用户、算法工程师、平台经营者、监管机构等)之主体性、根本性与重要性。其实,在人与技术的关系中,终究是人在发明和运用技术,忽视人的作用将陷入技术拜物教的迷思。

6.2.2　"新机理"的缩写和含义

根据用户的行动逻辑与平台的技术逻辑,本研究揭示了移动传播中风险议题显著性演化的新机理:用户的帖子生产力在整个演化过程中一直发挥"原动力"作用,帖子生产力大小直接决定帖子浏览量上升或下降;而平台的算法推荐只有在用户帖子生产力变大并且有大量帖子框架符合平台算法时才发挥"助推力"作用,推动帖子浏览量飙升,当帖子生产力变小时,算法推荐式微,几乎不再影响帖子浏览量。此乃"新机理"最具实质性的发现或内涵。

从先前的"风险的社会放大或削弱框架"出发,参照媒介化理论,本书将上述新机理命名为"风险的平台放大或削弱机理"(platform amplification/attenuation of risk mechanism,首字母缩写为 PARM)。一方面,PARM 延续 SARF 对风险的认识论,采取"弱建构论"立场[1][2],认为实际发生的风险事件或客观存在的风险现象经由人们的关注、议论和阐释,不断被建构成"风险议题"。值得注意的是,风险的社会建构效应包括风险的"社会放大和削弱",而且这一过程是动态的和持续的,表现为风险议题显著性水平周期性的升降变化。另一方面,媒介化理论令人反思一个前提性的问题[3]:如今移动媒介正在不断融入人们的日常生活并重塑社会交往模式,当我们身处的"社会"被移动媒介"中介化"之后,风险建构

---

[1]　Kasperson, R. E., Renn, O., Slovic, P., Brown, H. S., Emel, J., Goble, R., et al. (1988). The social amplification of risk: A conceptual framework. *Risk Analysis*, 8(2), 177-187.

[2]　Kasperson, J. X., Kasperson, R. E., Pidgeon, N., & Slovic, P. (2003). The social amplification of risk: Assessing fifteen years of research and theory. In N. Pidgeon, R. E. Kasperson, & P. Slovic(Eds.), *The social amplification of risk* (pp. 13-46). Cambridge: Cambridge University Press.

[3]　此处观点参见:库尔德利 & 赫普. (2023). *现实的中介化建构*. 刘泱育,译. 上海:复旦大学出版社,中文版序第 1 页。

和风险感知将发生什么根本性的变化？随着移动终端和在线平台迅速发展与广泛使用，人们社会交往的中介化程度越来越高，诸如SARF之类的传统理论模型已不能十分有效地回答当代风险的建构过程。对此，PARM尝试发展SARF之处在于，将"风险的社会放大或削弱"更新为"风险的平台放大或削弱"，以"平台"代替"社会"更适切于当今的"平台社会"（platform society）[①]，从而更有针对性地解释移动传播时代平台及其算法如何介入风险的建构过程。

PARM的重点是"PA"（platform amplification/attenuation），即平台放大或削弱，而平台的技术核心是算法推荐。与前算法时代解释风险议题显著性演化的相关理论相比，PARM的理论创新及其现实意义主要表现为以下几个方面。

其一，把"一种逻辑"拓展为结合算法推荐的"两种逻辑"。前算法时代，多元主体的"行动逻辑"是影响风险议题显著性的主要因素，不同主体采用各自的框架形成"框架竞争"格局，凸显议题争议性，从而增强议题显著性。[②][③] 而在移动传播条件下的算法时代，PARM引入"技术逻辑"这一新的解释因素，将平台的算法推荐视为提升议题显著性水平的重要助推力。

其二，将"行动逻辑"的主体从"多元主体"广泛化为"平台用户"。前算法时代，新闻媒体、政府部门、专家、NGO和普通公众等多元主体共同参与风险议题建构。进入算法时代，风险议题的建构大多在平台上发生，上述多元主体因共享"平台用户"这一身份而淡化了各自身份的特殊性。况且，在当今注意力经济社会，"内容为王"让位于"流量经济"已成为一种时行的生产模式。不仅普

---

① Van Dijck, J., Poell, T., & De Waal, M. (2018). *The platform society: Public values in a connective world*. Oxford: Oxford University Press, p. 3.

② 汤景泰 & 王楠. (2019). 议题博弈与话语竞争：自媒体传播中的风险放大机制. *陕西师范大学学报（哲学社会科学版）*（01），95-100.

③ 汉尼根. (2009). 环境社会学. 洪大用，译. 北京：中国人民大学出版社，第122页.

通用户能够生产内容（UGC），而且人工智能也能生产内容（AIGC）[1]，知识平民化加上人工智能应用使得"多元主体"在某种意义上已泛化为一般"用户"。"去身份化"成为平台世界中的一种常见现象：当人们在平台上看到一条有趣的帖子时，其关注重点往往在帖子内容上，而对帖子生产者并不太关心，无论该帖子是专家生产、普通用户生产还是人工智能生产的，只要内容质量过关而且具有吸引人之处，就能产生流量。在这样的情形下，多元主体往往是隐没在帖子背后的。

就本研究考察的议题类型而言，阿尔茨海默病议题、人工智能议题和气候变暖议题都是争议性较低的风险议题，事关人类社会的共同福祉，所以需要多元主体协同努力以防范化解这些风险，因此不同主体之间的身份区别不如在争议性风险议题中那么显眼。还得注意的是，不同平台的"去身份化"程度不尽相同：今日头条用户以新闻媒体和专家为主，抖音用户以普通个体为主，微信用户的构成则较为齐全，同时包含机构主体和普通个体。尽管 PARM 把参与风险议题建构与传播的主体统称为"平台用户"，但三个常用平台的用户构成其实在一定程度上仍然折射了"多元主体"的差异性特征。

其三，从人与技术的关系来看，PARM 强调平台的技术逻辑必须在用户的行动逻辑基础上才能起作用。根据三类议题在三个常用平台上显著性演化的情况，PARM 揭示了尽管技术逻辑在影响议题显著性过程中正在扮演越来越重要的角色，但用户的行动逻辑依旧起着决定性作用。与之相关，有新近研究发现，用户的价值观念和自主决策是影响网络舆论的决定性因素，而脸书等数字平台的算法推荐在其中发挥的作用十分有限。[2][3]　因此，PARM 所揭

---

[1]　UGC：user generated content；AIGC：artificial intelligence generated content.

[2]　Mustafaraj, E. （2023）. People, not search-engine algorithms, choose unreliable or partisan news. *Nature*，*618*，245-247.

[3]　Garcia, D. （2023）. Influence of Facebook algorithms on political polarization tested. *Nature*，*620*，39-41.

示的两种逻辑的关系在一定程度上响应了破除"算法神话"[①]的观点。或者说,PARM 有助于我们从行动主体的视角重新审视算法构成,将其视为一个可由算法工程师、平台管理人员、监管部门以及普通用户共同改编的建构过程。其中,不同主体可以通过各自的自主行动来协同共建一套有利于营造良好有序的网络舆论环境的算法,实现"算法为人"和"算法向善"的终极目标。

6.3　新机理的理论创新

风险议题显著性演化的主要理论大多起源于 20 世纪 70 年代至 80 年代,比如风险的社会放大或削弱框架、议题生命周期理论、议程设置理论等。显然,那是一个以报刊、广播、电视为主要媒介的大众传媒时代。然而,如今以智能手机为代表的终端设备和各类在线平台构成的移动传播环境已全然不同于当时的情形。随着人们的社会交往与生产活动的媒介化程度越来越高,移动传播将在一定程度上改变风险议题显著性演化的既有规律。对此,本研究揭示的新机理,即"风险的平台放大或削弱机理"(PARM)从不同方面推动了上述三个理论的发展。

6.3.1　将 SARF 中风险的"社会放大"更新为"平台放大"

SARF 的全称是"风险的社会放大或削弱框架",其中,"社会放大"比"社会削弱"更为常见,所以很多时候研究者习惯称其为"风险的社会放大框架"。[②] 当实际发生的风险事件或客观存在的风险现象经由人们阐释、议论和传播后,就被建构成风险议题。[③] 或者

①　毛湛文 & 孙墨闻. (2020). 从"算法神话"到"算法调节":新闻透明性原则在算法分发平台的实践限度研究. *国际新闻界*(07), 6-25.

②　Kasperson, J. X. , Kasperson, R. E. , Pidgeon, N. , & Slovic, P. (2003). The social amplification of risk: Assessing fifteen years of research and theory. In N. Pidgeon, R. E. Kasperson, & P. Slovic(Eds.), *The social amplification of risk* (pp. 13-46). Cambridge: Cambridge University Press.

③　Lupton, D. (1999). *Risk and sociocultural theory: New directions and perspectives*. Cambridge: Cambridge University Press.

说,当我们谈论"风险"时,其实谈的是"风险议题",而非风险本身。因此,按照"弱建构论"的观点,SARF 中"风险"的社会放大实际上是"风险议题"的社会建构。这一认识论基础进一步凸显了 SARF 的宗旨,即解释"风险"如何被多元主体建构成为"风险议题",以及议题的广泛传播将如何产生多种涟漪效应和社会影响。[1] 然而,如今的移动传播环境已大不同于 SARF 时代的大众传媒环境。随着媒介技术的快速迭代更新,移动传播中的智能手机用户和在线平台算法给风险议题显著性演化带来了不同于传统媒体的新影响。因而,PARM 对 SARF 的观点更新主要表现为以下两方面。

首先,从放大过程来看,平台放大风险议题显著性的机制与社会放大机制不一样。在 SARF 中,风险议题显著性的放大过程主要发生于"社会站":政府部门、新闻媒体、意见领袖、NGO 和普通公众等多元主体就某个风险议题提出各自的观点意见,由于每类主体的立场各不相同,因此往往会产生有关风险后果严重性以及风险应对措施的争议,在不断争论的过程中,风险议题显著性得以凸显。[2][3] 而 PARM 则淡化不同主体之间的身份差异,将其统一视为"平台用户"。在 PARM 视角下,平台算法推荐是放大风险议题显著性的主要助推力:平台用户生产了大量有关风险议题的帖子,而且这些帖子的框架中大部分符合平台算法,算法推荐力度增强,助推帖子浏览量即议题显著性水平飙升。可见,SARF 的"社会放大"强调不同主体之间的意见纷争是凸显风险议题显著性的主要力量,而 PARM 在肯定用户帖子生产力这一"原动力"的基础上,着重突出平台的算法推荐在提升风险议题显著性水平过程中发挥的促进作用。

---

① Kasperson, R. E., Renn, O., Slovic, P., Brown, H. S., Emel, J., Goble, R., et al. (1988). The social amplification of risk: A conceptual framework. *Risk Analysis*, 8(2), 177-187.

② Chung, I. J. (2011). Social amplification of risk in the Internet environment. *Risk Analysis*, 31(12), 1883-1896.

③ 汪伟全. (2015). 风险放大、集体行动和政策博弈——环境类群体事件暴力抗争的演化路径研究. 公共管理学报(01), 127-136+159.

其次,就放大后果而言,SARF 呈现了多元主体放大风险议题后产生的"涟漪效应"(ripple effects)和"社会影响"(social impacts)。前者描绘了风险后果如何从直接受影响的个体层层扩散到社区、组织、行业以及全社会的过程;后者指风险议题广泛传播后带来的经济损失、法律诉讼、行业整改、信任危机等一系列深远的社会影响。①②③ 无论是涟漪效应还是社会影响,都超出了风险议题本身,属于广泛的、延伸的社会后果,不在传播学关注的核心范围之内。相形之下,PARM 所揭示的平台算法放大风险议题的效果直接呈现为移动平台上相关帖子浏览量飙升,而且,这些热门帖子会在短期内成为一个焦点话题。从长远来看,新的焦点话题不断产生,由此构成周期性演化的议题系统。因此,PARM 区别SARF 的地方在于,关注风险议题在平台上迅速扩散后产生的直接效应,这些可测量的直接效应对于网络舆情治理具有重要价值。

简言之,PARM 从风险议题的放大过程和放大后果两方面更新了 SARF,凸显了移动传播条件下"平台算法"是继"多元主体"之后放大议题显著性的一大新要素。

6.3.2 把议题生命周期理论考察的单个议题拓展为议题系统

PARM 拓展议题生命周期理论之处在于,把后者考察的"单个议题"扩展为一个"议题系统"。议题生命周期理论的前提是:一个议题的演化如同一个有机体的生命周期,在产生之后,其生命历程会发生阶段性蜕变直至最终消亡。这里的阶段性蜕变通常包括三

① 王刚 & 张霞飞. (2017). 风险的社会放大分析框架下沿海核电"去污名化"研究. *中国行政管理*(03), 119-125.

② 侯光辉, 陈通, 王颖 & 傅安国. (2018). 地方依恋、突发事件与风险的社会"变异"——一个化工社区在"8·12"特大爆炸事故前后的变化. *公共管理学报*(02), 56-68+155-156.

③ Cox, E., Pidgeon, N., & Spence, E. (2022). But they told us it was safe! Carbon dioxide removal, fracking, and ripple effects in risk perceptions. *Risk Analysis*, 42(7), 1472-1487.

大模式:三阶段模型("潜伏""爆发""消退")①②、四阶段模型("潜伏""爆发""蔓延""消退")③④、五阶段模型("潜伏""爆发""蔓延""反复""消退")⑤⑥。可见后两个模型只是第一个模型的补充或延伸,然而,无论是哪个模型,反映的都是单个议题的生命周期,只是经历阶段有所差异。相形之下,PARM 考察的则是从系统性风险衍生出来的一个风险议题系统。不同于单个议题,议题系统是由一系列相互关联但又各有差异的子议题构成的,这些子议题的生命周期接续形成整个议题系统的长程演化。从字面来看,单个议题对应的是其"生命周期"(life cycle),而由多个议题构成的议题系统对应的则是"演化"(evolvement)。上述区别与联系符合系统论的自组织原理:内部要素(子议题)变化的不断积累,最终在系统(议题系统)层面上产生宏观的演化效应。

　　往深处看,从考察单个议题的议题生命周期理论拓展到考察一个议题系统的 PARM,隐含了"人、媒介与议题之关系"的认识论转变。议题生命周期理论将人、媒介和议题设想为"主体—工具—结果"的外在关系,即人们只需用大众传媒作为工具来制造和传播议题,结果便可操控议题的舆论发展方向。这一设想在企业管理、

---

①　Liu, Y., Zhu, J., Shao, X., Adusumilli, N. C., & Wang, F. (2021). Diffusion patterns in disaster-induced internet public opinion: Based on a Sina Weibo online discussion about the 'Liangshan fire' in China. *Environmental Hazards*, 20(2), 163-187.

②　Zhang, L., Wei, J., & Boncella, R. J. (2020). Emotional communication analysis of emergency microblog based on the evolution life cycle of public opinion. *Information Discovery and Delivery*, 48(3), 151-163.

③　王晰巍,邢云菲,王楠阿雪 & 李师萌. (2017). 新媒体环境下突发事件网络舆情信息传播及实证研究——以新浪微博"南海仲裁案"话题为例. *情报理论与实践* (09), 1-7.

④　李江静 & 徐洪业. (2017). 互联网舆论场演化机理视角下的主流意识形态建设. *江海学刊*(05), 64-70.

⑤　Cui, P., & He, Y. (2019). Research on the dissemination and response of network public opinion of emergency events in colleges based on crowd intelligence thinking. *Open Journal of Social Sciences*, 7(10), 281-290.

⑥　王根生 & 胡冬冬. (2018). 基于生命周期理论的自媒体环境下医疗突发事件舆情演化研究. *内蒙古农业大学学报(社会科学版)*(06), 83-90.

行政管理、公共关系和舆情治理等领域都有所表现和应用。而与此不同的是，PARM 认为人、媒介与议题之间是内在关联的，即媒介将人和议题纳入其中而共生，尤其在移动平台这一媒介环境中，用户的内容生产行动与算法推荐技术相互作用，将会影响相关的子议题接续不断地出现、兴盛与消亡，以此形成一个长程周期性演化的议题系统。若将议题系统视为复杂系统，其特点便是"涌现性"（emergence）：系统的构成要素各自遵循相对简单的规则（即每个子议题的生命周期），但当大量要素汇聚之后，就会产生复杂的、不断变化且难以准确预测的演化过程（即议题系统的周期性长程演化）。因此，根据 PARM，在移动传播环境中涌现出的众多风险议题系统其实反映了人（用户、算法工程师、平台管理人员、监管机构等）、媒介（平台营造的环境及其算法推荐）与议题（复杂的议题系统）的内在相关性。

综上所述，PARM 把议题生命周期理论关注的单个议题扩展为一个议题系统。尽管这一理论发展聚焦于"议题"，但透过"议题"这一棱镜，提醒我们重新反思人与媒介的关系：在提出议题生命周期理论的年代，以大众传媒为代表的媒介是一种供人使用从而达成特定目标的工具；而在提出 PARM 的当今，智能手机等终端设备和各类在线平台构成新的移动传播环境，媒介不再只是一种工具，而是日益渗透于人们的社会交往和生产实践中，形成了一个媒介化的整体环境，从中折射出媒介与人内在共生的深层联结。

6.3.3 从用户与算法的交互作用超越议程设置理论的局限性

议程设置理论旨在阐明媒体等其他议程设置者如何通过特定方式提升议题显著性并将其转化为议程的过程，因此，该理论主要解释了增强议题显著性的多元主体原因。不同的是，PARM 则从用户的行动逻辑和平台的技术逻辑出发，说明用户的内容生产与平台的算法推荐如何共同作用于风险议题显著性演化。PARM 对议程设置理论的延续与改动主要如下。

首先，PARM 沿袭了议程设置理论所强调的主体建构议题显著性的重要作用。议程设置理论有三层,第一层"传统议程设置理论"和第二层"属性议程设置理论"分别考察新闻媒体等议程设置者如何通过大量报道某个议题以提升其显著性①,以及采用何种框架来从特定方面凸显议题显著性②。据此,PARM 提出,用户的行动逻辑相比平台的技术逻辑而言是决定风险议题显著性演化更为根本的力量。而将用户的行动逻辑落实于内容生产,可以发现用户的帖子生产力大小决定议题显著性水平高低。这一发现延续了传统议程设置理论,即设置者通过提高议题曝光度来提升议题显著性水平,并在一定程度上决定公众"想什么"。与此同时,PARM 的技术逻辑表现为:只有当大量帖子背后的绝大部分框架符合平台算法时,算法推荐才会发挥作用,助推帖子浏览量即议题显著性水平飙升。这一表现与属性议程设置理论中设置者采用特定框架影响公众"怎么想"的观点相一致。议程设置理论的第三层"网络议程设置理论"超越前两层理论的线性认知模式,采取关联式、网络型的认知模式,提出媒体等设置者同时呈现多个相互关联的议题并强调它们的属性,从而建构出一张议题网络。③④ PARM 沿袭了这一观点,强调用户通过不断生产帖子来制造一系列相互关联却又有差别的子议题,这些子议题接续构成一个议题系统,诚如第三层"网络议程设置理论"所说的"议题网络",可让网民通过联想的方式对风险议题形成多维认识。

---

① McCombs, M. E., & Shaw, D. L. (1972). The agenda-setting function of mass media. *Public Opinion Quarterly*, 36(2), 176-187.

② McCombs, M., Llamas, J. P., Lopez-Escobar, E., & Rey, F. (1997). Candidate images in Spanish elections: Second-level agenda-setting effects. *Journalism & Mass Communication Quarterly*, 74(4), 703-717.

③ Guo, L. (2015). A theoretical explication of the network agenda setting model: Current status and future directions. In L. Guo, & M. E. McCombs(Eds.), *The power of information networks: New directions for agenda setting* (pp. 21-36). New York: Routledge.

④ Vu, H. T., Guo, L., & McCombs, M. E. (2014). Exploring "the world outside and the pictures in our heads": A network agenda-setting study. *Journalism & Mass Communication Quarterly*, 91(4), 669-686.

　　其次,PARM泛化了议程设置理论的主体行动,这种泛化主要表现为两方面。一方面,从行动主体来看,议程设置理论关注新闻媒体和政府部门等机构类主体,而PARM将行动主体泛化为平台用户,不仅囊括了传统意义上的各类机构,而且包含了普通公众这一新兴主体,从而更加凸显媒介技术赋能和赋权于民的特点。另一方面,除了用户内容生产的行动逻辑,PARM还引入了平台算法推荐的技术逻辑,从用户与算法的交互来解释风险议题显著性演化的原因:只有当用户生产大量帖子而且帖子框架中有大部分符合平台算法时,算法推荐才会助推议题显著性水平飙升;而当用户的帖子生产力变小并导致算法推荐式微时,议题显著性水平骤降。用户行动与算法推荐的共同作用突破了以往议程设置理论仅从主体行动考察议题显著性的局限。

　　值得注意的是,从20世纪70年代初提出议程设置理论至今已有50多年,其中经历了"传统议程设置""属性议程设置""网络议程设置"三个阶段的发展。然而,即使是最新阶段的网络议程设置理论,其仍然将社交媒体等网络平台视为外在于议题和传播主体的一种工具。本书提出的PARM引入用户的行动逻辑与平台的技术逻辑双重视角,即从用户内容生产与平台算法推荐的相互作用来解释议题显著性演化,足以说明移动平台及其算法不再是一类客观的技术物,而是具有一定能动性和建构能力的"非人类行动者"。

6.4　新机理的实践应用

　　在当今移动传播环境中,新机理PARM对于风险议题舆情治理以及公众风险意识培养或情绪调控具有一定应用价值。具体来看,可根据PARM提出的"两逻辑"即主体的行动逻辑和平台的技术逻辑及其共同作用,来提升风险议题显著性以增强公众风险意识,或降低风险议题显著性以减缓公众过度焦虑的情绪。

6.4.1　提升风险议题显著性以增强公众风险意识的平台选择

风险预示着危害或损失发生的可能性。为了有效防范和化解风险，使公众具备必要的风险意识至关重要，因为人们只有意识到风险后果的严重性和紧迫性，才有可能采取应对措施和预防行为。当人们开始关注并议论某个风险议题时，意味着他们的风险意识初具雏形。并且，随着风险议题显著性水平不断提高，人们接触这些议题信息的频率也越来越高，从而形成较强的风险意识。对此，根据 PARM，本研究提出下列策略建议以提升风险议题显著性，由此来增强公众风险意识。

首先，每个平台对不同风险议题显著性的放大效果不一样，因此，就某一平台而言，建议选择议题显著性放大效果最明显的那类议题进行传播。比如，在微信平台上，阿尔茨海默病议题的显著性放大系数大于人工智能议题和气候变暖议题[①]，所以有关部门不妨选择微信作为健康风险议题的主要传播平台。同理，按议题显著性放大系数大小，选择在抖音上传播气候变暖等环境风险议题、在今日头条上传播人工智能等新兴技术风险议题比较合适。

然后，内容生产者应采用符合平台算法的框架生产大量帖子，借助算法推荐之力迅速提升议题显著性水平。譬如，针对微信平台上阿尔茨海默病等健康风险议题，内容生产者可以经常使用"疾病科普""风险预警""纠正社会偏见""记录患者日常""调控个人情绪""动员公众""政策介绍""提供活动宣导信息"等框架生产帖子。就抖音平台上气候变暖等环境风险议题的传播而言，内容生产者使用"提供科学事实信息""呼吁治理""回应公众关切""悲观偏差""经验式判断"等框架相对适宜。对于今日头条平台上人工智能等技术风险议题来说，"提供多元信息""提供科学信息""提供重点信息""分享使用体验""风险预警"则是有助于提升议题显著性水平的框架。

---

①　详见第 6 章 6.1.2 中的表 6-1。

总之,通过选择放大系数大的平台并采用符合该平台算法的框架生产大量帖子,我们可以在短期内迅速提升某类风险议题的显著性水平以增强公众的风险意识,促使社会各界及时采取有效的应对措施以防范与化解健康、技术和环境诸类风险。

6.4.2 降低风险议题显著性以缓解公众过度焦虑的算法路径

尽管增强风险议题显著性以形成公众风险意识是防范化解风险的一条重要路径,但如果因风险议题显著性水平过高而导致公众风险意识过强,可能会引发网络舆论失序,并引起公众过度焦虑甚至社会恐慌。因此,在某些情境下,通过降低风险议题显著性水平来缓解公众过度焦虑和消除社会恐慌,也是风险治理的一项重要举措。对此,PARM 提出以下建议。

从理论上讲,降低议题显著性水平的关键在于削弱用户的帖子生产力。这一观点落实到操作层面便是删帖或封号。尽管短期内可以看到风险议题显著性水平迅速下降的效果,但一味"堵"舆论的做法也不是长久之计,不但无助于舆情治理或疏导公众情绪,而且会损害公众对监管机构和治理部门的信任。随着社会信任逐渐瓦解,风险治理所需的社会资本也将慢慢耗尽,最终严重威胁社会治理的可持续性。因此,本研究不赞同采取删帖或封号之类的简单办法。

基于上述考虑,建议从平台的技术逻辑出发,让平台算法"召回"相关帖子,随着被"召回"的帖子数量越来越多,算法推荐将逐渐式微,帖子浏览量即议题显著性水平自然就会下降。但何以可能以及如何"召回"?从 PARM 来看,用户的行动逻辑比平台的技术逻辑在影响议题显著性水平过程中发挥更为根本的作用。前者不仅直接表现在帖子生产力上,而且还间接影响到后者。根据技术的社会建构论和行动者网络理论,算法其实是多元主体交互之后的产物①,因此,不妨从不同主体入手,通过调整或改写算法来实现"召回"。

其一,由于平台公司是制定算法规则的首要主体②,管理人员和算法工程师可以根据平台上流传的风险议题调整和改写算法,使其与现有帖子内容不符,从而降低对这些帖子的推送频率。值得注意的是,平台在调整算法时需严格遵循相关道德准则③,以确保新的算法不仅能"召回"风险议题的帖子,而且能够推送符合社会伦理规范的其他内容。

其二,政府部门应该监管平台的算法调整行为,以确保该过程是合法合规并且符合公众利益的。算法推荐经常被视为一个"黑箱",平台公司往往把算法及其源代码界定为商业机密,并以此为由拒绝接受政府部门监管。然而,随着当今社会平台化程度越来越高,任何一种算法的调整都将或多或少影响人们的日常生活和社会的生产实践。算法如同"药品",虽然其配方可以保密,但是由于涉及公共利益,必须接受政府监管和社会监督。④ 因此,平台公司调整算法以"召回"某些风险议题帖子的过程理应受到政府的合理监管。

其三,普通用户可以通过反馈行为来"调教"算法,比如对某条风险议题帖子点击"不喜欢",从而促使算法"召回"这类帖子。这一反馈过程的原理是:如果用户向平台反馈"喜欢"某些资讯,算法推荐就会增加这些资讯在信息流中的权重;但如果用户向平台反馈"不喜欢"这些帖子,算法将启动"召回"机制,降低这些内容在信

① 徐笛.(2019).算法实践中的多义与转义:以新闻推荐算法为例.新闻大学(12),39-49+120.

② 易前良.(2022).算法可见性:平台参与式传播中的注意力游戏.现代传播(中国传媒大学学报)(09),16-25+74.

③ 皇甫博媛.(2021)."算法游戏":平台家长主义的话语建构与运作机制.国际新闻界(11),111-129.

④ 匡文波 & 张一虹.(2020).论新闻推荐算法的管理.现代传播(中国传媒大学学报)(07),120-124+146.

息流中的权重。① 可见,普通用户在调整算法并启动其"召回"机制的过程中具有一定能动性。

　　综上所述,若要降低风险议题显著性水平以缓解公众过度焦虑的情绪,可以通过平台公司、政府部门和普通用户等主体的多方合力,在符合公共利益的前提下改写算法,使其不符合风险议题的现有内容,从而启动算法的"召回"机制来降低帖子浏览量。

---

　　① 毛湛文 & 孙曌闻. (2020). 从"算法神话"到"算法调节":新闻透明性原则在算法分发平台的实践限度研究. 国际新闻界 (07), 6-25.

结　语

从古至今,风险已内化于人的心理与本性,使人具有忧患意识。这种忧患意识表现为人的忧虑情绪,所谓"人无远虑必有近忧",忧虑是人对风险的本能反应且始终存在。当代社会人们普遍焦虑,焦虑泛化为一种弥散性的心理症候,这是各类风险不断涌现和媒介使之扩散导致的一种社会病症。因此,如何有效防范化解风险不仅是一个客观的治理问题,而且变成了一个主观的心理调适问题。

在媒介化的今天,利用移动传播技术有效进行风险沟通正是风险治理的一条重要路径,而建立公众合理的风险意识并促使其采取积极的风险防范行为无疑至关重要。个体经由传媒受众人影响,其风险意识及防范行为与风险议题显著性演化存在直接关联:既有可能因为媒介呈现的风险议题显著性过弱而降低风险意识,从而削弱其采取防范行为的动机,也有可能因为风险议题显著性过强而焦虑、恐慌甚至陷入绝望,最终抑制其采取必要的防范行为。因此,如何通过有效传播适度建构风险议题显著性以形成公众合理的风险意识,是风险治理的一个关键环节。

在风险与媒介化两者相互叠加的社会现实中[①],本研究揭示的移动传播中风险议题显著性演化新机理 PARM 是对上述现实问题的一种理论回应。与 SARF 等宏观解释框架相比,或与风险议题信息传播相关的微观模型[②]相比,新机理 PARM 属于中层理论

① 张杰 & 聂茜.(2023).风险网络:作为非人行动者的媒介与社会风险的生成.*新闻界*(01),57-65.

② 相关模型有风险信息搜寻与加工模型(risk information seeking and processing model)、风险信息搜寻框架(framework of risk information seeking)、计划风险信息搜寻模型(planned risk information seeking model)。

范畴。"中层理论"(middle-range theory)最早由社会学家罗伯特·默顿(Robert Merton)提出,是当今社会科学理论建构的一种主流范式。[①] 中层理论建构一般有三个步骤:第一,根据可观察的经验现象提出理论假设;第二,采用数据检验理论假设是否成立;第三,在第二步基础上不断调整和完善假设,由此建构出一个更具"可推广性"(generalization)的理论。[②] 显然,中层理论相比宏观理论的优势在于可以通过实证研究加以检验,而后者只能停留在解释思辨层面。并且,中层理论因其更具可推广性而超越了微观模型只关注某个现象的局限性。在此,PARM 作为一个中层理论的特色主要表现如下。

首先,从科技中介人与自然关系(人—科技—自然)的世界观来看当代社会现实,PARM 关注的健康风险、技术风险和环境风险是事关个体福祉和人类发展的三大基本风险。由此衍生出的三类风险议题及其典型案例,即阿尔茨海默病议题、人工智能议题和气候变暖议题,成为人们感知、建构并应对三大基本风险的重要议程。其次,在移动传播环境中,PARM 选择的微信、抖音和今日头条是当今人们最常用的三个在线平台。最后,更具实质性的是,从可观察的经验现象来看,三个议题在三个平台上的显著性演化轨迹共计有九幅周期性起伏的曲线图,PARM 对此提出相关理论假设,并采用特定时期的帖子数和帖子内容的框架分析等实证数据检验假设是否成立,在此基础上归纳出移动传播中风险议题显著性演化新机理。显然,这一机理具有的可推广性使之在一定程度上可用于解释健康、技术和环境三类风险议题中其他类似议题的显著性演化问题。

必须说明的是,本研究也存在以下几处局限性。

其一,在方法论上,本书以实证研究为主。实证研究在构建理

---

① Bailey, K. (1991). Alternative procedures for macrosociological theorizing. *Quality and Quantity*, 25(1), 37-55.

② Merton, R. (1968). *Social Theory and Social Structure*. New York: Free Press, p. 51.

论假设时,要求研究者把这些假设分解为不同部分,每个部分必须可以用经验材料和数据加以重复验证。本研究针对阿尔茨海默病议题、人工智能议题和气候变暖议题,将每个议题显著性演化的实证研究均演绎成为相似的"三部曲":(1)演化轨迹来自 SocialX 数据库客观生成的图像;(2)议题系统中众多热门子议题根据演化轨迹的多个波峰来采集;(3)两种解释逻辑都由数量得以确证,在用户的行动逻辑中,用户生产的帖子数量直接反映其帖子生产力大小,而在平台的技术逻辑中,帖子框架符合平台算法的比例影响算法推荐力度。根据这"三部曲",本研究依次对三个议题在微信、抖音和今日头条三大常用平台上的显著性演化进行重复验证,于第 3 章至第 5 章开展具体论证。尽管实证研究是建构中层理论的主要方法,但其客观性难免会将价值判断等主观因素排除在外。对此,未来研究可以加入更多文化、社会和制度等因素的考量,使新机理 PARM 从抽象上升为具体。

其二,就案例和平台的选择而言,本研究遵循的是典型性原则。一方面,根据世界经济论坛每年发布的《全球风险报告》(*Global Risks Report*)[①],阿尔茨海默病议题、人工智能议题和气候变暖议题分别是健康风险议题、技术风险议题和环境风险议题的典型案例。另一方面,参照中国互联网络信息中心发布的统计报告[②],微信、抖音和今日头条分别是即时通信类、短视频类和新闻资讯类 APP 最常用的三个平台。俗话说"麻雀虽小,五脏俱全",典型的特征就是小而全,所以"典型的"在某种程度上能够代表"普遍的"。然而,健康、技术和环境风险议题与经济、政治、军事风险议题不同,加上微信、抖音和今日头条的算法推荐模式也与其他平台算法推荐有所不同,所以新机理 PARM 并不能解释所有移动平台上全部风险议题显著性演化规律。对此,未来研究可通过拓展风

[①]　World Economic Forum. (2024). *Global Risks Report 2024*. https://www3. weforum. org/docs/WEF_The_Global_Risks_Report_2024. pdf.

[②]　中国互联网络信息中心. (2023). *第 51 次中国互联网络发展状况统计报告*. https://www. cnnic. net. cn/NMediaFile/2023/0807/MAIN169137187130308PEDV637M. pdf.

险议题范畴和增加移动平台种类，来进一步提升新机理 PARM 的可推广性。

其三，从理论的全部功能来看，新机理 PARM 重在"描述"和"解释"，尚未具备"预测"功能。比如，PARM 分别描述了微信、抖音和今日头条三大常用平台上阿尔茨海默病议题、人工智能议题和气候变暖议题的显著性演化，并从用户的行动逻辑和平台的技术逻辑综合解释了议题显著性水平上升和下降的原因。显然，未来研究有待开发其预测功能。科学研究的完整使命在于描述一种现象的变化规律、解释其变化原因并预测其未来演变趋势。其中，"描述"是理论的基础，"解释"是理论的核心，"预测"则是理论的应用。尽管预测是理论的终极目标，但描述与解释是进行有效预测的前提与基础。因此，以描述为基础、以解释为重点的新机理 PARM 对于把握移动传播中风险议题显著性演化规律仍然具有重要的理论价值，至少尝试开发了理论的前两种功能。

参考文献

Agha, S. (2003). The impact of a mass media campaign on personal risk perception, perceived self-efficacy and on other behavioural predictors. *AIDS Care*, *15*(6), 749-762.

Bailey, K. (1991). Alternative procedures for macrosociological theorizing. *Quality and Quantity*, *25*(1), 37-55.

Beart, K. (2008). Care for the person with dementia, 4: Challenges and changes in relationships. *British Journal of Neuroscience Nursing*, *4*(3), 118-125.

Beck, U. (1992). *Risk society: Towards a new modernity*. London: Sage.

Beck, U. (2014). Incalculable futures: World risk society and its social and political implications. In *Ulrich Beck: Pioneer in cosmopolitan sociology and risk society* (pp. 78-89). Cham: Springer International Publishing.

Bélanger, É., & Meguid, B. M. (2008). Issue salience, issue ownership, and issue-based vote choice. *Electoral Studies*, *27*(3), 477-491.

Berger, P. L., & Luckmann, T. (1967). *The social construction of reality: A treatise in the sociology of knowledge*. New York: Anchor.

Berry, T. R., Wharf-Higgins, J., & Naylor, P. J. (2007). SARS wars: An examination of the quantity and construction of health information in the news media. *Health Communication*, *21*(1), 35-44.

Bird, D., Ling, M. G., & Haynes, K. (2012). Flooding

Facebook-the he use of social media during the Queensland and Victorian flood. *Australian Journal of Emergency Management*, 27(1), 27-33.

Blair, R. A., Morse, B. S., & Tsai, L. L. (2017). Public health and public trust: Survey evidence from the Ebola Virus Disease epidemic in Liberia. *Social Science & Medicine*, 172, 89-97.

Blythe, S., Grabill, J. T., & Riley, K. (2008). Action research and wicked environmental problems: Exploring appropriate roles for researchers in professional communication. *Journal of Business and Technical Communication*, 22(3), 272-298.

Bolin, J. L., & Hamilton, L. C. (2018). The news you choose: News media preferences amplify views on climate change. *Environmental Politics*, 27(3), 455-476.

Breakwell, G. M. (2010). Models of risk construction: Some applications to climate change. *Wiley Interdisciplinary Reviews: Climate Change*, 1(6), 857-870.

Breijyeh, Z., & Karaman, R. (2020). Comprehensive review on Alzheimer's disease: Causes and treatment. *Molecules*, 25(24), 5789.

Cantor, R., Bates, H., & MacKoul, C. (2022). Risk attenuation and amplification in the US opioid crisis. *Risk Analysis*, 42(7), 1393-1408.

Cao, X., & Prakash, A. (2012). Trade competition and environmental regulations: Domestic political constraints and issue visibility. *The Journal of Politics*, 74(1), 66-82.

Ceron, A., Curini, L., & Iacus, S. M. (2016). First- and second-level agenda setting in the Twittersphere: An application to the Italian political debate. *Journal of Information Technology & Politics*, 13(2), 159-174.

Cho, J. , Ahmed, S. , Hilbert, M. , Liu, B. , & Luu, J. (2020). Do search algorithms endanger democracy? An experimental investigation of algorithm effects on political polarization. *Journal of Broadcasting & Electronic Media*, *64*(2), 150-172.

Chung, I. J. (2011). Social amplification of risk in the Internet environment. *Risk Analysis*, *31*(12), 1883-1896.

Couldry, N. , & Hepp, A. (2013). Conceptualizing mediatization: Contexts, traditions, arguments. *Communication Theory*, *23* (3), 191-202.

Couldry, N. , & Hepp, A. (2017). *The Mediated Construction of Reality*. Cambridge: Polity Press.

Covello, V. T. , Peters, R. G. , Wojtecki, J. G. , & Hyde, R. C. (2001). Risk communication, the West Nile virus epidemic, and bioterrorism: Responding to the communication challenges posed by the intentional or unintentional release of a pathogen in an urban setting. *Journal of Urban Health*, *78*(2), 382-391.

Cox, E. , Pidgeon, N. , & Spence, E. (2022). But they told us it was safe! Carbon dioxide removal, fracking, and ripple effects in risk perceptions. *Risk Analysis*, *42*(7), 1472-1487.

Crable, R. E. , & Faulkner, M. M. (1988). The issue development graph: A tool for research and analysis. *Central States Speech Journal*, *39*(2), 110-120.

Cui, P. , & He, Y. (2019). Research on the dissemination and response of network public opinion of emergency events in colleges based on crowd intelligence thinking. *Open Journal of Social Sciences*, *7*(10), 281-290.

Dhanesh, G. S. (2017). Putting engagement in its proper place: State of the field, definition and model of engagement in public relations. *Public Relations Review*, *43*(5), 925-933.

Epstein, L. , & Segal, J. A. (2000). Measuring issue salience.

American Journal of Political Science, 44(1), 66-83.

Feezell, J. T. (2018). Agenda setting through social media: The importance of incidental news exposure and social filtering in the digital era. *Political Research Quarterly*, 71(2), 482-494.

Fellenor, J., Barnett, J., Potter, C., Urquhart, J., Mumford, J. D., & Quine, C. P. (2018). The social amplification of risk on Twitter: The case of ash dieback disease in the United Kingdom. *Journal of Risk Research*, 21(10), 1163-1183.

Garcia, D. (2023). Influence of Facebook algorithms on political polarization tested. *Nature*, 620, 39-41.

Guo, L. & McCombs, M. E. (2015). *The power of information networks: New directions for agenda setting*. New York: Routledge.

Guo, L., & Vargo, C. (2015). The power of message networks: A big-data analysis of the network agenda setting model and issue ownership. *Mass Communication and Society*, 18(5), 557-576.

Hester, J. B., & Gibson, R. (2003). The economy and second-level agenda setting: A time-series analysis of economic news and public opinion about the economy. *Journalism & Mass Communication Quarterly*, 80(1), 73-90.

Hjarvard, S. (2008). The mediatization of society. A theory of the media as agents of social and cultural change. *Nordicom Review*, 29(2), 105-134.

Hjarvard, S. (2013). *The mediatization of culture and society*. London: Routledge.

Hogarth, R. M., Portell, M., Cuxart, A., & Kolev, G. I. (2011). Emotion and reason in everyday risk perception. *Journal of Behavioral Decision Making*, 24(2), 202-222.

Huang, Q., Lei, S., Su, S., & Chen, C. (2021). Explicating the health-related digital divide: A mediation mechanism between education level and online cancer information seeking frequency among Chinese adults. *Information Development*, DOI:10. 1177/02666669211057266.

Iyengar, S. , & Kinder, D. R. (1987). *News that matters: Television and American opinion*. Chicago: University of Chicago Press.

Iyengar, S. , & Simon, A. (1993). News coverage of the Gulf Crisis and public opinion: A study of agenda-setting, priming, and framing. *Communication Research*, *20* (3), 365-383.

Jagiello, R. D. , & Hills, T. T. (2018). Bad news has wings: Dread risk mediates social amplification in risk communication. *Risk Analysis*, *38* (10), 2193-2207.

Jarvis, D. S. (2007). Risk, globalisation and the state: A critical appraisal of Ulrich Beck and the world risk society thesis. *Global Society*, *21* (1), 23-46.

Jia, J. , Wei, C. , Chen, S. , Li, F. , Tang, Y. , Qin, W. , et al. (2018). The cost of Alzheimer's disease in China and re-estimation of costs worldwide. *Alzheimer's & Dementia*, *14* (4), 483-491.

Jones, C. , Hine, D. W. , & Marks, A. D. (2017). The future is now: Reducing psychological distance to increase public engagement with climate change. *Risk Analysis*, *37* (2), 331-341.

Kahan, D. M. , Braman, D. , Gastil, J. , Slovic, P. , & Mertz, C. K. (2007). Culture and identity-protective cognition: Explaining the white-male effect in risk perception. *Journal of Empirical Legal Studies*, *4* (3), 465-505.

Kasperson, J. X. , Kasperson, R. E. , Pidgeon, N. , & Slovic, P. (2003). The social amplification of risk: Assessing fifteen years of research and theory. In N. Pidgeon, R. E.

Kasperson, & P. Slovic (Eds.), *The social amplification of risk* (pp. 13-46). Cambridge: Cambridge University Press.

Kasperson, R. E., & Kasperson, J. X. (1996). The social amplification and attenuation of risk. *The Annals of the American Academy of Political and Social Science*, *545* (1), 95-105.

Kasperson, R. E., Renn, O., Slovic, P., Brown, H. S., Emel, J., Goble, R., et al. (1988). The social amplification of risk: A conceptual framework. *Risk Analysis*, *8*(2), 177-187.

Kasperson, R. E., Webler, T., Ram, B., & Sutton, J. (2022). The social amplification of risk framework: New perspectives. *Risk Analysis*, *42*(7), 1367-1380.

Kim, S. H., Scheufele, D. A., & Shanahan, J. (2002). Think about it this way: Attribute agenda-setting function of the press and the public's evaluation of a local issue. *Journalism & Mass Communication Quarterly*, *79*(1), 7-25.

Kiousis, S., Mitrook, M., Wu, X., & Seltzer, T. (2006). First- and second-level agenda-building and agenda-setting effects: Exploring the linkages among candidate news releases, media coverage, and public opinion during the 2002 Florida gubernatorial election. *Journal of Public Relations Research*, *18*(3), 265-285.

Klemm, C., Das, E., & Hartmann, T. (2016). Swine flu and hype: A systematic review of media dramatization of the H1N1 influenza pandemic. *Journal of Risk Research*, *19*(1), 1-20.

Lash, S. (2007). Intensive media: Modernity and algorithm. In M. Shamiyeh (Ed.), *Organizing for change: Integrating architectural thinking in other fields* (pp. 70-83). Switzerland:

Birkhäuser.

Lewis, R. E. , & Tyshenko, M. G. (2009). The impact of social amplification and attenuation of risk and the public reaction to mad cow disease in Canada. *Risk Analysis*, *29* (5), 714-728.

Liu, Y. , Zhu, J. , Shao, X. , Adusumilli, N. C. , & Wang, F. (2021). Diffusion patterns in disaster-induced internet public opinion: Based on a Sina Weibo online discussion about the 'Liangshan fire' in China. *Environmental Hazards*, *20*(2), 163-187.

Livingstone, S. (2009). On the mediation of everything: ICA presidential address 2008. *Journal of Communication*, *59* (1), 1-18.

Lopez-Escobar, E. , Llamas, J. P. , & McCombs, M. (1998). Agenda setting and community consensus: First and second level effects. *International Journal of Public Opinion Research*, *10*(4), 335-348.

Lundby, K. (Ed.). (2009). *Mediatization: Concept, changes, consequences.* New York: Peter Lang.

Lupton, D. (1999). *Risk.* London: Routledge.

Lupton, D. (1999). *Risk and sociocultural theory: New directions and perspectives.* Cambridge: Cambridge University Press.

Mahon, J. F. , & Waddock, S. A. (1992). Strategic issues management: An integration of issue life cycle perspectives. *Business & Society*, *31*(1), 19-32.

Matthes, J. (2009). What's in a frame? A content analysis of media framing studies in the world's leading communication journals, 1990-2005. *Journalism & Mass Communication Quarterly*, *86*(2), 349-367.

Mazur, A. (1984). The journalists and technology: Reporting about Love Canal and Three Mile Island. *Minerva*, *22*,

45-66.

McCombs, M. E. , & Shaw, D. L. (1972). The agenda-setting function of mass media. *Public Opinion Quarterly*, *36*(2), 176-187.

McCombs, M. , Llamas, J. P. , López-Escobar, E. , & Rey, F. (1997). Candidate images in Spanish elections: Second-level agenda-setting effects. *Journalism & Mass Communication Quarterly*, *74*(4), 703-717.

Merton, R. (1968). *Social Theory and Social Structure*. New York: Free Press.

Mustafaraj, E. (2023). People, not search-engine algorithms, choose unreliable or partisan news. *Nature*, *618*, 245-247.

Nicholson-Cole, A. (2005). Representing climate change futures: A critique on the use of images for visual communication. *Computers, Environment and Urban Systems*, *29*(3), 255-273.

Oh, S.-H. , Lee, S. Y. , & Han, C. (2021). The effects of social media use on preventive behaviors during infectious disease outbreaks: The mediating role of self-relevant emotions and public risk perception. *Health Communication*, *36*(8), 972-981.

Park, S. Y. , Holody, K. J. , & Zhang, X. (2012). Race in media coverage of school shootings: A parallel application of framing theory and attribute agenda setting. *Journalism & Mass Communication Quarterly*, *89*(3), 475-494.

Ren, R. , Qi, J. , Lin, S. , Liu, X. , Yin, P. , Wang, Z. , et al. (2023). The China Alzheimer Report 2022. *General Psychiatry*, *35*(1), e100751.

RePass, D. E. (1971). Issue salience and party choice. *American Political Science Review*, *65*(2), 389-400.

Richardson, I. , Hjorth, L. , & Piera-Jiménez, J. (2022). The emergent potential of mundane media: Playing Pokémon GO in Badalona, Spain. *New Media & Society*, *24*(3), 667-683.

Savadori, L. , Savio, S. , Nicotra, E. , Rumiati, R. , Finucane, M. , & Slovic, P. (2004). Expert and public perception of risk from biotechnology. *Risk Analysis*, *24*(5), 1289-1299.

Scheufele, D. A. (2000). Agenda-setting, priming, and framing revisited: Another look at cognitive effects of political communication. *Mass Communication and Society*, *3*(2-3), 297-316.

Sheafer, T. , & Weimann, G. (2005). Agenda building, agenda setting, priming, individual voting intentions, and the aggregate results: An analysis of four Israeli elections. *Journal of Communication*, *55*(2), 347-365.

Sheeran, P. , Harris, P. R. , & Epton, T. (2014). Does heightening risk appraisals change people's intentions and behavior? A meta-analysis of experimental studies. *Psychological Bulletin*, *140*(2), 511-543.

Skidmore, M. , & Toya, H. (2013). Natural disaster impacts and fiscal decentralization. *Land Economics*, *89*(1), 101-117.

Slovic, P. , Finucane, M. L. , Peters, E. , & MacGregor, D. G. (2004). Risk as analysis and risk as feelings: Some thoughts about affect, reason, risk, and rationality. *Risk Analysis*, *24*(2), 311-322.

Snyder, L. B. , & Rouse, R. A. (1995). The media can have more than an impersonal impact: The case of AIDS risk perceptions and behavior. *Health Communication*, *7*(2), 125-145.

Tahami Monfared, A. A. , Byrnes, M. J. , White, L. A. , & Zhang, Q. (2022). Alzheimer's disease: Epidemiology and clinical progression. *Neurology and Therapy*, *11*(2), 553-569.

Toppenberg-Pejcic, D., Noyes, J., Allen, T., Alexander, N., Vanderford, M., & Gamhewage, G. (2019). Emergency risk communication: Lessons learned from a rapid review of recent gray literature on Ebola, Zika, and yellow fever. *Health Communication*, 34(4), 437-455.

Van Asselt, M. B., & Renn, O. (2011). Risk governance. *Journal of Risk Research*, 14(4), 431-449.

Van Dijck, J., Poell, T., & De Waal, M. (2018). *The platform society: Public values in a connective world.* Oxford: Oxford University Press.

Vargo, C. J., Guo, L., McCombs, M., & Shaw, D. L. (2014). Network issue agendas on Twitter during the 2012 U.S. presidential election. *Journal of Communication*, 64(2), 296-316.

Vu, H. T., Guo, L., & McCombs, M. E. (2014). Exploring "the world outside and the pictures in our heads": A network agenda-setting study. *Journalism & Mass Communication Quarterly*, 91(4), 669-686.

Whaley, S. R., & Tucker, M. (2004). The influence of perceived food risk and source trust on media system dependency. *Journal of Applied Communications*, 88(1), 1-19.

Winburn, J., Winburn, A., & Niemeyer, R. (2014). Media coverage and issue visibility: State legislative responses to school bullying. *The Social Science Journal*, 51(4), 514-522.

Wirz, C. D., Xenos, M. A., Brossard, D., Scheufele, D., Chung, J. H., & Massarani, L. (2018). Rethinking social amplification of risk: Social media and Zika in three languages. *Risk Analysis*, 38(12), 2599-2624.

Wolfe, S. E., & Tubi, A. (2019). Terror management theory

and mortality awareness: A missing link in climate response studies?. *Wiley Interdisciplinary Reviews: Climate Change*, *10*(2), e566.

Wright, K., Fisher, C., Rising, C., Burke-Garcia, A., Afanaseva, D., & Cai, X. (2019). Partnering with mommy bloggers to disseminate breast cancer risk information: Social media intervention. *Journal of Medical Internet Research*, *21*(3), e12441.

Xiao, Z., Yuan, X., Liao, Q. V., Abdelghani, R., & Oudeyer, P.-Y. (2023). Supporting qualitative analysis with large language models: Combining codebook with GPT-3 for deductive coding. In *Companion Proceedings of the 28th International Conference on Intelligent User Interfaces* (pp. 75-78). New York: Association for Computing Machinery.

Yang, J., & Lee, S. (2020). Framing the MERS information crisis: An analysis on online news media's rumour coverage. *Journal of Contingencies and Crisis Management*, *28*(4), 386-398.

Yuan, E. J. (2021). Governing risk society: The socio-technological experiences of China and South Korea in the COVID-19 pandemic. *Asian Journal of Communication*, *31*(5), 322-336.

Zaloom, C. (1966). Mary Douglas, Purity and Danger. *Public Culture*, *32*(2), 415-422.

Zeballos Rivas, D. R., Lopez Jaldin, M. L., Nina Canaviri, B., Portugal Escalante, L. F., Alanes Fernández, A. M., & Aguilar Ticona, J. P. (2021). Social media exposure, risk perception, preventive behaviors and attitudes during the COVID-19 epidemic in La Paz, Bolivia: A cross sectional study. *PloS One*, *16*(1), e0245859.

Zhang, L., Wei, J., & Boncella, R. J. (2020). Emotional

communication analysis of emergency microblog based on the evolution life cycle of public opinion. *Information Discovery and Delivery*, 48(3), 151-163.

Zhang, L., Xu, L., & Zhang, W. (2017). Social media as amplification station: Factors that influence the speed of online public response to health emergencies. *Asian Journal of Communication*, 27(3), 322-338.

Zheng, J., Qi, Z., Dou, Y., & Tan, Y. (2019). How mega is the mega? Exploring the spillover effects of WeChat using graphical model. *Information Systems Research*, 30(4), 1343-1362.

Zyglidopoulos, S. C. (2003). The issue life-cycle: Implications for reputation for social performance and organizational legitimacy. *Corporate Reputation Review*, 6(1), 70-81.

白红义. (2014). 环境抗争报道的新闻范式研究——以三起邻避冲突事件为例. *现代传播(中国传媒大学学报)*(01), 45-50.

贝克, 吉登斯 & 拉什. (2014). *自反性现代化:现代社会秩序中的政治、传统与美学*. 赵文书, 译. 北京: 商务印书馆.

车晓燕. (2023). 人工智能研究热点发现——基于可视化工具对高被引论文的分析. *现代信息科技*(11), 116-119.

陈寒. (2012). 多元话语分析视角下的城市垃圾焚烧问题探究. *东南大学学报(哲学社会科学版)*(S1), 45-49.

陈虹 & 潘玉. (2020). 社交媒体在自然灾害事件中的风险沟通——以飓风"厄玛"为例. *当代传播*(03), 66-70.

陈琳, 吴钰祥, 杨隽 & 徐国栋. (2021). 运动干预肌少症与肌—脑—肠环路的研究进展. *武汉体育学院学报*(03), 70-74.

陈向明. (1999). 扎根理论的思路和方法. *教育研究与实验*(04), 58-63+73.

陈钟 & 谢安明. (2023). 人工智能安全挑战及治理研究. *中国信息安全*(05), 32-35.

答凯艳. (2022). 人工智能的过去、现在和未来. *系统科学学报*

(01)，47-51＋107.

戴佳,曾繁旭 & 黄硕.（2015）.核恐慌阴影下的风险传播——基于信任建设视角的分析.新闻记者（04），54-61.

戴宇辰.（2019）."旧相识"和"新重逢"：行动者网络理论与媒介（化）研究的未来——一个理论史视角.国际新闻界（04），68-88.

邓雯,毛子骏 & 徐晓林.（2022）.分歧与共识：突发公共卫生事件下官方与民间风险沟通研究.情报杂志（02），119-125.

翟杰全.（2008）.科技公共传播：知识普及、科学理解、公众参与.北京理工大学学报（社会科学版）（06），29-32＋40.

丁柏铨.（2007）.略论舆情——兼及它与舆论、新闻的关系.新闻记者（06），8-11.

樊攀 & 盖博铭.（2013）.官方话语框架下的新闻报道和新媒体民众的对抗性解读——以昆明安宁 PX 事件为例.东南传播（09），48-51.

范·迪克.（2021）.连接：社交媒体批评史.晏青,陈光凤,译.北京：中国人民大学出版社.

范如国.（2017）."全球风险社会"治理：复杂性范式与中国参与.中国社会科学（02），65-83＋206.

方敏 & 张华.（2021）.危机干预如何修复政府信任？——风险沟通与社区支持的调节作用.公共行政评论（06），4-23＋197.

高旭,张圣柱,杨国梁 & 多英全.（2011）.风险沟通研究进展综述.中国安全生产科学技术（05），148-152.

龚文娟.（2016）.环境风险沟通中的公众参与和系统信任.社会学研究（03），47-74＋243.

郭朝先 & 方澳.（2021）.人工智能促进经济高质量发展：机理、问题与对策.广西社会科学（08），8-17.

郭羽,侯永康 & 樊凡.（2023）.社会风险放大理论视角下的风险感知与扩散：以日本福岛核电站核污染水排放事件为例.全球传媒学刊（03），82-98.

韩红星 & 何浏.（2023）.推荐与匹配：移动阅读中算法逻辑及运

用. *中国出版*(05)，53-58.

汉尼根. (2009). *环境社会学*. 洪大用，译. 北京：中国人民大学出版社.

赫晓慈，宁文杰，田素斋 & 李彦平. (2015). 阿尔兹海默症患者吞咽障碍护理干预的研究进展. *中国护理管理*(04)，429-432.

洪巍，吴林海，王建华 & 吴治海. (2013). 食品安全网络舆情网民参与行为模型研究——基于12个省、48个城市的调研数据. *情报杂志*(12)，18-25.

侯光辉 & 王元地. (2014). 邻避危机何以愈演愈烈——一个整合性归因模型. *公共管理学报*(03)，80-92＋142.

侯光辉，陈通，王颖 & 傅安国. (2018). 地方依恋、突发事件与风险的社会"变异"——一个化工社区在"8·12"特大爆炸事故前后的变化. *公共管理学报*(02)，56-68＋155-156.

胡翌霖. (2020). *什么是技术*. 长沙：湖南科学技术出版社.

胡翼青 & 姚文苑. (2022). 重新理解媒介：论界面、内容、物质的三位一体. *新闻与写作*(08)，5-16.

胡悦. (2014). 食品风险传播的洞穴影像：网媒议程设置研究. *厦门大学学报(哲学社会科学版)*(04)，140-149.

皇甫博媛. (2021). "算法游戏"：平台家长主义的话语建构与运作机制. *国际新闻界*(11)，111-129.

黄旦. (2022). 延伸：麦克卢汉的"身体"——重新理解媒介. *新闻记者*(02)，3-13.

黄河 & 刘琳琳. (2015). 风险沟通如何做到以受众为中心——兼论风险沟通的演进和受众角色的变化. *国际新闻界*(06)，74-88.

黄微，李瑞 & 孟佳林. (2015). 大数据环境下多媒体网络舆情传播要素及运行机理研究. *图书情报工作*(21)，38-44＋62.

霍金. (2018). *时间简史*. 许明贤，等译. 长沙：湖南科学技术出版社.

贾鹤鹏 & 苗伟山. (2017). 科学传播、风险传播与健康传播的理论溯源及其对中国传播学研究的启示. *国际新闻界*(02)，

66-89.

靳明，靳涛 & 赵昶．（2013）．从黄金大米事件剖析指桑骂槐式的公众情绪——基于新浪微博的内容分析．*浙江社会科学*（06），91-98＋159．

库尔德利 & 赫普．（2023）．*现实的中介化建构*．刘泱育，译．上海：复旦大学出版社．

匡文波 & 王天娇．（2023）．社交媒体算法推荐传播逻辑与平台社会责任．*上海交通大学学报（哲学社会科学版）*（05），1-12＋21．

匡文波 & 张一虹．（2020）．论新闻推荐算法的管理．*现代传播（中国传媒大学学报）*（07），120-124＋146．

李畅 & 陈华明．（2016）．社交媒体在社会突发暴力事件风险传播中的情感动员研究．*新闻界*（16），32-36．

李翠敏 & 徐生权．（2022）．行动者网络理论视角下网络舆情的演化及治理研究．*情报杂志*（02），134-139＋197．

李慧明．（2016）．《巴黎协定》与全球气候治理体系的转型．*国际展望*（02），1-20＋151-152．

李江静 & 徐洪业．（2017）．互联网舆论场演化机理视角下的主流意识形态建设．*江海学刊*（05），64-70．

李孟浩，赵学健，余云峰，宋学永 & 孙知信．（2022）．推荐算法研究进展．*小型微型计算机系统*（03），544-554．

李佩菊．（2016）．1990年代以来邻避运动研究现状述评．*江苏社会科学*（01），40-46．

李子甜．（2022）．工具性收益与系统性风险：新闻从业者的人工智能新闻技术认知．*新闻大学*（11），29-42＋117．

林凡 & 林爱珺．（2022）．打开算法黑箱：建构"人-机协同"的新闻伦理机制——基于行动者网络理论的研究．*当代传播*（01），51-55．

林小莺．（2006）．阿尔兹海默氏症患者的家属照顾者（隐形的病患）健康状况探讨．*心理科学*（02），457-459＋464．

刘冰．（2016）．疫苗事件中风险放大的心理机制和社会机制及其交互作用. *北京师范大学学报（社会科学版）*（06），120-131.

刘畅，孟宪勇 & 董晓华.（2020）. 阿尔茨海默症的发病机制及治疗药物研究进展. *神经药理学报*（04），36-40.

刘鲁川，李旭 & 张冰倩.（2017）. 基于扎根理论的社交媒体用户倦怠与消极使用研究. *情报理论与实践*（12），100-106＋51.

刘太芳，张爱华，颜爱英 & 魏凌云.（2017）. 国际老年人心理护理研究现状和热点分析. *护理研究*（29），3653-3658.

刘宇航 & 张菲.（2022）. 计算概念谱系：算势、算力、算术、算法、算礼.*中国科学院院刊*（10），1500-1510.

刘智勇 & 陈立.（2020）. 从有限参与到有效参与：邻避冲突治理的公众参与发展目标. *学习论坛*（10），84-90.

卢添欢 & 宇传华.（2022）. 基于全球视角的中国痴呆症疾病负担现状及趋势分析. *中华疾病控制杂志*（06），684-690.

吕学都.（2022）. 中国参与保护全球气候的行动与成就. *可持续发展经济导刊*（Z2），58-67.

毛湛文 & 孙曌闻.（2020）. 从"算法神话"到"算法调节"：新闻透明性原则在算法分发平台的实践限度研究. *国际新闻界*（07），6-25.

米歇尔.（2018）. *复杂*. 唐璐，译. 长沙：湖南科学技术出版社.

潘忠党.（2014）. "玩转我的 iPhone，搞掂我的世界！"——探讨新传媒技术应用中的"中介化"和"驯化". *苏州大学学报（哲学社会科学版）*（04），153-162.

邱鸿峰.（2013）. 环境风险的社会放大与政府传播：再认识厦门PX事件. *新闻与传播研究*（08），105-117＋128.

曲少彤，孟涛，尉杰忠 & 裴芳.（2021）. 多视角解析阿尔兹海默症的发病机制. *职业与健康*（10），1432-1435.

全燕.（2013）. 风险传播中的新闻生产——以台湾"美牛风波"为例.*中国地质大学学报（社会科学版）*（02），44-48.

佘硕 & 张聪丛.（2015）. 基于社会媒体的食品风险信息公众传播行为研究. *情报杂志*（09），123-128.

孙飞宇.（2013）. 方法论与生活世界：舒茨主体间性理论再讨论.

社会(01)，38-74.

孙国婧，阿怀全 & 胡雪婵.（2022）.阿尔兹海默症患者语用能力蚀失特点研究.*中国听力语言康复科学杂志*（04），314-316.

孙立明.（2017）.网络舆情的三个世界——关于网络舆情的一个初步分析框架.*中央社会主义学院学报*（01），88-93.

孙少晶 & 阿迪娜·约提库尔.（2023）.健康传播的学科转向与体系构建.*全球传媒学刊(01)*，94-106.

汤景泰 & 王楠.（2019）.议题博弈与话语竞争：自媒体传播中的风险放大机制.*陕西师范大学学报(哲学社会科学版)*（01），95-100.

唐铮 & 林子璐.（2023）.生成式人工智能与新闻业：赋能、风险与前瞻.*新闻与写作*（11），97-104.

陶贤都 & 李艳林.（2015）.环境传播中的话语表征：基于报纸对土壤污染报道的分析.*吉首大学学报(社会科学版)*（05），108-114.

田鹏颖 & 周鑫.（2021）.唯物史观论域下人工智能的伦理问题思考与合伦理设计.*宁夏社会科学*（02），22-29.

汪伟全.（2015）.风险放大、集体行动和政策博弈——环境类群体事件暴力抗争的演化路径研究.*公共管理学报*（01），127-136＋159.

王琛元.（2018）.欧洲传播研究的"媒介化"转向：概念、路径与启示.*新闻与传播研究*（05），5-26＋126.

王凤仙.（2015）.社交媒体场域的传播失灵现象观察——基于官方与民间话语互动的案例分析.*当代传播*（06），11-14＋29.

王刚，齐金蕾，刘馨雅，任汝静，林绍慧，胡以松等.（2024）.中国阿尔茨海默病报告 2024.*诊断学理论与实践*（03），219-256.

王刚 & 张霞飞.（2017）.风险的社会放大分析框架下沿海核电"去污名化"研究.*中国行政管理*（03），119-125.

王根生 & 胡冬冬.（2018）.基于生命周期理论的自媒体环境下医疗突发事件舆情演化研究.*内蒙古农业大学学报(社会科学*

版)（06），83-90.

王娟.（2014）. 影响公众对专家信任的因素——北京公众对建设
　　垃圾焚烧厂的风险感知调研分析. *自然辩证法通讯*（05），79-
　　86＋127.

王莉莉.（2011）. 中国老年人社会参与的理论、实证与政策研究综
　　述. *人口与发展*（03），35-43.

王庆卫.（2018）. 文化唯物主义、共同文化与情感结构——论雷
　　蒙·威廉斯"三条进路"对马克思主义文化观的继承与发展.
　　中山大学学报（社会科学版）（02），12-19.

王素明，王志中 & 齐建.（2018）. 认知障碍对老年人婚姻关系的
　　影响及其应对方式的研究. *老龄科学研究*（08），51-60.

王伟，孙会丽，庞晓丽，韩广荭，阚湘苓 & 薛媛媛.（2022）. 阿尔
　　兹海默症患者挑战性行为影响因素及干预的研究现状. *职业
　　与健康*（12），1725-1728.

王蔚.（2020）. 微信老年用户的健康信息采纳行为研究. *国际新闻
　　界*（03），91-107.

王晰巍，邢云菲，王楠阿雪 & 李师萌.（2017）. 新媒体环境下突
　　发事件网络舆情信息传播及实证研究——以新浪微博"南海
　　仲裁案"话题为例. *情报理论与实践*（09），1-7.

王宇琦 & 曾繁旭.（2015）. 谣言澄清与民众赋权——社会化媒体
　　在风险沟通中的角色担当. *当代传播*（02），14-18.

王治莹，梁敬 & 刘小弟.（2018）. 突发事件情境中公众的风险感
　　知研究综述. *情报杂志*（10），161-166.

温凤鸣 & 解学芳.（2022）. 短视频推荐算法的运行逻辑与伦理隐
　　忧——基于行动者网络理论视角. *西南民族大学学报（人文社
　　会科学版）*（02），160-169.

翁智雄 & 马忠玉.（2017）. 全球气候治理的国际合作进程、挑战
　　与中国行动. *环境保护*（15），61-67.

希勒.（2020）. *叙事经济学*. 陆殷莉，译. 北京：中信出版社.

肖梦黎 & 陈肇新.（2021）. 突发公共危机治理中的风险沟通模
　　式——基于专家知识与民众认知差异的视角. *武汉大学学报*

(哲学社会科学版)(06)，115-125.

肖义军 & 陈莉莉.（2020）.阿尔茨海默症及其预防措施概述.*生物学教学*(10)，2-4.

徐笛.（2019）.算法实践中的多义与转义：以新闻推荐算法为例.*新闻大学*(12)，39-49+120.

许琳 & 陈迎.（2013）.全球气候治理与中国的战略选择.*世界经济与政治*(01)，116-134+159.

杨婷，解倩，常碧如，朱胜强 & 王志中.（2017）.晚期癌症患者家属生活质量现状与家庭功能的关系.*中国健康心理学杂志*(04)，508-510.

杨志军 & 梁陛.（2018）.风险感知偏差视角下城市邻避抗争的运行机理与治理之道.*河南师范大学学报(哲学社会科学版)*(04)，42-47.

伊尼斯.（2003）.*传播的偏向*.何道宽，译.北京：中国人民大学出版社.

伊文，肖永生 & 赵克.（2011）.食品安全报道在富矿和风险间游走——重庆晚报关于问题食品报道的经验与思考.*新闻研究导刊*(12)，19-20.

易前良.（2022）.算法可见性：平台参与式传播中的注意力游戏.*现代传播(中国传媒大学学报)*(09)，16-25+74.

余红 & 张雯.（2017）.媒体报道如何影响风险感知：以环境风险为例.*新闻大学*(06)，113-124+155.

禹卫华.（2023）.生成式人工智能数据原生风险与媒介体系性规范.*中国出版*(10)，10-16.

喻国明 & 杜楠楠.（2019）.智能型算法分发的价值迭代："边界调适"与合法性的提升——以"今日头条"的四次升级迭代为例.*新闻记者*(11)，15-20.

喻国明 & 韩婷.（2018）.算法型信息分发：技术原理、机制创新与未来发展.*新闻爱好者*(04)，8-13.

苑杰.（2022）.《联合国气候变化框架公约》第 26 届缔约方大会成果.*国际社会科学杂志(中文版)*(02)，159-172.

曾繁旭,戴佳 & 杨宇菲.(2015).风险传播中的专家与公众:PX事件的风险故事竞争.*新闻记者*(09),69-78.

曾润喜 & 秦维.(2023).人工智能生成内容的认知风险:形成机理与治理.*出版发行研究*(08),56-63.

曾润喜,王晨曦 & 陈强.(2014).网络舆情传播阶段与模型比较研究.*情报杂志*(05),119-124.

曾一果.(2021).弹幕背后青年群体的情感需要与价值诉求.人民论坛(10),34-37.

詹承豫 & 赵博然.(2019).风险交流还是利益协调:地方政府社会风险沟通特征研究——基于30起环境群体性事件的多案例分析.*北京行政学院学报*(01),1-9.

张海滨.(2022).全球气候治理的历程与可持续发展的路径.*当代世界*(06),15-20.

张会平,郭昕昊 & 郭宁.(2017).突发事件中网络谣言识别行为意向的影响因素研究.*现代情报*(07),60-65.

张杰 & 聂茜.(2023).风险网络:作为非人行动者的媒介与社会风险的生成.*新闻界*(01),57-65.

张紧跟.(2019).邻避决策科学化与民主化何以融合——以参与式决策创新为例.人文杂志(12),112-120.

张克旭.(2020).社交媒体在疫情危机风险传播中的核心作用与传播机制.*新闻与传播评论*(03),26-35.

张省 & 蔡永涛.(2023).算法时代"信息茧房"生成机制研究.*情报理论与实践*(04),67-73.

张涛.(2022).突发公共卫生事件中的风险沟通与专家困境.*自然辩证法研究*(05),123-128.

张婷婷,刘春娥 & 尹安春.(2019).161例阿尔茨海默病患者主要照顾者的照顾负担与悲伤情绪的相关性分析.*护理学报*(11),65-67.

张玉磊 & 朱德米.(2018).重大决策社会稳定风险评估中的利益相关者参与:行动逻辑与模式构建.*上海行政学院学报*(05),70-81.

胡鞍钢.（2012）. 中国如何应对全球气候变暖挑战. 胡鞍钢.（主
　　编）. *国情报告「第十卷 2007 年（下）」*（第 493—511 页）. 北
　　京：党建读物出版社、社会科学文献出版社.

后　记

　　自 20 世纪 80 年代贝克提出风险社会理论以来,风险传播及其效应已成为当代社会的一个重大议题。如今,风险的"回旋镖效应"已穿越不同国家、不同社会阶层和不同族群之间的壁垒,迫使全球形成人类共担风险的共同体。与此同时,个体也步入了"深度媒介化"阶段,媒介及其使用无孔不入地渗透人们的日常生活,广泛且深刻地影响着个体认知世界的图式、与他人交往的方式,以及社会实践的模式。于是,风险传播在当代有了全新意象。

　　"风险"作为危害尚未发生但或许会发生的一种可能性,在数学上只是一种概率,但它进入感知范畴,便成为人们的风险感知,后者是人对风险信息充满情绪的认知建构过程。而当人们反复谈论某个风险事件时,风险便被建构成为一个备受关注的公共议题即风险议题。从个体的风险感知到公共的风险议题,风险传播离不开传播媒介及其放大作用。今天,移动互联网、智能手机、各类在线平台的广泛使用使得人们的风险感知不断增强,以致公共的风险议题在网络舆论空间中变得日益显著。因此,探究移动传播中风险议题显著性演化机理有助于引导公众情绪正向发展并形成合理认知,从而促进网络治理。

　　本书是国家社科基金青年项目"移动传播中风险议题显著性演化的新机理研究"(19CXW029)"的结项成果。这是我完成的第一个国家级项目。回顾从立项到结项的全过程,无论是从课题研究还是书稿写作来看,我想总结几点经验教训,用以今后自勉和与同道共勉。

　　首先,要有问题域意识。问题域意味着具有明确的研究问题并划定该问题所涉及的学科领域。至今仍然清晰地记得立项之初对这个选题"爱恨纠结"的心理。"爱"它是因为它契合自己一直以来研究风险传播的兴趣，"恨"它是因为揭示一个普遍性的机理着实不易，而"纠结"源自拿捏不准作为研究对象的"风险议题显著性"，该如何科学界定它的内涵、外延与意义。诚然，爱恨纠结是人生常态，但也是科学研究中的切身感受。不过，作为一名研究者，若有可为之道，为何不尝试着由"爱"来化"恨"与解"纠结"，从而使自己更加纯粹地沉浸于对研究的喜爱之中呢？这里，问题域便是一种化解之道。于我而言，"风险议题显著性"不是抽象的学术概念，而是一个能用于分析当今网络舆情并提供治理应对方案的研究概念。有鉴于此，本书聚焦于对人类生存前景和社会可持续发展构成威胁的三大风险议题——阿尔茨海默病、人工智能、全球气候变暖，通过问题域划界，明确其研究范围，以揭示出移动传播中风险议题显著性演化的一般机理。

其次，注意选题长程性。新闻传播学的学科归属一直备受争议。境内大部分高校将其置于人文学科大类，而境外的大多数高校将其归为社会科学类别，这种不同的学科定位在一定程度上导致了新闻传播学学者选题的犹豫态度：到底该追随热点，还是聚焦经典？文史哲等经典人文学科重视理论底蕴与思辨，而不少社会科学研究主要关注当今社会的热点和痛点问题。自21世纪以来，各类风险议题愈发凸显，其中，诸如慢性疾病、环境退化、新技术应用等风险是长程的，即它们的效应将在若干年甚至数十年以后才会显现，而传染性疾病暴发、经济下行、地缘冲突等风险则是短程的，其效应在短期内就会出现。短程的风险议题更像是社会热点问题，它们固然十分重要，但来得快去得也快，加之外部环境和政策变动等诸多不确定性因素，学者有时会面临热点题目转瞬即逝的情况，使其选题失去研究价值而不得不半途而废。对比之下，长程的风险议题既具有现实问题背景，又不止于流失过快的具体问题，而是从短期到长远、从社会热点到人性根本来深化研究。这类选题实则处于热点与经典之间的平衡位置，比较适合基础研究。这也是本书从健康、技术和环境三大宏观且长程的风险领域选择阿尔茨海默病议题、人工智能议题、全球气候变暖议题进行研究的主要动因。

　　最后,趁早实施不拖延。根据以往论文写作和小型研究项目的执行情况来看,我一直认为自己是一个有条不紊、执行力强的人。但是,当面对国家社科基金项目课题研究和撰写著作这一较大的工程时,我却高估了自己的能力。课题立项之初,由于忙于应付聘期各项考核指标,我没有及时动手研究课题甚至有些拖延心理,总是天真地以为之后可以集中发力。等我抽出时间开始进行相关研究并着手书稿写作时,恰巧怀孕了。孕期身体不适给研究和写作带来了极大不便,于是只能写写停停,好不容易在分娩之前完成了初稿,但因为出版政策变动要求书稿必须重选案例等问题,已写内容需要大幅修改。于是在产后的第一年里,我一边承担着教学科研与行政挂职"双肩挑"的工作,一边夜以继日地修改书稿。但最终我还是用了将近 5 年时间才完成课题结项和书稿交付。现在回想起来,这段经验教训可总结为一句话:你永远不知道下一刻会发生什么,所以在当下力所能及的范围内一定要趁早实施计划,千万不能拖延,不仅针对项目研究和书稿写作,而且适用于人生所有课题。

　　本书的写作离不开家人的关爱支持和师长朋友的相助。正是母亲无微不至的关怀以及帮我全天候、全方位照看小孩,才使我有充分的时间进行写作。父亲是我的学术启蒙人,尽管我们从事的学科领域不同,但他持续关注我的研究,每当我遇到困惑时,他总是非常耐心地扮演"思想助产士"的角色,不断敦促我反思。我的文科思维与丈夫的工科思维也经常发生有趣的"碰撞",必须承认,这种碰撞的确能启发自己从另一个视角看清问题。耄耋之年的奶奶很"潮",每天会使用 iPad 在微信家人群里给我加油打气。牙牙学语的儿子则以他独特的方式给我的生活带来了前所未有的体验和欢乐。我更要真诚地感谢浙江大学传媒与国际文化学院的师长同事们,尤其是吴飞教授,他为本书作序,并一直言传身教地鼓励我做好学问。还要感谢我的学生们,她们辛勤的数据分析工作是实证研究的基础。此外,感谢闻晓虹编辑对本书的通篇审阅。其实,要感谢的人还真的有很多,但由于篇幅受限,此处不再一一罗列,希望与此书有缘的读者宽恕和谅解。

　　自从致力于风险传播研究以来,我一直有一个学术梦想,就是完成数智时代"风险传播三部曲"。第一部个人专著《数字化风险传播与公众风险感知研究》已于 2020 年正式出版,它探究了社交媒体上个体风险感知的放大机制;本书是第二部,揭示了移动传播中风险议题显著性演化新机理;目前正在计划第三部,尝试在前两部研究著作的基础上撰写智能媒介条件下风险传播研究新篇章。"三部曲"着力揭示"媒介"与"风险"在当代的关系演变,其中媒介扮演的角色不同,对风险传播乃至风险生成起到越来越决定性的作用:第一部将社交媒体视为呈现风险信息的"渠道",人们使用媒介即接触风险信息,从而对风险产生特定感知并采取相应行为;第二部将移动平台视为连接用户与风险议题的"中介",考察用户介入平台参与议题建构与传播,同时平台推荐算法助推议题扩散,两者共同作用影响风险议题显著性演化;第三部将把智能媒介看作另类主体,它们远超从属于人的"渠道"与"中介"而成为一类非人类的主体"构成",本身也"生成"了风险隐患,诸如聊天机器人等各种智能媒介不再仅仅是呈现信息的渠道或连接用户与议题的中介,而日趋成为一类具有能动性的非人类主体。显然,人机传播不同于人际传播,人与机器的交互过程会生成虚假信息、算法偏见、隐私泄露等一系列新型风险。如何应对和化解这类新型风险,不仅是传播学而且是智能时代所有学科必须研究的重大课题,传播学的媒介视角无疑是当今媒介化社会的首选视角。

　　在本书即将付梓之际,蓦然回首,发现从初稿写作到大幅修改再到最终定稿的全过程与我孕育孩子的时间线高度一致。生活在这个人工智能技术飞速发展和充满不确定性的时代,谨以此书献给下一代,希望他们长大后既能积极乐观地面对风险顺势而为,又能具备必要的忧患意识,从而在面向不确定的未来时能够迈出确定的步伐。

黄　清

2025 年 2 月写于求是大讲堂湖畔办公室